사랑하라

| 일러두기 |

1 인명과 지명을 포함한 외래어는 국립국어원의 〈외래어 표기 용례집〉과 《두산백과》 등을 따랐다. 인용문의 외래어 표기 역시 이 원칙을 따랐다.
2 본문에 소개되는 고대 그리스인들의 저작은 각각을 독립된 저서로 보아 겹꺾쇠표(《 》)를 사용했다. 하지만 참고문헌에서 한 저자의 여러 저작을 묶은 단행본의 일부로 소개될 때는 홑꺾쇠표(〈 〉)를 사용했다.
3 본문의 인용문은 독자들의 이해를 돕기 위해 저자가 일부 윤색한 것이다. 따라서 참고문헌과 100퍼센트 일치하지 않는다.

단 한 권의 소크라테스전

사랑하라

황광우 지음

생각
정원

• 서문　　　　　　　　　　　　우리는 소크라테스조차 모른다

　20세기 한국의 역사는 서구화의 역사였다. 지난 100년 동안 우리들이 행한 모든 실천의 지향점은 서구 문명을 따라 배우고 이식하는 것이었다. 혹자는 우리가 동양적 가치의 탁월함을 망각하고 서구적 가치에만 함몰되어 있다고 비판한다. 이제는 우리가 서양 문명에 대한 의존을 떨치고 동양 문명의 독립적 가치를 높이 선양해야 할 때라고 힘주어 외친다. 올바른 주장이다. 한데 서양 문명을 극복하기 위해서 우리는 먼저 서양 문명을 정확히 알아야 한다.

　서양 문명에 대한 우리의 인식은 얕다. '서양=물질문명, 동양=정신문명'이라는 잘못된 등식에 사로잡혀 서양의 인문학에 대해 정당한 관심을 기울이지 않는 게 우리의 풍토이다. 하지만 우리는 소크라테스조차 모른다. '소크라테스가 어떤 인물이었는가?'라는 물음을 던졌을 때 "너 자신을 알라"와 "악법도 법"을 넘어선 답변을 제출하기 힘들다.

　"너 자신을 알라"는 알고 보니 델포이 신전의 돌기둥에 쓰인 금언이었다. "악법도 법"이라며 흔쾌히 독약을 마셨다는 것도 근거 없는 억측이었다. 소크라테스의 아내 크산티페가 악처였다는 전승도 캐보면 거짓 이미

지인 것 같다. 사람들은 다 잘 알고 있기나 한듯, '소크라테스식 문답법'에 대해 한마디씩 거든다. 나는 소크라테스의 문답법을 알기 위해 플라톤의 대화편을 읽어보았지만 읽을수록 이 문답법은 종잡을 수 없는 괴이한 대화였다.

사람들은 흔히 인류의 4대 성현으로 공자와 석가모니와 예수와 소크라테스를 손꼽는다. 공자는 인류의 교사였고, 석가모니는 깨달은 자였으며, 예수는 구원자였다. 그런데 소크라테스는 뭐지? 무슨 일을 했기에 우리는 그를 성현의 반열에 올리는 걸까? 예수는 유대교 종교 지도자들의 시대착오적 구습에 항거하다 십자가에서 죽었다. 그러면 소크라테스는 왜 사형 선고를 받았지? 그는 무슨 잘못을 저질렀던가? 민주정 하의 재판정이 소크라테스에게 사형을 판결했다면 소크라테스는 독재의 찬미자라도 되었던 것인가? 소크라테스처럼 독실하게 신을 믿은 사람이 무슨 불경죄를 저질렀을까? 진짜 소크라테스는 신을 믿지 않는 무신론자였나? 세상에, 착한 철인이 무엇으로 청소년을 타락시켰다는 것일까? 소크라테스의 죽음과 관련된 진실을 알기 위해 《소크라테스의 변론》을 읽었는데, 읽을수록 의문만 커졌다.

《소크라테스의 변론》을 읽고 소크라테스의 진실을 알고자 하는 우리에게 역사는 시선을 법정 밖으로 돌릴 것을 요청한다. 소크라테스를 키운 건 기원전 5세기 아테네였다. 따라서 소크라테스를 알려면 먼저 그의 시대를 알아야 한다. 기원전 479년 페르시아 전쟁에서 승리한 이후로 아테네는 어떻게 제국의 풍요를 누렸던가? 청년 소크라테스는 어떤 역사적 배경 위에서 철학적 사유를 심화시켜나갔던 것인가? 기원전 431년 발발한 펠로폰네소스 전쟁이 아테네인에게 미친 영향은 무엇이었던가? 또 아테네 시민들에게 명망가 소크라테스의 모습은 어떻게 비쳤던가? 마지막으로 기원전 404년 아테네가 스파르타에 굴복한 후, 아테네에 몰아닥친 피바람과 그것의 인과는 무엇인가?

나는 인간 소크라테스를 이해하기 위해 관련 자료를 조사했다. 헤로도토스와 투키디데스가 남긴 《역사》와 《펠로폰네소스 전쟁사》를 비롯하여 플라톤과 크세노폰의 저작들을 샅샅이 뒤졌다. 플라톤의 《향연》과 《국가》를 비롯하여 《프로타고라스》와 《고르기아스》를 탐구했고, 크세노폰의 《소크라테스 회상》, 《향연》, 《경영론》, 《헬레니카》에서 소크라테스를 이해하는 데 도움이 되는 자료라면 모두 뽑았다. 그러나 소크라테스의 재판을 주제로 석사논문을 썼는데도 아직 아는 것보다 모르는 것이 많다. 잡힐 듯 잡히지 않는다. 참으로 소크라테스는 괴이한 인물이다.

나는 지금 미궁 속을 헤매고 있다. 전설의 테세우스는 괴물 미노타우로스를 처치하고 미노스의 딸 아리아드네가 건네준 실을 붙들고 미궁을 빠져나왔다. 내가 붙들어야 할 아리아드네의 실은 무엇일까? 소크라테스의 사유의 정수는 사랑에 있는 것이 아닐까? 아직도 플라톤의 《향연》에서 펼치는 디오티마의 사랑 이야기가 나는 신비롭다. 소크라테스의 비밀은 이 언저리에 있는 것이 아닐지……. 소크라테스가 21세기의 우리에게 던지는 화두는 '사랑하라 그리고 철학하라'인 것 같다.

소크라테스는 무엇을 사랑했나? 그는 소년의 몸에서 뿜어 나오는 아름다움을 사랑했다. 하지만 진실로 소크라테스가 추구한 것은 무엇이었을까? 사랑이란 불멸의 그리움이다. '더없이 아름답고 참된 신적인 어떤 것을 향한 그리움', 그것이 '소크라테스의 사랑'이 아니었을까?

 이 한 권의 책을 통해 독자들이 모르고 지냈던 소크라테스의 진실, 그 한 줄기를 접한다면 다행이다. 나는 철학의 학문적 엄격을 크게 훼손하지 않으면서 할 수 있는 한, 많은 분들이 쉽게 읽을 수 있도록 글을 썼다. 본문만 따라 읽으면 하룻밤에도 다 읽을 수 있을 것이다.

 만일 이 책이 인문학의 봄바람을 일으키는 데 조금이라도 도움이 된다면, 그것은 불굴의 인내로 그리스 고전들을 도맡아 번역해오신 박종현 선생과 천병희 선생의 선구적 노력 덕택이다. 아울러 정암학당 선생들의 땀을 꼭 기록해두어야 할 것이다. 이 책에 담긴 고전의 글들은 상기한 분들의 번역에 의거한 것들이다. 사정상 우리 독자들이 쉽게 읽을 수 있도록 원문을 윤문했다. 양해해주리라 믿는다.

 늦깎이로 시작한 나의 철학 공부를 이끌어주신 전남대 철학과 교수님들께 감사를 드린다. 나는 몇 년 전 하늘로부터 '지나치지 말라'는 경고를 받은 이후 손과 발이 불편하게 되었고 말도 어눌해졌다. 그동안 나의 불우한 삶에 큰 힘이 되어준 '다산의 아이들', '고전을 공부하는 교사들', 그리고 '철학하는 엄마들'에게 고마움의 뜻을 전한다. 마지막으로 어려운 형편에도 인문학의 대중화를 위해 외롭게 분투하는 생각정원 편집자들께 경의를 표한다.

2013년 10월
황광우

• 프롤로그   소크라테스의 재판이 남긴 물음

"이제는 떠날 시간입니다. 나는 죽으러, 여러분은 살러 떠날 시간 말입니다."¹

 소크라테스에 대한 유죄 판결은 어느 전제군주의 자의적 결정이 아니라 아테네 법정²을 구성한 500명의 배심원들이 내린 집체적 결정이었다. 재판의 어느 과정에도 정당하지 못한 진행상의 결함은 없었다. 고소인은 절차에 따라 고소장을 접수³했고, 피고인은 공개적으로 고소인에게 반론할 기회를 가졌으며, 자신의 무죄를 입증하는 변론을 펼칠 수 있었다.
 변론에서 소크라테스는 "나라에서 섬기는 신들을 인정하지 않고 다른 기묘한 신을 섬기며 젊은이들을 타락시킨다"는 고발이 허구임을 밝힌다. 자신은 누구보다도 신의 뜻을 따르는 사람으로, '지혜와 진리와 혼의 최선'을 생각하도록 젊은이들과 이야기를 나눴지만, 단 한 번도 그 대가를 요구한 적은 없었다는 것이다. 그러나 불행하게도 판결은 유죄였고, 형벌은 사형이었다.
 그날 스물여덟 살의 청년 플라톤(Platon, BC 427~347)은 법정 한구석에 앉아 스승의 변론을 가슴 졸이며 듣고 있었을 것이다. 그리고 벌떡 일어

서서 자신이 그 변론의 증인이라며 발언하고 싶었을 것이다. "아테네인들은 덩치가 크고 혈통이 좋지만 그 덩치 때문에 굼뜬 편이어서 쇠파리의 자극이 필요한 말과 같으며, 나는 아테네인들을 각성시키기 위해 신이 보낸 쇠파리와 같다. 그러니 나를 죽인다면 아테네에 큰 손실일 것이다"라고 스승이 말할 때 어쩌면 우리 스승의 말은 이다지도 정확할까라며 뜨거운 눈물의 박수를 보냈을지도 모른다. 스승이 유죄 판결을 받는 순간 플라톤은 가슴 깊숙한 곳에서 올라오는 회오會悟의 눈물을 억누르지 못했을 것이다. '이게 아테네인의 모습이었던가!' 플라톤은 승복할 수 없었고, 이후 역사에 길이 남을 《소크라테스의 변론》을 남겼다.

역시 글은 칼보다 강하다. 기원전 399년 아테네 법정을 뒤흔들었던 함성 소리, 그 어떤 담대한 자도 감히 무릎을 꿇지 않을 수 없었던 군중의 포효는 온데간데없고, 지금 우리의 귀에는 배심원들을 향해 삿대질하는 노인의 준엄한 연설만이 들릴 뿐이다. "나는 여러분을 사랑하지만 여러분보다 신에게 복종할 것입니다. 나는 죽는 그날까지 철학하는 일을 그만두지 않을 것입니다. 위대하고 지혜롭고 강력하기로 명성이 자자한 아테네의 시민들이여, 재물과 명예만 탐하면서 지혜와 진리와 혼의 최선에 대해서는 무관심한 여러분의 모습이 부끄럽지 않소?"[5]

소크라테스의 최후진술은 그의 무죄를 입증하는 변론을 넘어, 배심원을 비롯한 동료 시민들을 향한 훈계였다. 이 불후의 고전이 지금도 우리의 심금을 울리는 이유는 '재물과 명예만 탐하면서 지혜와 진리에 대해서는 무관심한 것이야말로 부끄러운 일'이라는 꾸짖음이 여전히 우리를 아프게 하기 때문일 것이다.

플라톤이 남긴 《소크라테스의 변론》은 성공한 극본이다. 이 문건은 아무런 지식이 없는 초보자가 읽어도 철학의 자유를 위해 목숨 따위는 초개처럼 버리는 현자 소크라테스를 만나게 해준다. 이 글을 따라 읽어가노라면 '죽으러 떠나는' 현자의 쓸쓸한 발걸음 앞에서 안타까움을 억누를 수 없게 되고, 이어 순결한 현자의 목숨을 앗아간 아테네 시민들을 향한 분노가 슬그머니 고개를 쳐든다.

참 납득하기 힘든 사건이었다. 멜레토스가 고소장에서 언급한 소크라테스의 죄목은 "국가가 인정하는 신을 부정하고 새로운 신을 도입했으며 아테네의 젊은이들을 타락시켰다"는 것이다. 하지만 소크라테스는 평생을 신의 목소리에 따라 살아온, 누구보다도 경건한 신의 숭배자였다. 그는 "아테네인 여러분, 나는 누구 못지않게 신들을 믿습니다"라고 말하지 않았던가.[6] 또한 소크라테스는 젊은이들에게 몸의 욕망을 절제하고 영혼의 아름다움을 추구하라고 가르친 사람이었다. 그런데 유무죄를 가르는 1차 재판에서 280명[7]의 배심원은 유죄를 선고했다. 그렇다면 280명의 배심원은 무슨 근거로 유죄 판결을 내린 걸까? 유죄 판결도 문제지만 이후 사형을 선고하는 과정은 우리를 더욱 당혹스럽게 한다. 그날 법정은 소크라테스도 말했듯이 그가 스스로 철학하는 것만 그만두면 무죄 방면에 동의할 수 있었던 분위기였다.[8] "'오오, 소크라테스! 우리는 이번에 아니토스의 말을 듣지 않고 그대를 무죄 방면할 것이오. 그러나 한 가지 조건이 있소. 그대는 그런 탐구와 철학으로 소일하지 마시오'라고 말씀하신다면, 나는 여러분에게 말씀드리겠습니다. '아테네의 시민들이여, 나는 여러분을 존경하고 사랑합니다. 그러나 나는 여러분보다 신에게 먼저 복종할 것입니다. 내게 생명과 힘이 있는 한, 나는 철학을 실천하고 조언하는 일을 결코 중단하지 않을 것입니다.'"[9]

그렇다면 소크라테스에게 내릴 수 있는 적합한 형벌은 분명 추방형이었을 것이다. 그런데 형량을 결정하는 2차 재판에서 소크라테스의 사형에 찬성한 배심원은 무려 360명[10]이었다. 결과적으로 80명의 배심원은 '소크라테스, 당신은 죄는 없으나 죽어 마땅해'라고 판결한 것이다. 호메로스의 표현을 빌리면 "더없이 부드러운 죽음이 바다 밖으로부터 와"[11] 숨을 거둬 갈 시기에 굳이 국가가 나서서 한 노인의 목숨을 앗아갈 필요가 있었던 것일까? 회의와 표결이 일상의 삶이었던 아테네인들은 모든 회의에서 자신의 전 재산과 목숨을 걸고 투표했다. 그들 모두가 훈련된 정치인이었다. 그들은 어릴 적부터 호메로스의 《일리아스》와 《오디세이아》를 암송하며 자랐다. 아테네 체육관이 육체를 갈고닦는 훈련장이었다면 아테네 극장은 시민들이 연극을 감상하며 정신을 도야하는 훈련장이었다. 아테네인들은 저 유명한 3대 비극 시인 아이스킬로스(Aeschylos, BC 525?~456)와 소포클레스(Sophocles, BC 496?~406) 그리고 에우리피데스(Euripides, BC 484?~406?)의 비극 작품을 이해했던 수준 높은 문화인이었다. 그 아테네 시민들이 소크라테스에게 사형을 선고한 것이다.

물론 정치인들을 향한 소크라테스의 거침없는 비판이 아테네인들의 마음을 편하게 하지는 않았을 것이다. 소크라테스는 정치인들이 한결같이 "실은 알지도 못하면서 대단한 걸 알고 있는 것으로 착각하며 살더라"[12]고 말하곤 했다. 이런 발언이 기성세대를 흠집 내기 좋아하는 청년들과 그

부모들을 거쳐, 당사자의 귀에 들어갔을 때 어느 정치인이 괘씸한 마음을 품지 않을까? '이 영감, 손 좀 봐줘?'

"내가 유죄 판결을 받게 된다면, 그것은 멜레토스 때문도 아니고 아니토스 때문도 아니며, 많은 사람들의 편견과 시샘 때문일 것입니다"[13]라고 말한 것으로 보아 소크라테스가 아테네인들에게 불편한 사람이었음은 분명하다. "나는 이처럼 찾아다니며 캐물은 까닭에 많은 사람에게 감당하기 어려울 정도로 심한 미움을 샀습니다."[14] 소크라테스는 덧붙여 "나는 지금도 여전히 누가 지혜롭다고 생각되면 시민이든 이방인이든 신의 명령에 따라 두루 찾아다닙니다. 그리고 그가 지혜롭지 않다고 생각되면 나는 신에게 봉사하기 위해 그가 지혜롭지 않다는 것을 입증합니다"[15]라고도 털어놓았다.

소크라테스의 죽음에는 괘씸죄가 관여되어 있음을 부인할 수 없다. 하지만 우리의 상식은 의문을 제기한다. 세상에 어떤 나라에서 '싸가지' 없는 말을 한다고 사형을 언도한단 말인가? 소크라테스의 말마따나 그는 아테네의 쇠파리였다 치자. 말이 쇠파리가 귀찮으면 꼬리를 흔들어 쫓아내듯이 아테네인들은 소크라테스가 귀찮으면 다른 도시로 추방하면 될 일이었다. 굳이 죽일 이유는 없지 않았던가?

유죄 판결이 나온 후 형량을 가르는 2차 재판에서도 소크라테스는 괘씸죄를 거론한다. "아테네인 여러분! 하지만 나는 동포인 여러분이 내가 대화로 소일하는 것을 참다못해 부담스러워하고 싫어한다는 것을 모를 만큼 어리석지는 않습니다."[16] 이런 발언을 있는 그대로 따라 읽어가노라면 아테네인들은 참으로 유치한 사람들이 된다. 온종일 하는 일이라고는 '씨

부리는' 것밖에 없던 노인[17]이 뭐가 무서워서 사형 판결까지 한단 말인가?

　소크라테스의 재판에 얽힌 이런 의문들을 밝혀보고자 시작한 나의 탐구는 땅속 저 깊은 곳까지 내려가 광맥을 찾는 광부의 탐사 과정과 비슷했다. 《소크라테스의 변론》, 이 짧은 소책자에 담긴 진실을 파헤치기 위해 나는 지난 10년 동안 관련 문헌들을 뒤적였다. 그런데 정말 종잡을 수 없는 인물이 바로 소크라테스이다. 소크라테스에게 사형이 선고된 기원전 399년은 아테네가 30인 과두정의 독재정치를 극복하고 민주정으로 복귀한 시절이었다. 그렇다면 소크라테스는 민주정의 적대자이기라도 했다는 것인가?

　소크라테스 재판과 관련된 진실을 온전하게 알기 위해서는 스승의 영웅적 면모를 부각시키는 플라톤의 관점을 넘어 아테네인의 관점에서도 소크라테스를 바라보아야 한다. 나아가 사태를 온전하게 판단하려면 소크라테스와 아테네인들[18] 사이의 갈등 구조를 총체적으로 이해해야 한다. 소크라테스의 재판, 과연 여기에 감춰진 진실은 무엇인가? 도대체 왜 아테네인들은 소크라테스의 철학을 수용할 수 없었을까?

■ 차례

• 서문　　우리는 소크라테스조차 모른다 …………………………… 4
• 프롤로그　소크라테스의 재판이 남긴 물음 …………………………… 8

Part 1
캐묻지 않는 삶은 살 가치가 없다
: 청년 소크라테스가 철학 무대에 오르기까지

chapter 1　소크라테스의 탄생 …………………………………………… 21
마라톤 전사의 후예 | 끝이 보이지 않는 전쟁 | 아테네의 승리 | 청년 소크라테스를 상상하다

chapter 2　자연철학에서 '정신'을 붙들다 …………………………… 31
아낙사고라스의 정신 | 젊은 날의 초상 | 또 다른 항해

chapter 3　지혜의 교사, 소피스트 …………………………………… 45
파르테논 신전을 떠받치는 두 토대, 노예와 조공 | 소피스트의 시대 | 만물의 척도는 인간이다 | 호메로스의 신

chapter 4　영혼의 발견 ………………………………………………… 60
소크라테스가 경배한 신 | 너 자신을 알라 | 덕은 앎이다 | 정의란 무엇인가

chapter 5　소크라테스, 철학의 무대에 서다 ………………………… 74
프로타고라스와의 만남 | 덕은 가르칠 수 있는가?

Part 2
단 한순간도 사랑하지 않은 적이 없다
: 인간과 지혜에 대한 소크라테스의 사랑

chapter 1 전사 공동체 아테네의 일상 ················· 91
아테네인의 하루 | 진정한 용기란 무엇인가? | 절제는 인간을 자유롭게 한다

chapter 2 부란 무엇인가? ························· 102
재산을 늘리는 것보다 욕망을 줄여라 | 실용적이고 합리적인 철학자 | 크산티페를 위한 변명

chapter 3 무지를 깨닫게 하고 지혜를 낳도록 돕는 산파 ····· 119
묻고 물으며 또 묻다 | 유녀 테오도테와 사랑을 말하다 | 소크라테스 대화의 핵심 화술

chapter 4 파이드로스, 사랑의 철학 ··················· 129
파이드로스와의 산책 | 사랑, 그 광기에 대하여

chapter 5 사랑, 불멸을 향한 그리움 ················· 135
영혼의 사랑 | 디오티마에게 배운 사랑의 가르침 | 알키비아데스의 고백

Part 3
지나치지 말라
: 소크라테스의 투쟁

chapter 1   페리클레스 시대의 아테네 ················· 155
페르시아 전쟁의 승리, 그 후 | 페리클레스의 추도사 | 아테네 제국, 영화에 빠지다

chapter 2   아테네의 몰락이 시작되다 ················· 166
펠로폰네소스 전쟁의 발발 | 아테네를 휩쓴 전염병 | 아테네의 도덕적 타락

chapter 3   페리클레스와 소크라테스, 무엇이 다른가? ················· 173
아테네를 사랑한 두 남자 | 민주정치와 철인정치 | 제국에 대한 찬양과 침묵 | 용기와 절제

chapter 4   소크라테스는 소피스트인가? ················· 181
진리를 보는 두 개의 관점 | 아리스토파네스, 소크라테스를 말하다

chapter 5   소크라테스가 찬미한 스파르타 ················· 186
아테네의 풍요보다 스파르타의 검소를 | 리쿠르고스가 만든 스파르타의 법

chapter 6   알키비아데스의 오만과 아테네의 패배 ················· 194
소크라테스, 알키비아데스를 꾸짖다 | 헛된 야망이 가져온 비극

chapter 7   비판자, 소크라테스 ················· 208
아테네를 도발하다 | 동굴 안의 죄수, 태양을 보다

Part 4
너의 영혼을 돌보라
: 소크라테스의 최후

chapter 1 물러설 수 없는 법정 대결 ·················· 225
소크라테스를 고발한 사람들 | 멜레토스와의 논쟁

chapter 2 30인 과두정의 실체는? ·················· 237
아테네, 성벽을 허물다 | 온건파와 과격파의 대립 | 압제의 광풍

chapter 3 청소년 타락죄, 그 불편한 진실 ·················· 245
재판에 숨은 두 가지 의미 | 아니토스의 고소장을 상상하다 | 아테네 민주정의 대사면령

chapter 4 불경죄, 그 불편한 진실 ·················· 255
도편제도가 사라지다 | 불경죄가 의미하는 것 | 소크라테스 사형의 진실

chapter 5 악법은 법이 아니다 ·················· 263
소크라테스가 지키고자 한 법의 정체 | 과두정의 체포령을 거부하다

chapter 6 소크라테스의 최후 ·················· 272
죽음에 관한 소크라테스의 생각 | 마침내 영혼의 자유를 얻다

- 에필로그 영혼을 돌보라 ·················· 282
- 주 ·················· 285
- 참고문헌 ·················· 315

part 1

캐묻지 않는 삶은 살 가치가 없다

청년 소크라테스가 철학 무대에 오르기까지

chapter 1   소크라테스의 탄생

- BC 490 : 다리우스 1세의 그리스 침공, 마라톤 전투
- BC 483 : 아티카 은광 발견 | 테미스토클레스의 권고로 함대 구축 시작
- BC 480 : 크세르크세스의 그리스 침공, 테르모필레 전투, 살라미스 해전
- BC 477 : 아테네가 델로스 동맹을 결성하고 맹주가 됨
- BC 469 : 소크라테스 탄생

마라톤 전사의 후예

소크라테스는 기원전 469년[1] 석공인 소프로니스코스와 산파인 파이나레테[2] 사이에서 태어났다. 공자가 죽은 지 10년 후 또 한 명의 현자 소크라테스를 이 땅에 보낸 하늘의 뜻은 무엇일까? 소크라테스가 갓난아이였을 때 아테네 민주정치의 주역 페리클레스(Pericles, BC 495?~429)는 아직 팔

팔한 20대 청년이었고, 비극 작가 소포클레스[3]도 젊은이였다.

소크라테스의 아버지 소프로니스코스는 자랑스러운 아테네인이었다. 아테네를 델로스 동맹[4]의 주역으로 끌어올린 영웅 아리스티데스(Aristeides, BC 520?~468?)에겐 아들 리시마코스가 있었는데, 소프로니스코스와 리시마코스는 막역한 사이였다. 그리하여 리시마코스는 친구의 아들인 소크라테스를 보고 이렇게 말했다. "소크라테스여, 나와 자네의 아버지는 참으로 친한 사이였네. 자네 아버지가 세상을 떠나는 그날까지 우리는 변함없는 우정을 나누었지. 자네가 아버지의 명예를 잘 지켜나가고 있다는 말을 들으니 나 역시 매우 흡족하네."[5]

소프로니스코스는 당시의 관례대로 소년 소크라테스에게 국가가 인정하는 초등교육을 받게 했던 것 같다.[6] 우리는 플라톤이 남긴 대화집 도처에서 호메로스의 서사시를 자유자재로 인용하는 소크라테스를 마주할 수 있다.[7] 당시 그리스에서 아이들은 글을 깨치면 위대한 시인들의 작품을 암송했는데, 소크라테스 역시 여느 아이들이 그렇듯 학교에서 읽기와 쓰기를 배우고, 고대 그리스[8] 교육의 정전인 호메로스의 서사시[9]를 암송하며 자랐음이 분명하다. 소크라테스는 어릴 때부터 '호메로스에게 사랑과 경외심'을 품어 "호메로스는 모든 비극 시인의 교사이자 지도자"[10]라고 고백한 적이 있다.

소크라테스는 그들의 선조가 페르시아의 침공에 맞서 얼마나 용감하게 싸웠는지 귀에 못이 박이도록 들으며 자랐을 것이다. 아버지와 할아버지의 무용武勇과 아테네의 자유를 지키기 위해 목숨을 건 남자들의 자랑스러운 이야기를 들으며 성장했음을 쉽게 상상할 수 있다. "그분들은 마라톤에서 이민족을 맞이하여 아시아 전체의 교만을 응징함으로써 어떠한 대군도 그들의 용맹 앞에 굴복하고 만다는 것을 가르쳐주었습니다. 그러므로 나는 그 용사 분들을 자유의 아버지라고 주장하는 바입니다. 그리스 사람들은 이후에도 온갖 위험을 감수했습니다. 마라톤 전사의 후예로서 말입니다."[11]

인간은 선조가 만든 역사 위에 자신의 역사를 만든다. 인간은 역사를 창조하는 자유로운 주체이지만, 오직 과거로부터 물려받은 역사적 전제 위에서 새로운 역사를 창조할 뿐이다. 우리는 청년 소크라테스의 사상적 성숙 과정을 탐구하기에 앞서 아테네 사회에 커다란 변화를 불러온 세계사적인 전쟁, 페르시아 전쟁의 주요 장면을 살펴볼 필요가 있다.

끝이 보이지 않는 전쟁

헤로도토스(Herodotos, BC 484?~430?)의 《역사》에 따르면 페르시아의 왕 다리우스(Darius, BC 550?~486)는 에게 해에 흩어져 있는 수백 개의 그리스 도시국가들에 한 줌의 흙과 한 종지의 물을 바치길 요구했다. 많은 도시국가가 흙과 물을 바쳤다. 그런데 아테네와 스파르타, 이 두 나라는 다리우스의 명령에 복종하길 거부했다. 아테네인들은 페르시아 전령을 구덩이에 파묻어버렸고 스파르타인들은 우물에 집어넣어버렸다.

기원전 490년 약 1만 5000명의 페르시아군이 마라톤 평원에 상륙했다. 아테네는 스파르타에 함께 싸우자고 제의했으나 스파르타는 아폴론을 위한 축제 기간이 끝나야 출전할 수 있다고 답했다. 스파르타의 파병이 지체되는 가운데 아테네는 1만 명의 병력으로 페르시아군과 맞서야 했다.[12]

아테네군은 용맹한 장군 밀티아데스(Miltiades, BC 554?~489?)의 공격 명령이 떨어지자 페르시아군을 향해 돌격해 들어갔다. 그리스인에게 '페르시아'는 공포의 대상이었다. 더구나 수적으로 열세이고 기병이나 궁수의 지원조차 받지 못하는 상황에서 감행된 이 돌진은 그야말로 '역사'에 남을 만한 일이었다. 아테네군은 적의 양 날개를 집중 공격한 후, 양쪽 날개를 오므리면서 페르시아군을 포위, 압박하는 전술을 구사했다. 아테네군은 도망치는 페르시아군을 바닷가까지 추격해 물리쳤다.

헤로도토스는 이 마라톤 전투에서 페르시아군의 전사자가 6400명에 이른 반면 아테네군의 전사자는 192명뿐이었다[13]고 그리스군의 압승을 묘사한다.

마라톤 전투에서 참패한 페르시아의 다리우스는 복수심을 불태우며 전쟁 준비에 힘쓴다. 그러나 그는 원정을 준비하던 도중 세상을 떠나버리고, 대신 아들 크세르크세스(Xerxes, BC 519?~465)가 왕위를 계승하면서 전쟁 준비를 계속하게 된다. 기원전 480년 마침내 엄청난 규모의 군대가 그리스 본토로 이동하기 시작했다. 헤로도토스에 의하면 크세르크세스의 군대에는 육군과 해군을 합해 260만 명 정도의 전투원이 동원됐고, 여기에 종군한 하인과 군량 수송선의 선원 등을 다 합하면 총인원이 무려 520만 명[14]을 넘었다고 한다. 이들의 원정길에 놓인 몇몇 강은 식수로 이용되면서 바닥을 드러냈다고 하니, 세계사에서 전례를 찾아볼 수 없는 거대한 병력이었다. 과연 누가 페르시아의 대군에 맞설 수 있을 것인가?

전쟁 준비를 완료한 크세르크세스는 그리스인인 데마라토스[15]에게 이렇게 물었다고 한다. "그대는 그리스 중에서 가장 중요하고 강력한 도시 국가 중 한 곳 출신이라고 들었소. 그러니 말해보시오. 그리스인들이 감히 내게 대항하겠소?" 이에 데마라토스가 답했다. "스파르타인들의 주인은 법입니다. 법의 명령이란 아무리 많은 적군을 만나더라도 싸움터에서 도망치지 말 것이며 버티고 서서 이기든 죽든 하라는 것이옵니다."[16] 크세르크세스는 그 말을 비웃으며 그리스로 진격했다.

그러나 그리스 원정에는 난관의 씨앗이 있었다. 크세르크세스가 자랑하는 군대의 위용이 바로 그것이다. 페르시아군은 그 어마어마한 규모 때문에 기동력이 떨어졌고, 덕분에 아테네와 스파르타를 비롯한 그리스 도시국가들은 동맹을 결성해 페르시아에 대적할 준비를 할 수 있었다.

그리스의 육군과 해군은 각각 테르모필레 협곡과 인근 바다인 아르테미시온을 지켰다. 그리스 본토로 들어오는 길목을 지켜 선 것이다. 테르모필레 전투는 영화 〈300〉으로 유명한 바로 그 전투이다. 스파르타의 왕 레오니다스(Leonidas, ?~BC 480)가 지휘하는 그리스군은 용감하게 싸웠고, 페르시아군은 번번이 퇴각했다. 그런데 에피알테스라는 자가 협곡을 우회하는 길을 알려주면서 전세는 역전되었다. 이미 페르시아군에 포위된 사실을 알게 된 레오니다스는 스파르타 전사 300명과 일부 동맹군만 남기고 나머지 그리스군에겐 퇴각 명령을 내렸다. 그리스군은 창과 칼만으로 페르시아군과 접전을 펼쳤으나 결국 레오니다스는 전사하고 그리스군은 패하게 된다. 뒷날 그곳에는 전사자들을 기리는 기념비가 세워졌다.

"나그네여, 전해주시오. 우리는 국법을 지키고 이곳에 누워 있다고."[17]

아테네의 승리

이전에 아테네인들은 델포이의 무녀에게 신탁을 요청한 적이 있었다. 그때 무녀 피티아가 전하는 신탁은 "가련한 자들이여, 왜 여기 앉아 있는가? 그대들은 높은 언덕을 떠나 대지의 끝으로 도망쳐라. 신전들은 지금 벌써 땀을 비 오듯 흘리며 서서 두려움에 떨고, 지붕에서 검은 피를 쏟고 있다. 자, 그대들은 이 신전에서 나가 마음속으로 실컷 슬퍼하라!"[18]였다. 아테네에 진격한 페르시아군은 사람들을 죽이고 신전을 약탈하고 도시에 불을 질렀다. 한편 피티아는 "나무 성채에 의지하라"는 신탁도 전했는데 아테네의 장군 테미스토클레스(Themistocles, BC 528?~462?)는 이 나무 성채를 함선으로 해석하고 해전 준비를 주장했다.

테르모필레 협곡이 무너지자 페르시아 군대가 물밀듯이 몰려들었지만, 그리스 해군이 살라미스에 도착하자 많은 동맹군이 모이면서 그리스군의 세력은 강화되었다. 비록 아테네가 함락되었다는 소식에 동요가 있었지만 테미스토클레스는 페르시아 함대를 격파할 계책을 궁리한다. 그런데 그리스의 여러 도시국가에서 온 연합군은 단일한 지휘 계통이 서지 않아 큰 혼선을 빚고 있었다. 밤새워 전략을 토론했으나 의견은 하나로 모아지지 않았다. 그때 테미스토클레스는 회의장을 빠져나와 페르시아 군영으로 밀사를 보냈다. 밀사가 손에 쥔 편지에는 이렇게 쓰여 있었다. "그리스인들은 지금 겁에 질려 도망칠 궁리만 하고 있습니다. 그들이 도망가지 못하도록 공략하십시오. 그리스인들은 분열되어 있어 대왕께 대항하지 못할 것입니다."[19] 페르시아군은 테미스토클레스의 밀고를 곧이곧대로 믿고, 그리스인들이 도망치지 못하도록 살라미스 해협에서 그리스 군함들을 포위하기 시작했다. 칠흑 같은 어둠 속에서 포위 작전은 이루어졌고, 날이 밝았을 때는 이미 그리스의 배들은 페르시아군에 의해 완전히 포위되어 있었다. 그리스인들이 살아남는 길은 페르시아의 포위망을 뚫는 것밖에 없었다. 세계사에 길이 남을 테미스토클레스의 해전, 적의 포위를 역이용한 배수진은 이렇게 완성되었다. 아이스킬로스[20]는 《페르시아인들》에서 그날 아침의 전황을 이렇게 노래한다. "온 대지를 찬란히 빛나는 빛으로 채웠을 때, 맨 먼저 그리스인들 쪽으로부터 노랫소리와도 같은 함성이 들려왔습니다. '오오, 그리스의 아들들이여, 진격하라! 우리의 조국을 해방하라! 자식과 아내, 신전과 조상의 무덤을 해방하라! 우리는 지금 모든 것을 걸고 싸우는 것이다.'"[21]

살라미스 해전에서 패한 이후 크세르크세스는 페르시아로 돌아갔고 그의 부하이자 이 원정을 강력히 주장했던 마르도니오스의 부대는 그리스에 남았다. 마르도니오스는 30만 명의 군대를 이끌고 그리스 전역을 유린하다가 기원전 479년 플라타이아이 전투에서 전사했다. 페르시아 전쟁이 드디어 막을 내린 것이다.

승리의 기세가 하늘을 찌르던 그날은 그리스의 3대 비극 시인들에게도 의미 있는 날이 되었다. 독일 철학자 헤겔은 "아이스킬로스는 참전하여 승리에 공헌했고, 소포클레스는 전승 축하식에서 춤을 추었으며, 에우리피데스²²는 이 세상에 태어났다"²³라고 말한다. 또한 헤겔은 페르시아 전쟁의 세계사적 의의를 이렇게 평가한다. "페르시아 전쟁은 민족의 역사뿐만 아니라 학문과 예술의 역사, 그리고 용감한 자와 공동체 정신의 역사에 남을 불멸의 기념비이다. 왜냐하면 이 전쟁은 문화와 정신력을 끌어올리고, 아시아의 원리를 무력화한 세계사적인 승리이기 때문이다."²⁴

청년 소크라테스를 상상하다

소크라테스가 몇 살까지 학교에 다녔는지 우리는 알 수 없다.²⁵ 소프로니스코스는 아들을 조각가로 키울 생각이었고, 실제로 소크라테스는 조각에 재능을 발휘했다고 한다. 라에르티오스에 의하면 뒷날 아테네의 아크로폴리스에서 발견된, 옷이 입혀진 여신상은 그의 작품이었다고도 한다.²⁶ 이어 라에르티오스는 소크라테스가 "석공인 주제에 법률에 관해 억지를 부리고 변론가들을 우습게 알면서 사투리로 헛소리를 해대는 사내"라고 말하는 사람도 있었다고 한다. 소크라테스는 동료 노동자들과의 만남을 통해 세계에 대한 이해를 터득했을 것이다. 쇠를 달구는 대장장이, 가죽을 무두질하는 구두장이, 나무를 자르고 다듬는 목공, 흙으로 그릇을 빚는 도공, 이 장인들 모두가 소크라테스의 스승이었다. 노동자는 사물의 성질을 속속들이 알아야 하고, 하나의 작품을 완성하기까지 요구되는 규칙들을 엄격하게 습득하기 때문이다.

하지만 소크라테스는 석공 일에 만족할 수 없었다. 철학에 대한 강렬한 호기심이 그를 사로잡았다. 일설에 의하면 크리톤이 소크라테스의 영혼의 아름다움에 매료되어 그가 명망 높은 선생들로부터 교육받을 수 있도록 재정적으로 지원했다고 한다.[27] 만일 청년 시절 소크라테스가 조각에 종사했다면 그 노동은 생활비 조달을 위한 수단일 뿐, 생존을 위한 최소한의 노동시간을 제외한 나머지 시간은 진리 탐구에 전념했을 것이다.

소크라테스의 사상이 성숙되는 과정에 대해서는 아무런 사실적 자료도 없다. 우리가 의지할 것은 청년 소크라테스가 지나갔던 시대 상황에 관한 역사적 사실들뿐이다. 시대 상황으로 눈을 돌리면 소크라테스의 사상적 성숙에 중대한 영향을 미쳤을 몇몇 요인에 대한 상상력을 얻을 수 있다. 기원전 458년 아이스킬로스의 《오레스테이아》 3부작이 상연되었으므로 청소년 소크라테스도 고대 그리스의 비극 작품들을 구경하며 사색의 실마리를 붙들었을 것이다. 그리고 다른 누구보다도 소크라테스의 청소년기에 결정적인 영향을 미친 인물이 있다. 바로 페리클레스이다.

페리클레스가 정계에 입문한 것은 기원전 460년 소크라테스가 아홉 살 때이고, 그가 아테네 정계를 자신의 독무대로 삼기 시작한 것은 기원전 449년 소크라테스가 스무 살 때의 일이다. 이후 페리클레스는 아테네를 가장 아름다운 도시로 바꾸기 위해 파르테논 신전을 짓기 시작한다. 신전을 완공하기까지 걸린 15년의 세월, 이 시기가 바로 페리클레스 체제의 전성기이자 청년 소크라테스의 사상적 성장기였다.

아테네 남자들은 18세가 되면 성인으로 인정되어 시민 명부에 등록되었다. 남자들은 신전 앞에 모여 성인식을 치른 후 입대해 2년 동안 군 복무를 한다. 소크라테스도 다른 젊은이들처럼 10대 후반과 20대 초반 무렵에 군대 생활을 했을 것이다. 소크라테스의 삶과 사상을 추적하는 우리의 여행에서 플라톤과 크세노폰(Xenophon, BC 444?~357?) 말고는 의지할 만한 여행 안내자가 많지 않다. 20대 초반 신병 훈련을 받고 있었을 소크라테스. 코라 메이슨은 그의 소설에서 이렇게 상상한다.

> 해는 이미 서산 아래로 지고 산골짜기의 군영엔 어둠이 짙게 깔렸다. 병사들은 모닥불 주위에서 저녁을 먹었고, 그 뒤편에 선 보초병들은 오늘 따라 유달리 경계를 강화하는 지휘관을 두고 투덜거렸다. 소크라테스와 전우들은 모닥불 곁에 외투를 깔고 빙 둘러앉았다. 장작 타는 냄새와 저녁 식사 냄새가 구수하게 퍼져가는 밤공기 속에서 친구들과 농담을 주고받는 것은 흥미로운 일이었다.
> "우리들이 훈련을 받기 시작한 지 6년이 지났군. 그때 우린 열여덟이었지. 기억나나, 소크라테스?" 크리톤이 옛일을 회상하며 물었다.
> "기억하지. '나는 내 신성한 무기를 소홀히 하지 않을 것이며, 전장에서 내 곁의 전우를 버리고 도망치지 않을 것입니다.'"[28] 소크라테스는 군인 선서를 읊었다.
> "내 기억으로는 수비대에 근무한 지 2년째 되는 해였지. 필레의 언덕에 있는 작은 성채에서 여러 주일을 소크라테스와 함께 지냈어. 그때 이 친구, 끊임없이 질문을 해댔지." 크리톤의 말에 모두 웃음을 터뜨렸다.
> "그때엔 몇 해만 더 탐구하면 지혜를 찾을 수 있으리라 생각했는데 지금은 그때보다 아는 게 더 적다는 생각이 드네."[29]

chapter 2　　자연철학에서 '정신'을 붙들다

- BC 462 : 키몬 도편추방 | 아테네 민주파 집권
- BC 461 : 페리클레스 권력 장악
- BC 458 : 아이스킬로스《오레스테이아》3부작 상연 |
   피레우스 항과 아테네를 연결하는 장벽 건설 공사 시작
- BC 454 : 델로스 동맹의 금고 아테네 이전 |
   아낙사고라스 아테네 도착
- BC 451 : 시민권에 관한 페리클레스 법안 민회 통과,
   부모 모두 아테네 시민인 자에게만 시민권 부여.

아낙사고라스의 정신

"나는 젊은 시절에 자연철학을 열심히 공부했네. 사물이 생성되는 원인과 소멸하는 원인, 그리고 사물이 존재하는 까닭에 대해 안다는 것은 얼마나 신기한 일인가."[1] 소크라테스가 죽기 직전 감옥에서 친구와 제자들과 주고받은 대화에 의하면 그도 한때 자연철학에 깊이 빠진 적이 있었다.

소크라테스를 이해하기 위해 우리는 자연철학자 아낙사고라스(Anaxagoras, BC 500?~428)에 대해 알아야 한다. 그를 아테네로 초청한 사람은 아테네의 정치 지도자 페리클레스였다. 페리클레스는 아낙사고라스의 영향으로 당시의 신비주의적 사고를 버리고 과학적 사고를 받아들이게 된다. 아낙사고라스의 신지식은 페리클레스에게만 영향을 미친 것이 아니었다. 우리의 주인공 소크라테스도 청년 시절 아낙사고라스의 영향을 받아 자연철학에 심취했던 것 같다.

라에르티오스는 아낙사고라스에 대해 이런 기록을 남겼다. "아낙사고라스는 소아시아의 클라조메나이 사람이다. 이 사람은 아낙시메네스(Anaximenes, BC 585?~528?)의 제자이며, 최초로 질료보다 정신을 중시한 사람이다. 그는 아테네에 30년 동안 머물렀다고 전해진다."[2]

우리가 아낙사고라스에 주목하는 이유는 청년 시절 소크라테스의 지적 탐구에 대한 호기심 때문이다. 소크라테스는 죽기 전에 친구와 제자들과 마지막으로 나눈 대화에서도 자신은 젊은 시절 한때 아낙사고라스의 자연철학에 빠진 적이 있으며 아낙사고라스의 책자를 사 보았다고 고백했다.

이상한 일이다. 소크라테스도 불경죄로 고소당했는데, 그가 청년 시절 배우고자 했던 아낙사고라스도 불경죄로 고소당했다. 아낙사고라스는 "태양은 타오르는 금속 덩어리"라고 말했다 하여 불경죄로 고소당했고, 페리클레스가 그의 변호에 나서 5달란트의 벌금을 물고 겨우 목숨만은 구했다고 한다. 또 다른 설에 의하면 페리클레스의 정적 투키디데스Thukydides가 페리클레스를 궁지에 몰아넣기 위해 아낙사고라스를 불경죄로 고소했다고도 한다.[3]

우리는 이상의 설들에서 아낙사고라스의 추방 혹은 사형 선고에 정치인 페리클레스가 깊숙이 개입되었음을 확인할 수 있다. 페리클레스와 아낙사고라스는 어떤 사이인가? 아낙사고라스가 아테네에 들어온 것은 454년경이다. 플루타르코스에 의하면 아낙사고라스는 페리클레스에게 가장 커다란 영향을 준 사람이었다. "아낙사고라스는 페리클레스에게 신중함과 위엄을 심어주었고, 지고한 목표와 고매한 인품을 갖도록 가르쳤다. 당시 사람들은 아낙사고라스를 지성인이라고 불렀다. 철학자로서는 처음으로, 천지만물의 복합적인 작용이 오로지 정신(nous, 지성)에 따른다고 주장했기 때문이다. 아무튼 페리클레스는 아낙사고라스를 대단히 존경했고 그의 정신은 숭고해졌으며 그의 웅변은 저속함에서 벗어나 고상해졌다. 아낙사고라스를 만난 이후 페리클레스는 원인을 알 수 없는 경이로운 일을 보고 흥분하거나 미신에 의지하려는 태도를 버리게 되었다."[4]

아테네 사람들은 자신들이 전 그리스를 이끄는 지도자임을 자랑스러워했다. 그런데 그 아테네 시민들을 이끈 아테네의 지도자가 바로 페리클레스였다. 페리클레스는 기원전 443년부터 429년까지 매해 아테네의 최고 시민으로 선출된 탁월한 정치인이었다. 그런데 이 페리클레스의 지도자가 바로 아낙사고라스였다니! 그렇다면 아낙사고라스가 페리클레스에게 가르친 과학적 사유의 내용은 무엇이었을까? 세계의 비밀을 탐구하는 데 왕성한 지적 욕구를 가졌을 20대의 청년 소크라테스가 접한 최초의 지성인은 분명 아낙사고라스였다. 아낙사고라스의 과학적 세계관, 그 내용은 무엇이었던가?

아낙사고라스는 당시 아테네 사람들의 일반적인 경향과는 다른 사람이었다. 그는 아테네 정치에 아무 관심이 없었다. 오로지 지적 탐구에만 몰두한 그야말로 진리를 찾는 철학자였다. 아낙사고라스는 《자연학》이라는 책을 집필했는데 그의 저술은 저렴하여 누구나 쉽게 구입할 수 있었다. 알기 쉽고 명료한 산문체의 이 책은 물질의 본성과 우주 발생의 과정을 다루는 것이었다. 그의 《자연학》에는 이런 내용이 쓰여 있었다.

> 처음에 모든 사물이 함께 있었다. 어떤 것도 분별되지 않는 완전히 혼합된 상태였다. 정신이 회전을 일으키기 시작하자 분화가 일어났다. 회전은 작은 영역에서 일어나기 시작했고, 시간이 지나면서 영역이 확대되어 갔다. 회전과 함께 혼합체로부터 사물들의 분리가 일어났다. 회오리 작용은 가벼운 아이테르를 주변으로 밀어냈고, 무거운 공기를 가운데로 몰았다. 축축한 것, 차가운 것은 가운데로 이동했고 건조한 것, 뜨거운 것은 주변으로 이동했다. 회전운동이 계속되면서 무거운 돌들이 아이테르 쪽으로 멀리 내던져졌고 마침내 태양, 달, 별이 되었다. 태양은 붉게 달아오른 돌덩어리이다.[5]

자연에 관한 아낙사고라스의 이러한 명제들은 청년 소크라테스가 덥석덥석 받아먹는 지적 자양분이었을 것이다.

> 태양은 타오르는 금속 덩어리이다. 바람은 공기가 태양열에 의해 희박해졌을 때 생긴다. 천둥은 구름의 충돌이고, 번개는 구름의 급격한 마찰이다. 동물은 습기와 열과 흙 상태의 물질에서 생긴다. 하늘은 돌로 구성되

어 있으며, 급속한 회전운동을 한다.⁶

태양이 신이 아니고 타오르는 금속 덩어리라니? 천둥은 구름의 충돌이고 번개는 구름의 급격한 마찰이라면 제우스는 어디로 갔는가? 아낙사고라스의 주장은 아테네 시민들에게 도발적이었고, 20대의 소크라테스에게도 적잖은 지적 동요를 불러일으켰을 것이다.

아리스토텔레스(Aristoteles, BC 384~322)는 《형이상학》에서 아낙사고라스의 사상적 정수를 논평하면서 이렇게 말한 적이 있다. "자연철학자들은 펜싱 선수와도 같다. 펜싱 선수들이 이리저리 몸을 돌리면서 우연히 상대방을 명중시키듯, 자연철학자들도 아무 의식 없이 말하다가 가끔 진리를 들려주기도 한다. 아낙사고라스야말로 의식을 가진 최초의 철학자였는데, 그는 술 취한 사람들 가운데 홀로 깨어 있는 사람처럼 보였다. 하지만 그가 가한 일격도 허공을 찌른 것이다."⁷ 아낙사고라스는 처음으로 정신의 실마리를 연 자연철학자였다.

젊은 날의 초상

이제 아낙사고라스의 가르침에 대한 소크라테스의 소회를 직접 경청할 때이다. 우리는 플라톤의 《파이돈》에서 소크라테스의 젊은 날의 초상을 만난다.

"케베스, 젊었을 때 나는 자연 탐구라고 불리는 지혜에 몹시 열중한 적이 있었네. 개개의 사물이 생성하고 소멸하고 존속하는 원인을 안다는 것이 내게는 대단한 일로 보였기 때문이지. 그래서 나는 우선 다음과 같은 문제들을 고찰하느라 몇 번이나 갈팡질팡했다네. 사람들 말처럼 열기와 냉기가 일종의 발효 작용을 일으킬 때 생물들이 생성되는가? 우리가 생각할 수 있게 해주는 것은 피인가, 공기인가, 아니면 불인가? 아니면 우리에게 청각, 시각, 후각을 제공하는 것은 이런 것들 가운데 하나가 아니라 뇌이고, 이런 감각들에서 기억과 의견이 생성되고 기억과 판단이 안정되면 거기에서 지식이 생성되는가? 그러고 나서 이번에는 이런 것들이 어떻게 소멸하며 하늘과 땅에서는 어떤 일이 일어나는지 고찰하다가, 마침내 나는 그런 종류의 고찰에는 전혀 소질이 없다고 확신하게 되었다네."[8]

누구나 사춘기라고 하는 정신적 자각의 시기를 경유하면서 소년 시절에 듣고 배웠던 당대의 상식에 대해 한번은 회의를 하게 된다. 소년 소크라테스에게는 호메로스의 세계관이 넘어서기 힘든 거대한 상식으로 서 있었을 것이다. 소년 소크라테스는 호메로스의 서사에서 삶의 지혜를 배웠을 것이고, 동시에 호메로스의 서사에 등장하는 영웅들과 신들의 이야기에 대해 회의하기 시작했을 것이다. 트로이 측의 정탐 돌론을 사로잡은 오디세우스는 트로이 진영의 기밀을 자백하면 목숨만은 살려주겠다고 언약하고는 돌론이 정작 트로이의 동태를 자백하자 약속과는 달리 그의 목을 따버린다. 영웅들의 언행 불일치, 이것은 정당한 행위인가? 친우 파트로클로스의 죽음에 분개한 아킬레우스는 끓어오르는 복수심으로 헥토르를 죽인 다음 그의 발을 전차에 매달아 끌고 다닌다. 아킬레우스의 복수는 인간에 대한 최소한의 예의도 없는 악행이 아닌가? 아테나 여신은 헥토르의 동료로 위장하여 헥토르의 전투를 돕는 척하다가 결정적인 순간에 사라진다. 이러한 신의 기만행위는 부도덕한 행위가 아닌가? 소크라테스는 부도덕한 호메로스의 신들을 버리고, 새로운 세계관을 찾기 위해 탐구의 길에 올랐을 것이다.

"하루는 아낙사고라스가 썼다는 책의 한 구절을 누군가 읽는 것을 들었는데, 그에 따르면 만물에 질서와 원인을 제공하는 것은 정신이라는 것이었네. 나는 그러한 설명이 마음에 들었고, 정신이 만물의 원인이라는 것이 어떤 의미에서는 옳아 보였네. 그래서 나는 그런 설명이 맞는다면 정신이야말로 만물에 질서를 부여하고 개개의 사물을 그것에 가장 좋은 방법으로 정돈하리라 생각했네. 이런 추론을 하고 있던 나는 아낙사고라스가 사물들의 원인을 가르쳐줄 내 마음에 드는 스승이 되어줄 수 있으리라 생각하니 마음이 흐뭇했네. 해와 달과 다른 천체들과 관련하여 그것들의 상대적인 속도와 궤도, 그것들과 관련된 현상들을 배울 준비가 되어 있었네. 나는 그가 개별 현상과 우주 전체에 대한 원인을 제시한 다음 각자에게 무엇이 최선이며, 모두에게 무엇이 공동선인지 설명해줄 줄 알았지. 그래서 아무리 많은 돈을 준다 해도 이런 희망들을 단념하고 싶지 않았던 나는 무엇이 최선이며 무엇이 최악인지 되도록 빨리 알기 위해 서둘러 서책들을 구해 되도록 빨리 읽었네."[9]

소크라테스의 자연 탐구의 안내자는 아낙사고라스였다. 처음에 모든 사물이 혼돈 상태였다가 회전운동이 시작되면서 가벼운 것과 무거운 것이 분리되었다는 아낙사고라스의 주장은 현대적인 상식으로 보아도 매우 그럴듯하다. 재미있는 것은 이 회전운동이 정신의 작용에 의해 시작되었다는 아낙사고라스의 가설이다. 사실 빅뱅이론을 설파하는 현대의 과학자도 빅뱅을 일으키는 힘에 대해서는 설득력 있는 설명을 내놓지 못한다. 아낙사고라스의 '정신'도 마찬가지였나 보다. "그런데 이 놀라운 희망은 금세 사라지고 말았네. 책을 읽어가면서 나는 그가 정신의 소관이라고 설명하기는커녕 대기, 아이테르, 물, 그 밖의 온갖 이상한 것들을 그 원인으로 내세우는 것을 보았기 때문이지. 마치 나의 모든 활동은 내 정신으로부터 나온다고 말해놓고는, 내가 앉아 있는 것은 뼈와 근육의 움직임 때문이라고 말하는 것과 다를 게 없었네."[10]

아낙사고라스는 우주의 생성이 정신에 의해 시작되었다고 말할 뿐, 정신이 어떤 원리에 의해 세계를 움직이는지에 대해서는 말이 없다. "내 행동은 정신에 의해 통제되고 있음에도 불구하고, 내가 그렇게 행동하는 이유는 뼈와 근육 때문이라고 말하는 것은 아주 경솔한 발언이라네. 그러한 원인의 작동에 관해 가르쳐줄 수 있는 사람이 있다면 그가 누구든 나는 기꺼이 그의 제자가 되었을 것이네. 그러나 그럴 기회가 주어지지 않아서 나는 두 번째 항해에 나섰다네."[11]

또 다른 항해

라에르티오스에 의하면 아르켈라오스는 아낙사고라스의 제자이고 소크라테스의 스승이었으며 자연철학을 이오니아에서 아테네로 도입했다. 비극 시인 이온에 의하면 젊은 시절 소크라테스는 아르켈라오스와 함께 사모스 섬을 방문했다고 한다.[12] 아르켈라오스는 자연철학자였으나 윤리학에도 손을 댔다. 법률에 대해서, 아름다운 것과 올바른 것에 대해서 그는 연구했다. 소크라테스는 아르켈라오스로부터 윤리학 연구를 이어받아 최고도로 완성시킴으로써 윤리학의 발전자로 인정받게 되었다. 소크라테스는 아르켈라오스와 우주의 본성 같은 천상의 문제를 토론했다.[13]

《아테네의 변명》을 쓴 역사학자 베터니 휴즈는 소크라테스가 28세 즈음에 사모스에서 아르켈라오스를 만났을 것이라는 가설을 제시했다. 기원전 445년 아테네는 스파르타와 30년간의 휴전 조약을 맺는다. 그런데 이 즈음 사모스가 아테네에 반기를 든다. 페리클레스는 밀레토스와의 전쟁을 중지하라는 명령을 어긴 사모스 섬을 향해 출정한다. 페리클레스는 사모스의 독재 정부를 무너뜨리고 500명의 주요 인물을 볼모로 잡아 렘노스 섬에 가둬버린다. 페리클레스는 아홉 달 만에 이오니아 최대의 도시를 점령한 것이다. 이때의 정황과 관련해 휴즈는 이렇게 기술한다.

"사모스 원정이 시작될 무렵 그는 스물아홉 살이었다. 그는 아마 아테네 원정대의 일원으로 피레우스 항에서 배를 타고 떠났을 것이다. 사모스 원정은 탐욕스럽고 가혹했다. 해전은 치열했고 소크라테스 같은 한창나

이의 아테네 남자들이 전장에서 싸워야 했다. 열여덟 살에서 서른 살 사이의 아테네 시민은 모두 병역의 의무를 져야 했으며 전시에는 예순 살 이하의 성인 남자라면 누구든 소집될 수 있었다. 소크라테스가 기원전 441~440년에 사모스 섬으로 갔다는 것을 직접 보여준 사료는 없지만, 사실 그가 가지 않았다면 오히려 이상한 일이다."[14]

휴즈의 주장대로 소크라테스가 사모스 전쟁에 출전했다면 청년 소크라테스의 행적을 찾는 우리에게 보배 같은 소중한 사실임에 틀림없다. 그런데 플라톤과 크세노폰이 전하는 자료 어디를 보아도 소크라테스가 사모스 전쟁에 출전했다는 기록은 없다.

불경죄란 불충죄였다. 아테네의 신을 믿지 않았다는 불경의 죄목은 아테네를 조국으로 인정하지 않았다는 고발이기도 했다. 따라서 멜레토스가 소크라테스를 불경죄와 청소년 타락죄로 고소했던 것은 "소크라테스여, 당신의 조국은 아테네인가?"라는 물음을 바탕에 깔고 있는 것이었다. 그리하여 소크라테스는 법정에서 조국 아테네의 부름에 따라 세 차례나 참전한 자신의 과거를 힘주어 밝혔다. 기원전 432년의 포티다이아 전투, 기원전 424년의 델리온 전투, 기원전 422년의 암피폴리스 전투가 바로 소크라테스가 참여한 세 전투였다. 휴즈의 주장대로 소크라테스가 사모스 전쟁에 출전했다면 자신의 무죄를 입증하는 법정에서, 다시 말해 아테네에 대한 자신의 충성을 입증하는 자리에서 숨길 이유가 없다. 기원전 415년 54세의 소크라테스는 시칠리아 원정에도 참전하지 않았다. 소크라테스와 같은 중무장 보병이 사모스 전쟁 같은 해전에 참여하는 것이 과연 필수 의무 사항이었을까?

소크라테스는 아낙사고라스의 제자인 아르켈라오스를 만나 어떻게 자연을 탐구했을까? 이 의문에 대해 엉뚱하게도 소크라테스를 고발한 아리스토파네스(Aristophanes, BC 450~385?)의 희극 작품이 실마리를 제공한다. 그의 작품 《구름》에 묘사되고 있는 자연철학자 소크라테스는 아마도 청년 소크라테스였을 것이다.[15] "저건 영리한 두뇌들을 위한 사색소야. 저곳에 살고 있는 사람들은 증명하려고 하지. 하늘은 우리를 둘러싸고 있는 큰 솥뚜껑이고 우리는 그 안에 있는 숯들이라는 것을." 희극 《구름》에서 주인공으로 등장하는 나이 지긋한 농부인 스트렙시아데스가 말하던 그 사색소에서 청년 소크라테스는 스승인 아르켈라오스와 함께 하늘의 달과 별을 연구한 적이 있었을 것이다. 그분께서 달의 궤도와 회전을 규명하시느라 입을 벌리고 하늘을 쳐다보고 계셨다는 제자의 설명 그대로 말이다. 《구름》에서 소크라테스는 말한다. "우리 사이에서 신들은 통하지 않는다네. 헛소리 말게. 제우스는 존재하지 않아. 자네는 일찍이 구름 없이 비가 오는 걸 본 적이 있나? 비의 무게에 의하여 필연적으로 아래로 처질 때면 무거워진 몸들이 서로 부딪쳐 부서지면서 굉음을 내는 거지." 물론 진실은 아니다. 소크라테스는 평생 신의 명령에 충실한 사람이었다. 그럼에도 당대의 자연철학자들이 무신론자들이었던 것 또한 사실이었다. 따라서 아리스토파네스가 자연철학에 심취한 적이 있었던 청년 소크라테스를 무신론자로 기술했던 것도 억측만은 아니었다.

태양의 신 아폴론을 감히 타오르는 돌덩어리라고 말하는 아낙사고라스 학설에 대해 사람들은 적개심을 품었을 것이다. 점쟁이 디오페이테스는 이 무신론자를 몰아내기 위해 불경죄라는 새 법률을 준비했다. 그는 굳이 아낙사고라스를 거론할 필요가 없었다. '천상의 일'에 대한 위험한 학설을 가르치는 무신론자들을 벌해야 한다는 새로운 법률을 제안하기만 하면 되는 것이다. 예상했던 대로 디오페이테스의 법률안[16]은 통과되었고 아낙사고라스는 재판을 받게 되었다. 죄명은 불경죄였고, 형벌은 사형이었다. 아낙사고라스가 처형당하지 않고 아테네를 떠날 수 있었던 것은 페리클레스 덕분이었다.

하지만 소크라테스는 아낙사고라스를 잊지 못했다. 인간이 이 세상에 태어난 것은 쾌락이나 명성을 얻기 위해서가 아니라 진실을 탐구하기 위해서라고 말하는 이 사람에게 뭔가 훌륭한 점이 있어 보였다. 아낙사고라스는 만물에 대해 설명해줄 하나의 '정신'이 있다고 주장했다. 이 정신이 만물을 저마다 최선의 상태에 있도록 배열한다는 것이다. 소크라테스는 아낙사고라스의 발언에 놀라움과 흥분을 느꼈다. 그러나 앞서 말했듯이 이 설렘은 곧 실망으로 바뀌게 된다.

소크라테스는 골똘히 생각했다. 자연철학자들이 흙과 공기, 불과 물로 세계를 설명한 것은 옳았다고 치자. 그들이 사물들은 어떻게 생겨나게 되었고, 어떻게 지금처럼 존재하게 되었는지에 대해 답을 찾아냈다고 하자. 하지만 그것이 전부이다. 과학자들은 사물이 왜 생겨났는지, 사물들이 무엇을 위해 존재하는지에 대해서는 답이 없다. 소크라테스는 사물들의 생성 원인은 물질에 있지 않고 정신에 있다고 믿었다. 소크라테스는 스스로에게 물었을 것이다. "나는 왜 친구들과 재미있게 놀지 않고 여기에 앉아 생각에 잠겨 있는가? 나는 뼈와 근육의 지시에 따라 여기에 앉아 있지 않다. 내가 여기에 앉아 생각하도록 지시하는 것은 나의 정신이다. 세상에는 세상을 최선의 상태로 있게 하는 정신이 있다. 그 정신은 무엇일까?"

아쉽게도 사물의 궁극적인 존재 이유에 대해 탐구하는 사람은 아무도 없었다. 자신의 존재 이유조차 모르고 지향해야 할 삶의 목적을 모른 채 맹목적으로 살아가는 이웃들이 소크라테스는 몹시 안타까웠다. 주변을 아무리 둘러보아도 아테네인들은 삶의 참된 목표를 찾으려 하지 않았다. 하지만 진리에 대한 앎은 근육이 뼈를 끌어당기는 것보다 더 강한 견인력을 갖는다고 소크라테스는 생각했다. 진리의 앎, 이것이 신이 내린 그의 소명召命이었다.

아낙사고라스는 '정신'이라는 개념을 낳고는 더 이상 발전시키지 않았다. 정신을 발전시켜 도덕의 원리로 만드는 것은 소크라테스의 몫이었다. 그는 정의와 불의에 대해 그리고 선과 악에 대해 고뇌하는 인간의 정신을 유일한 탐구 대상으로 삼게 되었다. 자연에 관한 탐구는 이제 한때의 추억일 뿐이었다. 크세노폰은 이렇게 말한다. "소크라테스는 다른 많은 사람들처럼 만물의 성질에 대해서 논의하기를 원하지 않았다. 그는 우주의 성질이나 천체의 현상을 지배하는 원리에 대해 숙고하지 않았다. 소크라테스는 자연에 관한 문제를 따지고 드는 사람들을 어리석다고 지적했다."[17]

이제 소크라테스는 일터에서, 광장에서 자연에 대한 연구가 아닌 인간의 정신에 대한 탐구를 시작한다. 그는 부와 명예를 향한 삶을 반대하여, 진정한 훌륭함에 대해, 지혜로운 삶에 대해 끊임없이 물었다. "소크라테스의 논변은 점차 강력해졌고, 그럴수록 소크라테스는 사람들로부터 외면당했다. 소크라테스는 사람들에게 주먹질을 당하기도 했고, 머리끄덩

이를 잡히기도 했고, 바보 취급을 당하기도 했다. 그러나 그는 묵묵히 참고 견디며 자신의 길을 갔다."[18]

● **chapter 3** 　　　　　　　　　　　　지혜의 교사, 소피스트

- BC 450 : 프로타고라스, 아테네 처음 방문 | 알키비아데스 출생 |
  아리스토파네스 출생 | 배심원 일당 지급 실시
- BC 449 : 키프로스 원정 중 키몬 사망 | 아테네 건축 복구 프로그램 제안
- BC 447 : 파르테논 신전 건축 시작
- BC 442 : 소포클레스의 비극《안티고네》아테네 공연
- BC 441 : 사모스 반란
- BC 432 : 파르테논 신전 완성 | 프로타고라스와 소크라테스 논쟁 | 포티다이아 전투

파르테논 신전을 떠받치는 두 토대, 노예와 조공

소크라테스가 한창 군대에서 복무하고 있을 무렵이던 기원전 449년 아테네 정가가 술렁였다. 키몬(Kimon, BC 510?~449)이 사망한 것이다. 키몬으로 말하자면 마라톤 전투의 영웅 밀티아데스의 아들로서 살라미스 해전 이후 페르시아를 몰아내는 그리스 해방전쟁의 중심인물이었다. 기원전

462년 그는 그의 친스파르타적인 행동에 반감을 품은 민중에게 도편추방 당하는 신세가 되었고 기원전 449년 키프로스 원정 중에 사망했다. 플루타르코스는 그를 소박하고 가식이 없으며 큰일 앞에 용기 있고 활달하며 금전에 결백한 인물이라고 높이 평가했다. 이른바 아테네 정계를 대표하는 보수파의 우두머리가 타계한 것이다.

해가 지면 달이 뜨던가. 보수파의 거두 키몬이 죽자 아테네 정가는 민주파가 장악했고 민주파를 이끌던 젊은 정치인 페리클레스가 두각을 나타내기 시작한다. 페리클레스가 주도한 아테네 재건 사업에는 그 유명한 파르테논 신전 건축이 포함되었다. 기원전 480년 크세르크세스가 이끄는 페르시아군에 의해 검게 타버린 아크로폴리스가 마침내 전화위복의 계기를 맞이한 것이다. 오늘날 세계문화유산 1호로 등재된 파르테논 신전이 바로 이 시기에 건축되기 시작한다. 아테네에서 피레우스 항구까지 이어지는 '대장벽'도 이때 구축된다. 파르테논 신전의 기반을 한창 다지던 기원전 447년 소크라테스는 22세의 청년이었다. 석공들이 정으로 파르테논의 대리석을 쪼는 횟수만큼 소크라테스의 정신도 다듬어졌다. 아크로폴리스 언덕 위에 파르테논의 웅장한 자태가 들어섰던 기원전 432년 소크라테스의 정신도 원숙해졌다.

오늘날 우리는 아테네의 민주주의가 세계 역사상 최초로 직접민주정치를 구현한 것으로 높이 평가한다. 귀족들 혹은 부자들로부터 가난뱅이라 천시당하던 아테네 민중들이 정치의 주역으로 올라선 것은 그 자체로 인간의 역사에 강력한 메시지를 던진 세계사적 사건이다. 민중이 의회를 주도하고 배심원이 되어 법정을 움직일 수 있었던 것은 세계사에서 그 유례를 찾아보기 힘든 민중권력의 구현이었다. 그런데 이 민중권력은 직접민주정치의 선구라는 빛나는 명성만큼이나 어두운 그림자를 드리우고 있었다.

아테네의 민중권력은 노예제[2]에 토대한 정치권력이었다. 시민이 광장에서 연설을 하고, 김나지움에서 몸을 단련하고, 제전에 참가하는 것은 민주정치의 필요조건이었다. 그러려면 시민들은 노동에서 해방되어 일상적인 일들을 노예에게 맡겨야 했다. 스파르타와 아테네를 비교했을 때 스파르타는 정복민이 원주민을 폭력으로 지배하는 경우라면 아테네는 원주민이 나라의 주인으로 올라선 경우이다. 스파르타가 강권을 앞세운 억압의 정치였다면 아테네는 서로의 의사를 존중하는 설득의 정치였다. 그만큼 아테네의 정치는 시민의 말을 존중하는 합리적인 정치였다. 그럼에도 아테네라는 도시국가가 존속할 수 있었던 것은 가정에서, 농장에서 혹은 공장에서 구슬땀을 흘리며 일하는 이름 없는 다수의 노예들[3] 덕분이었다. 가정마다 부인의 집안일을 돕는 가사 노예가 있었고 부유층의 경우에는 자식들의 학습을 돕는 노예까지 두었다. 도시 주변 농촌에서는 한 명의 주인과 함께 다수의 노예들이 포도 농사나 올리브 농사에 투입되었다.[4] 한나 아렌트는 공동체의 업무를 직접 관장했던 아테네 시민들의 정치적 삶을 높이 평가했는데 그런 삶이 가능했던 것은 그들의 한가함을 보장해 준 노예의 삶이 있었기 때문이다.

그런데 아테네의 민중권력이 가능하게 된 요인으로 노예제도 못지않게 중요한 변수가 있었다. 바로 델로스 동맹의 회원국들로부터 거두는 조공 수입이었다. 기원전 477년에 결성된 델로스 동맹은 불원간에 재개될 페르시아의 침공으로부터 그리스의 자유를 지키자는 공동의 필요가 낳은 합리적 결정이었다. 델로스 동맹의 회원국은 무려 300여 개국[5]. 따라서 200여 척에 달하는 함대의 관리를 아테네에 일임하는 대신 각 회원국은 함선 한 척 정도의 유지비용을 회비로 납부했다. 그런데 세월이 흐르면서 회원국들이 부담하는 회비가 증액되었다. 기원전 440년경 아테네는 동맹국으로부터 600달란트의 전쟁 비용을 받았는데 페리클레스가 죽은 뒤에는 1300달란트까지 거두어들였다.[6] 기원전 454년 델로스 동맹의 금고가 델로스 섬에서 아테네로 옮겨왔다. 이때부터 델로스 동맹의 금고는 회원국들이 자주적인 의사에 입각하여 갹출하는 공동 비용의 성격에서 아테네인들이 갖고 노는 호주머니 돈으로 변질했다. 한마디로 말해서 아테네의 민중권력은 노예의 땀방울을 먹고 델로스 동맹국들의 피를 빨아 움직였던 제국의 질서였다.

델로스 동맹국들의 부가 아테네로 유입되는 제국의 질서는 세월이 흐를수록 제국 아테네에는 부가 축적되고 회원국들의 가슴엔 질시가 축적되는 불평등 구조였다. 희극 작가 아리스토파네스는 이 불평등 구조를 숙주 삼아 기생하는 아테네의 지도층 인사들을 고발한다. "지금 우리에게 조공을 바치는 나라는 1000개나 돼요. 한 나라가 제각기 20명의 아테네인을 먹여 살린다고 합시다. 그러면 2만 명의 아테네 시민은 산토끼 요리만 먹고 최고급 우유를 마시며 마라톤의 승전이 가져다준 명예에 어울리는 즐거운 생활을 할 수가 있단 말입니다. 그런데 당신들은 현재 올리브를 따는 품팔이 노동자처럼 품삯 주는 회계관 뒤나 따라다니거든요."[7] 아리스토파네스는 오늘날의 정치비평가였다. 그의 펜 끝을 피해 갈 수 있는 모순과 비리는 없었다. 알고 보면 아테네인들은 동맹국들로부터 거두어들인 공동 기금으로 번영을 누리고 있었는데 아리스토파네스의 눈에는 이 공동 기금이 사실상 제국에 바치는 조공으로 보였던 것이다.

 문제는 동맹의 성격이다. 초기엔 공동의 목표를 성취하기 위한 자율적 연대였으나 세월이 흐르면서 자발적 연대는 타율적 강제로 변질되었고 아테네와 회원국들의 관계는 대등한 협력 관계에서 제국과 조공국 간의 지배 종속 관계로 변질되었던 것이다. 아리스토파네스가 희극 《벌》에 "그이들은 우방 국가를 협박 공갈해서 한꺼번에 50달란트씩이나 먹고 있어요" 또는 "조공금을 안 내면 너희 도시에 번개를 쳐서 부숴버릴 테다"라고 썼던 것은 전혀 과장된 표현이 아닐 것이다. 이런 제국 대 종속국 간의 관계는 제국의 경제적 풍요를 보장하는 대신 시민의 삶은 나태에 빠지고 자립 의지는 나약해진다. 아리스토파네스는 아테네 시민의 삶의 한 단면을 이렇게 드러낸다.

"아버지가 괴상한 병이 있어서지요. 그 병은 제가 말씀드리지 않으면 여러분은 절대 알아맞히지 못하실 겁니다. 어디 맞혀보시겠어요? 알고 싶으면 조용히, 조용히! 우리 주인의 병을 가르쳐드리지요. 이 양반은 누구보다도 재판을 좋아한답니다. 재판이 취미라서 법정의 맨 앞자리에 앉지 못하면 몸살이 나는 양반이지요. 밤에도 눈을 붙이는 줄 아십니까? 어쩌다 잠깐 졸 때면 마음은 당장에 재판소 물시계 곁으로 날아간답니다. 투표용 자갈을 쥐는 게 너무 버릇이 되어 꿈에서 깨어날 때도 초승달에 향을 피워 바칠 때처럼 세 손가락을 요렇게 모아 가지고 깬다니까요. 저녁상을 물리기가 무섭게 신을 가져오라고 호령하고, 날이 새기도 전에 재판소로 달려가서 굴 딱지처럼 기둥에 찰싹 붙어서 미리 한잠 잡니다. 투표용 자갈이 부족할까 봐 해변을 온통 뒤덮을 만큼 많은 돌을 집에다 모아두었지요. 이렇게 미쳐 있으니까 무슨 소리를 해도 소용이 없고 날이 갈수록 자꾸만 재판병은 심해지는 형편입니다."[8]

페리클레스의 자랑 그대로 아테네인들은 그들의 민주정체를 자랑할 만하다.

"우리들은 이웃 나라의 어떤 법제도 부러울 것이 없는 정치체제를 갖고 있습니다. 오히려 우리들 자신은 타인을 흉내 내는 사람들이 본받아야 할 모범이 되어 있는 것입니다. 그리고 소수가 아닌 다수에 의해서 다스려지고 있기 때문에 이름 또한 민주정체로 불리고 있습니다."[9]

아테네인들은 모두 재판관이 될 수 있었다. 그런데 시민들이 재판정에서 민주정치의 포만감에 빠져 하루하루 보내고 있을 때 소수의 특권세력들이 제국의 경제적 번영을 독식하고 있는 것으로 아리스토파네스는 고발한다. 이러한 특권세력 대 민중의 모순관계를 선량한 시민들은 몰랐어도 비판적 지식인과 그들을 따르는 젊은이들은 의식하고 있었다. 아리스토파네스의 아테네 지배층을 향한 눈은 매서웠다. 먼 바다에 나가 노를 젓고 싸움을 하면서 피땀을 흘린 시민들의 노고 위에서 일군의 지도자들이 제국의 영광을 누리고 있다고 항변하는 아리스토파네스의 시선은 고대 아테네의 기층 민중의 시선을 대변한다.

소피스트의 시대

19세의 소크라테스가 군복무를 하고 있을 무렵인 기원전 450년, 향후 소크라테스의 운명에 검은 그림자를 드리울 두 명의 인물이 태어난다. 한 명은 방금 소개한 희극 작가 아리스토파네스이다. 아리스토파네스는 《구름》에서 소크라테스에게 무신론자의 혐의를 씌움으로써 법정에서 사형을 선고받게 하는 역할을 한다. 또 다른 인물은 알키비아데스(Alkibiades, BC 450?~404)이다. 알키비아데스는 소크라테스가 가장 총애한 젊은이였지만 조국 아테네를 배신하고 스파르타에 투항하는 등 페리클레스 사후 아테네의 몰락을 재촉한 인물이었다. 아테네 시민들이 청소년을 타락시켰다며 소크라테스에게 유죄 판결을 내린 것도 알키비아데스의 배신과 연관되어 있었다.

한편 기원전 450년에는 또 한 명의 지식인이 아테네에 들어온다. "인간은 만물의 척도"라는 명제로 철학사에 이름을 올린 프로타고라스(Protagoras, BC 485?~414?)이다. 일설에 의하면 아낙사고라스와 마찬가지로 그 역시 페리클레스의 초빙으로 아테네를 방문했다고 한다. 프로타고라스는 이른바 소피스트의 원조이다.

우리의 교과서들은 죄다 소피스트 하면 상대주의자, 궤변론자라며 악인 취급하기 바쁘다. 소피스트를 악인으로 몰고 갈수록 소피스트에 대항한 소크라테스가 선인이 되었던 탓일까? 그런데 알고 보면 소크라테스의 스승 프로디코스Prodikos는 프로타고라스 다음가는 유명한 소피스트였다. 아낙사고라스의 자연철학을 졸업한 이후 소크라테스가 찾아간 곳은 소피스트들이었음에 분명하다. 30대의 소크라테스가 자신의 사상을 성숙시켜나갈 수 있었던 것은 이들 소피스트들과의 토론 덕택이었고, 마침내 소크라테스가 사상의 시장에 자신의 고유한 상표를 내놓을 수 있었던 것도 이들 소피스트들의 제품과 치열한 품질 경쟁을 치른 결과였다.

 이즈음 또 한 명의 현자가 아테네의 입구인 피레우스 항구에 도착했다. 소크라테스가 자신의 스승임을 공식적으로 인정했던 아스파시아Aspasia였다. 나중에 페리클레스의 정부가 된 그녀는 출신지인 밀레토스의 철학을 안고 아테네에 들어와 이후 소크라테스를 비롯한 아테네 정가의 주요 인물들과 교제하면서 적지 않은 영향을 미쳤다. 그 유명한 페리클레스의 전몰자 추도사가 아스파시아의 조언을 받아 작성되었다고 하니 그녀의 명민함을 짐작할 수 있을 것이다.

 이제 우리는 소피스트에 대해 재인식할 때가 되었다. "그리스어로 지혜를 뜻하는 단어 'sophia'에서 유래한 소피스트는 원래 호메로스나 헤시오도스 같은 시인, 음악가, 현자, 예언자 등 특별한 지식과 통찰력을 지닌 사람들을 부르던 말이다. 헤로도토스는 피타고라스와 솔론(Solon, BC 640?~560?)을 소피스트라고 불렀고, 이소크라테스는 그리스의 유명한 일곱 현인을 소피스트라 불렀다."[10] 소크라테스의 시대에 소피스트는 자신이 지혜를 알고 있을 뿐만 아니라 그것을 남에게 가르칠 수도 있는 전문 교사를 가리키는 말이 되었다. 그런데 페리클레스가 주도하는 민주정치의 시대에는 정치권력을 얻기 위해 웅변술이 필수였으므로 아테네인들은 더 많은 지식을 쌓고 연설을 익혀야 한다고 생각했다. 소피스트라고 불리는 뛰어난 유랑 교사들의 집단이 바로 이 욕구를 충족시켜주었다. 기원전

5세기 후반 아테네에는 웅변술을 비롯한 전문 지식을 젊은이들에게 강의해주고 그 대가로 수업료를 받는 일단의 소피스트 집단이 형성되었다.

우리는 소피스트라고 하면 돈을 받고 지식을 파는 지식 소매상으로, 진리를 외면하고 말다툼의 기술이나 즐기는 위선적 지식인으로 알아왔다. 전통적 견해에 따르면 "소피스트들은 기원전 5세기에 활동한 일단의 협잡꾼들이었다. 탁월함을 가르쳐준다는 미명 하에 거짓된 수사술을 가르친 위선적 지식인이었다. 그들은 아테네에 몰려들었고, 그곳에서 소크라테스를 만나 격파되었다. 소피스트들은 짧은 성공을 거둔 후 마땅한 경멸을 받았고, 이후 세대에 웃음거리가 되었다."[11]

하지만 소피스트 운동은 일종의 계몽주의 운동이었음에 주목하자. 우리는 소피스트에 대한 뿌리 깊은 적대감을 벗고, 철학사에서 소피스트들의 긍정적 역할도 정당하게 평가해야 한다. 알고 보면 소피스트 운동은 페리클레스가 주도한 것이었다. 아낙사고라스도 프로타고라스도 모두 페리클레스가 초빙한 현자들이지 않았는가? 페리클레스 스스로가 아테네 귀족들의 전통적인 종교적 사고에 만족하지 못해 아테네 정가를 이끌어갈 젊은이들에게 과학적 사유의 기회를 열어주길 원했던 것이다. 한마디로 평가하자면 소피스트 운동은 역사상 최초의 계몽주의 운동이었다.

플라톤의 《메논》에 의하면 "탁월함은 가르쳐질 수 있는 것인가? 수련을 통해 획득할 수 있는 것인가, 아니면 본성적으로 생기는 것인가?"라는 물음이 당시 논쟁의 뜨거운 테마였다고 한다. 그런데 이 물음은 페리클레스와 함께 정착되어가던 민주정치와 떼려야 뗄 수 없는 것이었다. 아테네의 민주정치는 신분과 지위에 관계없이 누구나 말의 능력만 가지면 출세를 보증해주었다. 즉 대중을 설득하는 연설 능력이 관건이었다. 귀족들이 보기에 탁월함은 천부적 자질이지만 소피스트들이 보기엔 누구나 배우면 습득할 수 있는 기술이었다. 이 논쟁은 구시대를 옹호하는 귀족들의 이상과 새로운 시대를 이끌어가는 민중의 민주적 이상이 부딪히는 일종의 계급 충돌이었다. 민주적 제도 하에서 이제 막 부상하고 있던 아테네의 민중 진영은 젊은이들에게 탁월한 연설 능력을 가르쳐줄 교사들을 필요로 했다. 바로 그들이 소피스트였던 것이다.

따라서 뒤집어 보면 소피스트 운동은 페리클레스가 주도하고 아테네 민주주의가 요청한 시대적 요구였다. 물론 이것을 가능하게 한 경제적 토대는 아테네의 제국주의였다. 300여 개 도시국가에서 들어오는 부의 흐름과 더불어 지식도 흘러들었던 셈이다. 소크라테스는 소피스트 운동이라는 드센 바람이 있었기에 창공을 날 수 있는 연鳶이 되었다.

만물의 척도는 인간이다

아브데라 출신인 프로타고라스는 가장 유명한 소피스트였다. 여러 차례 아테네를 방문했고, 페리클레스의 친구이자 사실상 정책 고문이었다. 투창 경기 중에 누군가 창에 우연히 맞아 죽었다면 살해의 책임은 창에 있는가, 던진 사람에게 있는가? 아니면 경기 운영진에게 있는가? 프로타고라스와 페리클레스는 만날 때마다 이런 식의 인과관계에 관한 철학적 토론으로 하루를 보냈다고 한다. 프로타고라스는 특정 정당을 지지하지 않고도 사상가로서 명성을 얻는 것이 가능하다는 사실을 처음으로 보여주었다. 정치개혁을 시도하거나 권력을 장악하려 하지 않았고, 다만 직업적 조언자이자 교사로서 강의하고 교육하는 것에 만족했다. 젊은이들이 정계에 진출하여 성공하도록 도왔던 것이다. 그의 가르침은 실재적이었다. 타인의 의견을 존중하는 것이 공동체 생활의 토대라고 주장하면서 사람들을 설득하는 말하기를 가르쳤다. 모든 주제에는 상반되는 두 가지 주장이 있다면서 학생들에게 양 측면을 두루 논하게 했다.

"인간은 만물의 척도"라는 프로타고라스의 선언도 두 가지 맥락에서 해석할 수 있다. 그가 말하는 인간은 개별적 인간인가, 보편적 인간인가? 개별적 인간이라면 이 명제는 인간 인식의 상대성을 옹호하는 것이 된다. 사람마다 인식의 내용이 다르고 판단의 결과가 다르다. 세계에는 보편 타당한 객관적 진리란 없다. 그리하여 프로타고라스는 이렇게 선언한다. "인간은 만물의 척도이다. 존재하는 것에 대해서는 그것들이 있다는 사실의 척도요, 없는 것들에 대해서는 그것들이 있지 않다는 사실의 척도이다."[12]

세계는 각각의 인간에게 다르게 드러날 수밖에 없고, 그렇게 드러난 사태들의 진위 척도는 각각의 인간일 수밖에 없으니, 진리는 인식 주관에 따라 상대적이라고 인간척도설을 이해한다면, 이것만큼 상대주의를 과감하고 직설적으로 주장하는 말도 찾기 힘들 것 같다. 인간의 인식 행위가 인식 대상을 투명하게 수용하는 것이 아니라 인간의 능동적 개입에 의해서만 가능하다는 것을 인정한다면 인간척도설은 인간의 지식이 갖는 주관적이고 상대적일 수밖에 없는 측면을 솔직하게 표현한 것이다.

그런데 자신에게 보이는 그대로가 참이고 자신만이 진리의 척도라고 한다면 인간이 아닌 돼지도 소도 만물의 척도가 될 수 있다는 비판이 가능하다. 소크라테스는 프로타고라스의 상대주의가 갖는 약점을 간파하고 돼지를 앞세워 공격했다. 만물의 척도가 인간이라면, 진리는 인식 주관에 따라 상대적인 것이라 한다면 돼지도 만물의 척도가 될 수 있지 않을까?

상대주의는 존재하는 현실의 다면성을 수용하도록 도와준다는 점에서 지혜로운 인식 태도이다. 하지만 상대주의가 도를 넘어 극단으로 치우치면 지적 회의주의로 기울 위험이 있다. 소크라테스는 이 점에 착목하여 "만일 각자가 자신의 판단에 대한 척도라면 누구의 견해가 옳은지 판단할 수 없는 사태가 발생할 것이며, 결국엔 과연 프로타고라스가 현자인지조차 판별할 수 없게 된다"[13]고 인간척도설의 약점을 논박했다.

다시 돌아가자. 만일 프로타고라스가 말하는 인간이 보편적 인간이라면 "인간은 만물의 척도"라는 명제는 사뭇 다르게 해석된다. 이제 인간척도설은 진리의 기준이 신이 아닌 인간이라는 인간 본위의 사고를 천명한 것으로 풀이된다. 플라톤은 《법률》 4권에서 "우리 눈에는 신이 만물의 척도일 것입니다. 사람들이 흔히 말하는 것처럼, 인간이 만물의 척도는 아닙니다"[14]라고 했는데 이 말은 프로타고라스의 안티테제임이 분명하다.

프로타고라스는 온 세상을 떠돌아다닌 방랑자였다. 그는 떠돌이 생활을 통해 도시국가마다 관습과 법률이 다르다는 것을 알았다. 그가 보기에 신탁에 의해 만들어졌다는 법률(노모스nomos)이 영원한 것도 아니고 보편타당한 것도 아니었다. 프로타고라스는 비극 작가 에우리피데스의 집에서 공개 강연을 했다고 한다. 이 자리에서 그는 《신들에 관하여》라는 제목의 소논문을 읽었다. "신들에 관해서 말하자면 신들이 존재하는지, 존재하지 않는지, 또 신들이 어떤 모습을 하고 있는지 나는 알 수 없다. 신을 알기에는 방해물이 너무 많다. 주제는 너무 모호한데 인생은 너무 짧다."[15]

에우리피데스는 아이스킬로스, 소포클레스와 함께 고대 그리스가 낳은 3대 비극 작가로, 소크라테스보다 나이가 열 살 이상 많았지만 소크라테스에게 작품에 대한 조언을 구했다고 한다. 따라서 에우리피데스의 집에서 열린 잔치에서 프로타고라스가 공개 강연을 했다면 소크라테스도 들었다고 보아야 한다. 여느 소피스트와 달리 신에 대한 독실한 마음을 품어온 우리의 소크라테스, 프로타고라스의 이 장중한 도발 앞에서 무슨 생각을 했을까? 주의할 것은 프로타고라스의 강연이 무신론을 옹호한 것은 아니라는 점이다. 프로타고라스가 부정한 것은 신의 존재가 아니었다. 그가 부정한 것은, 신에 대한 인간의 인식능력이었다. 이 솔직한 불가지론에 대해 누가 뭐라고 비판할 수 있었을까? 프로타고라스는 소크라테스에게 넘기 힘든 준령이었을 것이다. 프로타고라스의 불가지론적 사유에 대해 소크라테스는 어떤 견해를 준비했을까?

호메로스의 신

참고로 우리는 고대 그리스인에게 신이 어떤 존재였는지를 정리하고 넘어가야 한다. 고대 그리스인들의 사유를 형성했던 호메로스의 신은 인간의 의지 밖에 있는 모든 힘들을 대변하는 개념[16]이었다. 주지하다시피 천둥과 벼락은 제우스의 권능이고, 바다의 너울은 포세이돈의 권능이며, 사랑은 아프로디테와 에로스, 질투는 헤라, 지혜는 아테나로 표현되었다. 호메로스의 서사에서는 아침 햇살과 안개와 바람과 강물도 신적 현상으로 간주되었고, 인간의 내면에서 일어나는 상념도 모두 신적 현상으로 이해되었다. 예컨대 아가멤논은 아킬레우스의 전리품인 브리세이스를 빼앗아간 자신의 어리석음을 사과하면서 제우스와 복수의 여신과 운명의 여신이 보낸 미망의 신이 자신의 판단력을 흩뜨려놓은 탓이라고 변명했다. 그리스인들의 신은 다신이었고, 또 인간의 모습을 그대로 닮았다는 점에서 신인동형설anthropomorphism의 신이었다.

흥미로운 것은 고대 그리스인들이 신 개념을 명사적으로만 사용하지 않았다는 것이다. 고대 그리스 철학의 대가 거스리도 지적했듯이 그리스인들에게 신은 명사이기 이전에 서술어였다. 우주만물을 가득 채우는 현상들 모두가 그리스인들에게는 '신적인 것'이었다. 기독교도들이 "신은 사랑이다"라고 말한다면 그리스인들은 "사랑은 신이다"라고 말한다는 것이다. 이는 사랑이 신적인 현상이어서 인간의 능력을 넘어선 불멸의 것이라는 의미이다. 인간보다 먼저 태어났고, 인간이 사멸된 뒤에도 존속할 모든 힘은 하나의 신이다.[17]

따라서 "모든 것은 신적인 힘들로 가득 차 있다"[18]라는 탈레스Thales의 말에서 '신'은 의심할 바 없이 호메로스적인 전통 하에서 이해되어야 하는 신이었다. 탈레스는 다음과 같은 물음을 제기했다. 어떤 실체가 그 자신으로부터 우주만물을 발생시키는 살아 있는 신적 실체인가? 그리고 이 물음의 답은 "만물의 근원은 물"이라는 명제이다.

기원전 6세기의 그리스 철학자들을 이해하고자 한다면 먼저 물질이라는 개념 속에 묻어 있는 기계론적 물질의 이미지를 털어내야 한다. 그들에게 신은 물질적 현상이었고, 물질 또한 신적 현상이었다. 우리는 먼저 물질과 정신의 이원론에서 벗어나야 한다. 고대 그리스인들은 세계의 운동을 설명하는 하나의 원질을 발견해야 했다. 어떤 사람은 바다의 끊임없는 출렁거림을 보면서 물을 떠올렸고, 어떤 사람은 바람의 휘몰아침을 보면서 공기를 떠올렸다. 그들은 전통적으로 내려온 신인동형설을 버리고 새로운 신 개념을 만들어내야 했다. 탈레스는 그것을 물이라 했고 아낙시만드로스(Anaximandros, BC 610~546?)는 무한자apeiron라 불렀으며 아낙시메네스는 공기라고 불렀다. 소크라테스는 자연철학자들과 다른 길을 걸었다.

chapter 4　영혼의 발견

소크라테스가 경배한 신

호메로스에게 불멸의 신은 필멸의 인간과 근본적으로 다르다. "인간은 일종의 신의 장난감"¹이었다. 인간은 하루살이와 다름없는 비천한 존재였고, 그날그날 신들이 이끄는 대로 희로애락을 겪으며 살아갈 수밖에 없는 존재였다. 소크라테스는 달랐다. 정신nous에 대한 그의 확신은 인간의 혼 psyche에서 하루살이 인간 이상의 것을 찾아냈음을 의미한다. 이는 인간이 하루살이와 같은 덧없는 존재가 아니라는 뜻이다. 이제야 인간이 진정으로 '고심할 것'도 갖게 되었음을 뜻한다.² 그리하여 플라톤은 《법률》에서 "인간사야 물론 크게 고심할 가치가 없는 것들이지만 그렇더라도 진지해지지 않을 수가 없습니다"[3]라고 말한 것이다.

호메로스에게 신은 불멸의 존재이지만 인간의 삶은 죽음으로 끝난다. 혼백이 저승에 가더라도 그곳에서 하는 일은 영원한 잠뿐이다. 혼백은 연기 같고 그림자 같은 환영일 따름이다. 호메로스에게 삶은 비극의 바다 위에 떠 있는 섬이었다. 그런데 소크라테스에 의하면 인간에게는 죽는 날까지 해야 할 한 가지 일이 생겼다. 그는《국가》에서 이렇게 말한다. "혼이 성숙해지기 시작하면 혼의 단련을 강화하지 않으면 안 되네. 철학의 풀밭에서 마음껏 풀을 뜯으며, 여가 시간을 제외하고는 철학 이외의 다른 일에 몰두해서는 안 되네."[4] 이렇게 철학을 권유한 까닭은 "철학적 품성이야말로 진실로 신적인 것"[5]이기 때문이었다. 그래서 "신을 닮으려고 애쓰는 자가 신에게 홀대받는 일은 없을 것"[6]이라고 말한 것이다.

이러한 사유체계를 전개한 소크라테스에게 신은 좋음 그 자체, 곧 선이어야 한다. 따라서 신이 싸움을 좋아하고, 거짓말을 하고, 뇌물을 좋아하는 따위의 부도덕한 행동에 관련된다면 그것은 신성의 포기이다. 소크라테스가 호메로스를 그의 국가에서 추방하자고 제안한 것은 악행으로부터 신을 지키려는 충심에서 비롯된 것이다. 반복하건대 신은 인간의 악행에 대해 아무 책임이 없다. "그렇다면 우리는 호메로스와 다른 시인이 신들에 대해 무식하게 실언을 하는 것을 용납해서는 안 된다"[7]고 말한 소크라테스의 입장이 이제 수긍이 간다.

《법률》10권에서 플라톤은 불경죄에 대해 사형을 제안한다. 이때 불경에는 신의 존재를 부정하는 무신론만 해당하는 것이 아니었다. "신들이 있긴 하나, 인간들에 대해서는 마음 쓰지 않는 걸로 믿거나 제물들과 기원들에 의해 쉽게 마음을 돌리는 걸로 믿는 것"[8]도 모두 불경이다. 그렇다면 《일리아스》 2권에서 아가멤논이 제우스에게 기도를 올렸으나 "크로노스의 아들은 그의 청을 들어주기는커녕 제물만 받고 쓰라린 고통을 더욱 늘려주었다"[9]고 한 것이나, 8권에서 "그들은 각자 운수대로 어떤 자는 죽고 어떤 자는 살도록 내버려둡시다"[10]라고 한 것이나, 13권에서 "이곳에서 이름 없이 죽는 것이 제우스의 즐거움인가 봅니다"[11]라고 한 것은 모두 신의 무심을 탓한 불경한 발언에 해당한다. 또 24권에서 "그는 귀중한 선물을 빠뜨린 적이 없었으니까요. 내 제단에는 진수성찬과 제주와 제물 태우는 구수한 냄새가 빠진 적이 없었는데, 이런 것들이야말로 우리 신들에게 주어진 명예의 선물이 아니겠소"[12]라고 한 것도 일종의 불경인 셈이다. 3권에서 프리아모스가 며느리 헬레네를 불러 "잘못은 신에게 있다"[13]고 한 것은 불경 중의 불경일 것이다.

"인간들의 왕인 아트레우스의 아들과 고귀한 아킬레우스가 처음에 서로 다투고 갈라선 그날부터 이렇듯 제우스의 뜻은 이루어졌도다"[14]라고 호메로스는 노래했으나 "그렇다면 그것이 이야기꾼들이나 시인들이 준수해야 하는 신들에 관한 법률과 지침 가운데 하나일 것이네. 신은 모든 것의 원인이 아니라 좋은 것들의 원인이라는 것 말일세"[15]라는 소크라테스의 견지에서 보면 아킬레우스의 분노는 제우스가 아니라 아킬레우스 자신의 탓이다. 신은 모든 것의 원인이 아니라 좋은 것들의 원인이기 때문이다. 《일리아스》 13권에서는 "이들 두 신이 이렇듯 심한 불화로 만인에게 공통된 전쟁의, 부술 수도 풀 수도 없는 밧줄을 잡고 양군의 머리 위에서 번갈아 끌어당기니, 이 밧줄이 많은 사람들의 무릎을 풀었다"[16]고 했는데 소크라테스의 입장에서 보면 전쟁은 신이 아니라 인간의 탓으로 보아야 한다.

전승되어온 올림포스 신화에 의하면 자고 있는 아버지의 생식기를 절단하고 갓 태어난 아이를 집어삼키는 패악과 잔인무도를 서슴지 않은 것이 크로노스였고, 여신들의 미모 콘테스트에서 비롯된 불화가 트로이 전쟁을 초래했다는 것이 고대 그리스인들의 통념이었다. 그러나 소크라테스는 신의 도덕적 완전성을 옹호하면서 신을 부도덕한 존재로 묘사한 호메로스의 시를 버려야 한다고 주장한다.

"신은 진실로 선하니까 선하게 묘사되어야겠지?"
"물론이지요."
"선한 것은 그 어떤 것도 해롭지 않네. 해로운가?"
"아니라고 나는 생각해요."
"해롭지 않은 것이 해칠 수 있을까?"
"결코 그렇지 않아요."
"해롭지 않은 것이 나쁜 짓을 할 수 있을까?"
"그렇지 않아요."
"나쁜 짓을 하지 않는 것이 어떤 악의 원인일 수 있을까?"
"어떻게 그럴 수 있겠어요?"
"어떤가? 선한 것은 이롭겠지?"
"네."

"그렇다면 행복의 원인이겠지?"

"네."

"그렇다면 선은 모든 것의 원인이 아니라 좋은 것들의 원인이고, 나쁜 것들의 원인은 아닐세."[17]

　소크라테스는 글라우콘과 주고받는 문답법에서 신에 관한 독특한 사유를 전개한다. 먼저 소크라테스는 신의 선한 본성을 전제한다. 이어 선한 것은 해롭지 않은 것이고, 남을 해치지 않는 것이며, 따라서 악의 원인이 아니라는 명제를 도출한다. 아울러 선한 것은 이로운 것이고 행복의 원인이라는 명제를 도출한다. 이 두 개의 명제를 합해 "선은 모든 것의 원인이 아니라 좋은 것들의 원인이고 나쁜 것들의 원인이 아니다"라는 결론을 유도한다. 여기에서 소크라테스는 한발 더 나아간다. "그렇다면 신은 선하기에 많은 사람들이 주장하듯 모든 것의 원인이 아니라 인생의 일부만이 신의 책임이고 대부분은 신의 책임이 아닐세. 인생에는 좋은 것들이 나쁜 것들보다 훨씬 적기에 하는 말일세. 신만이 좋은 것들의 원인이고, 나쁜 것들의 원인은 신이 아닌 다른 데서 찾아야 하네."[18]

너 자신을 알라

　소크라테스가 이웃들에게 지속적으로 요청한 것은 영혼을 돌보라는 것이었다. 그는 말한다. "내가 하는 일이라야 돌아다니며 노소를 막론하고 여러분의 몸과 재산이 아니라 혼을 최우선으로 생각하도록 여러분을 설득하는 것이 전부이니까요."[19]

　소크라테스가 영혼이라는 단어를 사용하면서 이웃들에게 요구했던 것은 종교적인 노력이 아니라 철학적, 지적 노력이었다. 소크라테스는 지혜를 얻을 수 있는 무엇인가가 우리 안에 있고 이 무엇인가는 좋음과 올바름을 얻을 수 있으며 나아가 이 무엇인가는 영혼이라고 보았다. 소크라테스는 영혼이야말로 진정한 자아라고 생각했다.[20] 살아 있는 것은 인간의 영혼이고 육체는 생존하기 위한 도구들의 집합에 불과하다. 장인이 훌륭하게 일을 하려면 도구들을 잘 다루어야 하듯이 인간이 훌륭한 삶을 살고자 한다면 영혼이 육체를 잘 다루어야 한다.

　소크라테스가 말하는 영혼은 훌륭한 삶의 전제조건으로서 자신에 대한 앎과 연관되어 있다. 훌륭한 삶을 살고자 한다면 부지런히 자신의 영혼을 돌보아야 한다. 자신의 영혼을 개선하고 수련해야 한다. 그런데 사물의 성질을 알지 못하면 사물을 개선시킬 수도 없다. 어떻게 개선하는 것인지 그 방법을 알려면 먼저 사물이 무엇인지를 알아야 한다. 다음으로 사물 그 자체를 돌보는 것과 그 사물에 부속된 어떤 것을 돌보는 것의 차이를 알아야 한다. 발을 돌보는 것은 의사의 일이다. 발에 부속된 어떤 것, 예컨대 구두를 돌보는 것은 구두수선공의 일이다. 마찬가지로 부와 명성은 우리에게 부속된 어떤 것이다. 따라서 이런 외적인 것들을 증진시키는 것은 우리 자신을 돌보는 것이라 할 수 없다.

　중요한 것은 우리 자신, 우리의 영혼을 돌보는 기술이다. 이 기술은 무엇일까? 구두제조공이 구두가 무엇이고 어떻게 만드는지 모르고는 좋은 구두를 만들지 못하듯 사람이 어떤 것을 만들려면 그전에 그것의 성질과 목적을 이해해야 한다. 인생에서 우리 자신을 개선하는 기술을 획득하려면 먼저 우리 자신이 무엇인지 알아야 한다. 그러므로 우리의 첫째 의무는 "너 자신을 알라"는 델포이의 명령을 따르는 것이다. 우리가 우리 자신을 알게 되면 어떻게 우리 자신을 돌볼 것인지 그 방법을 배우게 된다.

진정한 자아에 대한 앎은 어떻게 획득하는가? 사람이 사용하는 물건과 그 물건을 사용하는 사람을 구별하는 데서 획득된다. 사람은 말을 사용하는데 말과 사람은 다르다. 구두제조공과 그의 도구인 칼, 송곳은 다르다. 구두제조공은 도구만 사용하지 않고 손과 눈도 사용한다. 사람이 말을 할 때 영혼이 육체를 사용한다. 육체를 아는 것은 자신의 부속물을 아는 것이고, 육체를 돌보는 것은 자신의 참된 자아를 돌보는 것이 아니다. "너 자신을 알라"고 한 것은 '너 자신을 돌보라'는 말인데 이때 '너 자신'은 '너의 영혼'을 가리키는 말이었다. "너 자신을 알라"고 소크라테스가 이웃들에게 촉구할 때 그의 본심은 '너의 영혼을 돌보라'는 것이었다.

덕은 앎이다

소크라테스는 도덕적 덕목들에 대한 모든 중요한 정의定義들을 적극적으로 제시하지 않았다. 그의 삶은 도덕적 가치들을 향한 끊임없는, 불만에 찬 탐구이지 않았던가? 주지하다시피 플라톤의 대화편들은 부정적 결론으로 이어지는 경향이 있다. 소크라테스는 용기와 절제, 우정과 앎, 탁월성 같은 탐구 주제에 대한 가능한 정의들을 제기하고 검토했으나 모두 오류인 것으로 거부했다. 소크라테스는 간혹 실패의 책임이 자신에게 있다고 말했다. 크세노폰마저도 소크라테스가 이런저런 덕의 본성에 대해 적극적으로 정의하는 대신 벗들과 함께 사색하고 탐구하는 모습만 보여주었다고 밝혔다. 소크라테스는 이웃들에게 게으름과 악덕으로부터 등을 돌리고 선을 향한 욕구를 심어주고자 했음에도 스스로를 교사라고 공언하지 않았다. 다만 덕 일반에 관한 그 대화술의 탁월함으로, 그리고 솔선수범의 실천으로 가르침의 효과를 성취하고자 했다.

소크라테스는 사람들에게 열심히 선을 촉구했으나 선으로 가는 길을 보여주지는 못했다는 비판에 대해 크세노폰[21]은 두 가지를 지적한다. 첫째, 사람들은 자신이 모든 것을 알고 있다고 생각하는데 소크라테스는 그들에게 물음을 제기함으로써 그 생각을 논박했다. 둘째, 소크라테스는 벗들과 일상적인 대화를 나누었는데 이것이 바로 그가 벗들을 더 훌륭하게 만든 사례라는 것이다.

"경건이란 무엇일까?"라고 소크라테스는 에우티데모스에게 물었다.
"경건은 탁월한 것이죠"라고 에우티데모스는 답했다.
"그러면 경건한 사람은 누군가?"라고 소크라테스는 물었다.
"신들을 모시는 사람이죠."
"한데 우리 마음대로 신을 모셔도 되는가?"라고 소크라테스는 덧붙였다.
"안 되죠. 우리가 지켜야 할 법도가 있잖습니까?"라고 에우티데모스가 답했다.

"그렇다면 이들 법도를 따르는 자는 어떻게 신을 모셔야 하는지 알고 있겠지."

"그렇죠."

"어떻게 신을 모셔야 하는지 알고 있는 사람은 자신의 방식보다 더 좋은 방식이 있다고 생각하지 않겠지?"라고 소크라테스는 이어 말했다.

"물론이죠."

"자신의 방식보다 더 나쁜 방식에 대해 신경 쓸까?"

"신경 쓰지 않습니다."

"신을 모시면서 지켜야 할 법도를 아는 사람이라면 법도에 맞게 신들을 모시겠지?"

"틀림없습니다."

"법도에 따라 신을 모시는 사람은 지켜야 할 방법대로 신을 모시는 거지?"

"그렇죠."

"법도에 따라 신을 모시는 사람, 그가 경건한 사람이지?"

"의심할 바가 있겠습니까?"

"그렇다면 말이야, 이제 우리는 경건한 사람에 대한 참된 정의를 갖게 되었네. 경건한 사람이란 신을 모시는 법도를 아는 사람이라네, 그렇잖은가?"

"저도 그렇게 생각합니다." 에우티데모스는 말했다.[22]

이처럼 소크라테스는 에우티데모스에게 어떤 앎이 필요하고 어떤 실천이 최선인지 간결하고 명쾌하게 설명했다. 소크라테스에게 경건한 사람이란 경건이 무엇인지 아는 사람이었다. 용기가 무엇인지 아는 사람이 용감한 사람이고 정의가 무엇인지 아는 사람이 정의로운 사람이었다. 한마디로 앎이 곧 덕이라는 것이다. 이러한 소크라테스적 지덕일체에 대해 일찍이 아리스토텔레스는 비판적 견해를 제시했다. 아리스토텔레스에 의하면 용기나 정의에 대한 앎이 용감하게 되고 정의롭게 되는 것의 필수 전제라는 점에서 소크라테스에게 동의할지라도 앎이 덕의 충분조건이라고 인정하기는 힘들다는 것이다. 이성이 '그것 없으면 안 되는 sine qua non' 덕의 필수 조건이라고 말한 점에서 소크라테스는 부분적으로 옳았다. 하지만 이성과 덕을 동일시한 것은 틀렸다는 것이 아리스토텔레스의 지적이다.

크세노폰에 따르면 소크라테스는 교사의 역을 자처하지 않았고, 이웃들을 탐구의 동료로 끌어들이길 좋아했으며, 자신의 무지에 대한 앎이 매우 중요하다는 것을 강조했을 뿐이다. 아리스토텔레스가 말하듯, 소크라테스는 자신 역시 알지 못한다고 공언했던 관계로 질문을 던지되 대답은 하지 않았다. 플라톤은 《테아이테토스》에서 산파의 은유를 통해 소크라테스의 지적 태도를 극명하게 드러냈다.

"내 대화술은 산파술과 같네. 그러나 나는 여자가 아닌 남자의 분만을 도우며, 신체가 아닌 영혼을 돕는다네. 나는 대화를 통해 젊은이들의 생각이 올바른지 아닌지 증명할 수 있지. 하지만 내게는 지혜가 없기에 스스로는 그것을 낳을 수 없다네. 신은 내게 산파의 역할을 주셨을 뿐이지."[23]

소크라테스주의자가 되는 것은 철학의 특정 교리를 따르는 것이 아니다. 그것은 무엇보다 먼저 지적 겸허의 태도이다.

정의란 무엇인가

해코지하는 것은 올바른 사람의 기능이 아니라 올바르지 않은 사람의 기능이기에 "누구를 해코지하는 것은 어떤 경우에도 옳지 않다"[24]는 소크라테스의 신념은 확실히 이상주의적이었다. 그의 신념에 따라 해코지하는 이웃을 도리어 관대히 대하는 것은 참으로 훌륭한 도덕군자의 행동이다. 하지만 그의 관대함이 도를 넘어 이제 적대국의 병사들에게 적용될 경우 이곳저곳에서 현자 소크라테스를 질타하는 비난의 함성이 터져 나올 것이다. 정의란 무엇인가? 이 물음은 동서고금을 통하여 나라와 시대를 떠나 철인의 머리를 아프게 한 주제였다.

플라톤은 《국가》 1권에서 소피스트 트라시마코스Thrasymachos를 등장시킨다. 그 시기는 확정할 수 없지만 소크라테스 역시 트라시마코스 같은 소피스트들의 폭력적 현실주의 앞에서 골머리를 앓았을 것이다. 트라시마코스는 외친다. "그럼 들어보시오. 나는 정의가 강자에게 유익한 것 외에 다른 어떤 것도 아니라고 주장하오. 각 도시에서 지배계층은 권력을 휘두르고 있고 민주제는 민주적인 법을 제정하고 참주제는 참주적인 법을 제정하며 모든 정권은 자신에게 유리한 법을 제정하지요. 법을 제정할 때 지배자들은 자기들에게 유리한 것이 피치자들에게 정당하다고 선언하고는 누가 거기에서 이탈하면 범법자로 처벌하지요. 정의는 어디서나 똑같은 것으로, 강자에게 유익한 것으로 귀결되기 마련이오."[25]

인간 사회가 계급으로 분열된 이후 그 사회가 따르는 법률과 도덕과 종교는 모두 지배계급의 이익에 복무하는 것이라는 견해는 누구의 눈에도 투명한 역사적 사실이다. 기원전 5세기의 아테네 역시 계급으로 분열된 사회였다는 점에서 예외가 아니었다. 나라의 의사 결정권은 오직 시민들에게만 부여되었고 다수의 노예들은 오직 주인의 한가함을 위해 존재하는 일벌들이었다. 그뿐이었던가. 같은 시민들 내에도 귀족과 지주들로 이루어진 부유층이 있고, 가진 것이라곤 두 팔뚝밖에 없는 무산자들, 즉 가난한 민중들이 있었다. 만일 아테네라는 도시국가가 그 내부에 아무런 계급 차별이 없는 공동체였다면 강자의 이익이 정의라는, 듣고 싶지 않은 말을 듣지 않고 살 수도 있었을 것이다. 하지만 반대로 아테네가 그 내부에 계급 차별이 있고 계급 간의 적대가 만만치 않은 긴장을 조성하는 사회였다면 강자의 이익이 정의라는, 별로 듣고 싶지 않은 말을 듣지 않을 수 없었을 것이다.

하지만 소크라테스는 자신이 어떤 사회에 살고 있는지 아무 관심을 두지 않았다. 소크라테스에게 정의는 공동체 구성원 모두의 이익을 위해 복무하는 것이었다. 의사의 의술은 환자의 질병을 치유하기 위해 존재하고 선장의 항해술은 선원들의 안전한 항해를 위해 존재하듯, 통치자의 통치술도 국민들의 안녕을 위해 존재하는 것이다. 순진한 소크라테스의 생각엔 법과 정의가 통치자의 사익을 위해 존재한다는 트라시마코스의 현실론이 도무지 이해되지 않았다. 답답한 트라시마코스가 말한다. '이 샌님

이여, 정신 차려요.'

"소크라테스 선생, 그대는 양치기가 양 떼의 이익을 위해 양 떼를 살찌우고 돌보는 것으로 알고 있구려. 순진한 양반 같으니라고. 치자들은 밤낮없이 피치자들을 이용할 궁리만 한다는 것조차 모르고 있구려. 어떤 경우에도 올바른 사람은 불의한 사람보다 더 불리한 법이라오. 계약을 맺을 때 올바른 사람은 불의한 사람보다 더 불리해지는 법이오. 또 국가에 세금을 내는 경우 올바른 사람은 더 내고 불의한 사람은 덜 내지요. 관직을 맡을 경우 올바른 사람은 공금을 횡령하지 못하고 친척들을 도와주지 못하여 미움을 사는 반면 불의한 사람은 그와 정반대지요. 불의를 비난하는 사람들은 불의를 행하는 것이 두려워서가 아니라 불의를 당하는 것이 두려워서 불의를 비난하는 거라오. 소크라테스 선생, 불의는 대규모로 저질러지면 정의보다 더 강력하고 더 자유롭고 더 주인답다오."[26]

이번에는 스승의 이상주의적 신념은 좋으나 인간의 현실에 걸려 있는 고뇌의 바윗덩어리가 자못 무거웠던 제자들이 스승의 순진에 도전한다. 플라톤의 형제 글라우콘이 나선다.

"소크라테스 선생님, 선생님께서는 올바른 것이 불의한 것보다 모든 점에서 더 낫다고 정말로 우리를 설득하고 싶으세요? 선생님께서는 우리가 그 결과를 바라서가 아니라 그 자체 때문에 즐겨 갖고 싶어 하는 그런 종류의 좋은 것이 있다고 생각하세요?(……) 대중은 정의 그 자체를 좋아하지 않아요. 그들은 보수를 받거나 인심을 얻기 위해서 정의를 실행하지만 그 자체는 어렵고 피해야 할 부담스러운 부류에 포함시키니까요. (……) 정의를 행하는 것은 정의를 피할 수 없어 마지못해 하는 것이지, 정의를 좋은 것으로 여기면서 행하는 것은 아니어요. 개인에게는 불의가 정의보다 훨씬 이익이 된다고 누구나 믿고 있어요."[27]

글라우콘의 발언은 도덕적 행위 앞에 선 우리의 내면, 그 모순을 적나라하게 까발리고 있다. 올바른 행위가 좋아서 하는 것이 아니란다. 정의를 마지못해 행하는 것이지, 좋아서 행하는 것은 아니라는 글라우콘의 고백은 세속에 묻혀 사는 범인들의 진심을 대변한다. 이번엔 아데이만토스가 지원사격에 나선다.

"시인들의 말에 따르면 우리는 분향과 경건한 서약과 봉헌물로써 신들의 마음을 돌릴 수 있다고 해요. 우리가 불의하다면 이익도 챙길 수 있고, 지은 죄에 대해서는 제물을 바치고 빌어 벌을 받지 않을 수 있지요. (……) 우리가 불의를 행하더라도 존경스럽게 처신만 하면 신들과 인간들을 마음대로 부릴 수 있다는 거예요. (……) 선생님, 정의는 찬양받아 마땅하다고 주장하는 사람들 가운데 어느 누구도 평판이나 명예를 떠나 정의를 찬양한 적은 없어요. 불의가 혼 안에 깃들 수 있는 가장 큰 악이며, 정의가 가장 큰 선이라는 것은 입증된 적이 없어요."[28]

소크라테스는 이 곤혹스러운 질문을 어떻게 돌파할까?

chapter 5

소크라테스, 철학 무대에 서다

프로타고라스와의 만남

우리의 상식 속에 '소크라테스는 소피스트의 적대자'라는 고정관념이 깊이 뿌리를 내리고 있다. 물론 소크라테스는 소피스트와 달랐다. 플라톤의 전승에 의하면 트라시마코스나 칼리클레스의 상대주의, 쾌락주의에 대항하여 소크라테스는 격렬하게 투쟁했다. 하지만 소크라테스가 소피스트들과 함께 어울렸다는 점을 우리의 교과서들은 놓친다. 어울렸을 뿐 아니라 배우기조차 했다. 플라톤에 의하면 소크라테스는 자신이 프로디코스의 가르침을 받았다고 고백했다. 소크라테스는 말한다. 50드라크마가 있었다면 '이름의 정확성'에 대해 충분히 전문가가 되었을 텐데 불행히 1드라크마밖에 없어서 프로디코스의 가르침을 온전히 배우지 못했다고. 프로디코스는 흔히 동의어로 간주되는 낱말들의 뚜렷한 의미 차이를 집요하게 파헤쳤는데 소크라테스가 이 언어기술을 배웠다는 것이었다. 소크라테스는 《카르미데스》에서 이름의 특징에 대한 프로디코스의 강연을 들었다고 하고 《대 히피아스》에서는 프로디코스를 친구이자 동료라고 불렀다.

이런 사정을 고려할 때 기원전 5세기 당시 아테네인들이 소크라테스를 소피스트의 일원으로 여긴 것도 커다란 오해는 아닌 듯하다. 여기 소크라테스와 소피스트들의 만남을 기록한 불순한 책 한 권이 있다. 바로 플라톤의 《프로타고라스》이다. 이 책의 주인공은 당연히 소크라테스이다. 그런데 중요한 것은 이 책의 공동 주연이 프로타고라스라는 점이다.

소크라테스의 나이 37세이던 기원전 432년은 시대적으로 커다란 지각변동이 일어나는 시점이었다. 그해는 바로 고대 그리스의 패권을 놓고 스파르타와 아테네 사이에 한 치의 양보도 없는 대결이 벌어지기 직전, 즉 펠로폰네소스 전쟁이 발발하기 일 년 전이었다. 그리고 기원전 432년은 소크라테스와 프로타고라스가 세기의 대결을 벌인 해'이기도 하다.

기원전 432년 젊은이들의 우상이요, 지성의 대부였던 프로타고라스가 아테네를 방문했다. 여기서 잠깐 《프로타고라스》의 첫 문장을 살펴보자. "어디서 나타나는 건가, 소크라테스?"

플라톤의 문필은 깊다. "어디서 나타나는 건가, 소크라테스?"라는 표현은 평소 소크라테스의 일상사가 예사롭지 않았음을 넌지시 드러낸다. 동시에 마침내 소크라테스가 철학의 무대에 공식적으로 등장했음을 암시하는 듯하다. 실제로 《프로타고라스》는 철학사에서 소크라테스 시대가 시작됨을 알리는 문건이었다. 더구나 이는 노장 선수 프로타고라스와 신예 선수 소크라테스가 철학에 있어서 세계 헤비급 챔피언의 자리를 놓고 벌인 세기적인 시합이었다. 이제 《프로타고라스》의 본문으로 들어가자.

동료 : 알키비아데스의 젊음을 쫓아다니다 온 거지? 하긴 엊그제도 보니까 알키비아데스는 역시 꽃미남이더군. 그래 요즘은 어떤가? 사이는 괜찮아?

소크라테스 : 오늘은 그가 옆에 있어도 신경도 안 썼다네.

동료 : 어쩌다 사이가 그렇게 되었나? 다른 애인이라도 생긴 것 아냐?

소크라테스 : 진짜 아름다운 애인을 만났다네.

동료 : 알키비아데스보다도 더 멋진 애인을 만났다고?

소크라테스 : 지혜로운 것이 더 아름다운 것 아닌가?

동료 : 아니, 그럼 지혜로운 사람을 만나고 오는 건가, 소크라테스?

소크라테스 : 그럼, 프로타고라스를 만나고 오는 길이네.[2]

소크라테스가 공언했듯이 그에겐 사랑하는 연인이 둘 있었는데 하나는 철학이요, 다른 하나는 꽃미남 알키비아데스였다. 역시 소크라테스가 꽃 피운 사랑의 스캔들로 전 아테네가 떠들썩했나 보다. 알키비아데스라는 인물에 대해 이야기하면 10대의 나이엔 아테네의 모든 아저씨들을 잠 못

이루게 한 미소년이었고, 20대의 나이엔 아테네의 모든 아줌마들을 잠 못 이루게 한 미청년이었다. 그 알키비아데스보다 더 매력적인 연인이 나타났던 것인가?

자, 그날 새벽으로 필름을 다시 돌려보자. 아직 날이 밝지도 않았는데 소크라테스의 대문을 세차게 두드린 누군가가 있었으니, 히포크라테스[3]라는 젊은이였다.

> 소크라테스 : 대체 무슨 일로 이 새벽에 달려왔는가?
> 히포크라테스 : 선생님, 프로타고라스 선생님이 아테네에 오셨답니다.
> 소크라테스 : 그런데 그 일이 자네와 무슨 상관인가?
> 히포크라테스 : 저는 그분께 지혜를 배우고 싶어요.
> 소크라테스 : 수업료만 준비하면 자네에게도 지혜를 가르쳐주실 걸세.
> 히포크라테스 : 수업료라면 제 돈뿐 아니라 친구의 돈까지 쓸 마음이 있죠. 사실은 선생님께서 저를 위해 그분께 대신 말씀해주시길 바라요. 그분은 칼리아스의 집에 머물고 계신다니, 저와 함께 만나러 가주세요.[4]

아이돌스타를 만나기 위해 자신의 모든 것을 건 열혈 팬이 연상될 정도이다. 실제로 프로타고라스의 강연을 듣기 위해서는 거액의 수강료를 내야 했다. 하지만 소크라테스는 담담하기만 하다. 아직은 시간이 이르니 뜰을 거닐다 동이 트면 가자는 것이다.

소크라테스 : 지금 자네는 자신의 영혼을, 자네의 표현에 의하면, 소피스트에게 맡기려 하네. 그런데 소피스트란 어떤 사람인가? 그것을 모른다면 자신의 영혼을 맡기려는 사람이 선한지 악한지도 모른다는 뜻이 아닌가.
히포크라테스 : 소피스트란 지혜로운 사람이라고 알고 있습니다.
소크라테스 : 대체 그들이 무엇에 관해 지혜롭다는 건가?
히포크라테스 : 말을 잘하는 능력을 가르치는 데 능통한 분들이죠.
소크라테스 : 그렇다면 무엇에 대해서 말을 잘하도록 가르치는가?
히포크라테스 : 그야 다른 사람에게 지식을 가르치는 것에 대해 알려주시겠죠.
소크라테스 : 그 지식이 어떤 지식이라는 건가?
히포크라테스 : 저도 더 이상은 모르겠습니다.[5]

이 평범한 말 걸기에 소크라테스의 그 유명한 '문답법', 즉 상대방의 무지를 폭로하는 수법이 숨겨져 있음을 순진한 히포크라테스는 몰랐으리라. 일상생활에서 무심코 사용하는 언어들 중에는 '그것이 무엇인가?'라고 물으면 대답하기 힘든 것들이 많다. 구체적인 의미를 지시하는 명사의 경우에는 쉽게 답할 수 있으나 추상적인 의미를 지시하는 명사의 경우 쉽게 답할 수 없다. 예를 들어 '정의'가 무엇이냐고 물으면 정의正義를 정의定義하기 힘들다. 이 약점을 비집고 들어가 위력을 발휘하는 것이 소크라테스의 문답법이다. 그런데 라에르티오스에 의하면 문답법의 창안자는 소크라테스가 아니라 프로타고라스라고 한다. 다시 소크라테스의 말로 돌아가자.

"자네가 누군가에게 몸을 맡기면서 자신의 몸이 더 좋아질지 오히려 더 나빠질지 모른다면 자네는 분명 그 일에 대해 곰곰이 생각할 뿐 아니라 주변 사람들에게 의견을 물었을 걸세. 그런데 몸보다 더 소중한, 자네의 행복을 책임지고 있는 영혼이 어떻게 될지 모르는 중요한 문제를 가볍게 생각하고 있진 않은가? 히포크라테스, 내가 보기에 소피스트는 지식을 파는 장사꾼과도 같네. 그런데 그들이 파는 지식이 우리에게 유익한지 해로운지 과연 제대로 분간할 수 있을까? 우리가 먹을거리를 산 경우엔 그 음식을 먹어도 되는지, 또는 어떻게 먹어야 하는지 아는 사람에게 미리 물어볼 수 있으니 잘 모르고 산 경우라도 큰 위험은 없을 테지. 그러나 돈을 내고 배운 지식은 듣는 순간 곧바로 영혼에 담기는 것이네. 그것이 영혼에 좋든 나쁘든 우리가 흡수해버리는 셈이지."[6]

이런 대화가 오가는 사이 날이 밝았기에 소크라테스와 히포크라테스는 프로타고라스가 머물고 있는 칼리아스의 저택으로 발걸음을 옮겼다. 소문에 아테네의 대부호인 칼리아스는 소피스트들의 든든한 후원자로, 그가 소피스트들에게 투자한 돈은 다른 모든 아테네인이 소피스트들에게 갖다 바친 금액보다도 많았다고 한다. 그래서일까, 소크라테스와 히포크라테스가 칼리아스의 집 안으로 들어가자 그곳엔 프로타고라스뿐 아니라 다른 유명 소피스트들과 아테네에서 내로라하는 지성들이 총집결해 있었다.

저쪽 상석에 앉아 있는 히피아스Hippias는 누구인가? 프로디코스와 함께 소피스트를 대표하는 인물로, 그 역시 탁월한 기억력으로 모르는 것이 없는 박학다식의 지식인이었다. 천문학을 비롯해 수학과 기하학은 물론이고 영웅의 족보와 신화에 정통했고, 언어학의 귀재였으며, 무엇보다도 서사시와 비극 등 문학적 글쓰기에도 출중했다. 에릭시마코스와 파이드로스Phaidros 등 몇몇 사람들은 히피아스 주위에 앉아 천문학에 관한 문답을 주고받고 있었다. 에릭시마코스와 파이드로스는 플라톤의 《향연》에 출연하는 소크라테스 동아리의 회원이다.

또 한 명의 저명한 소피스트 프로디코스는 아직 잠에서 깨지 못한 듯, 이불을 덮고 누워 있었다. 프로디코스는 고르기아스(Gorgias, BC 483?~376)처럼 저명한 연사였고 언어에 관한 저술을 많이 남겼으며 소크라테스가 '선생'이라고 불렀을 만큼 지적 역량이 뛰어났다. 그의 옆 침상에는 파우사니아스가 앉아 있었고, 그의 애인 아가톤Agathon도 있었다. 파우사니아스와 아가톤 역시 플라톤의 《향연》을 이끈 소크라테스 동아리의 회원이다.

플라톤의 외삼촌인 카르미데스도 이 저택의 정원에 있었다. 또한 저택에는 페리클레스의 두 아들 파랄로스와 크산티포스도 있었다. 기원전 460년경에 집권해 이후 30년 동안 아테네를 이끈 지도자 페리클레스, 그의 두 아들이 이 집에 있다는 것은 누가 보아도 이 모임이 아테네의 미래를 이끌어갈 촉망받는 청년들의 관심사라는 뜻이었다.

소크라테스 일행이 도착하고 잠시 후 그의 제자들인 크리티아스와 알키비아데스도 집 안으로 들어왔다. 크리티아스는 플라톤의 친척으로, 훗날 아테네가 스파르타에 패한 뒤 30인 과두정권의 우두머리 역할을 자처한 인물이다. 자, 이제 철학사의 무대에서 연출된 세기의 대결로 들어가 보자.

덕은 가르칠 수 있는가?

먼저 소크라테스는 히포크라테스가 프로타고라스로부터 지식을 배우길 열망한다고 이야기한다. 그러자 프로타고라스는 "외지인이 와서 가르칠 땐 조심해야 한다. 특히 소피스트는 조심해야 한다"면서 이곳 아테네인들이 소피스트를 보는 눈이 곱지 않아 대부분의 소피스트들은 체육 교사나 음악 교사로 위장하여 활동할 수밖에 없는데, 자신은 거리낌 없이 사람들을 가르쳐왔다며 흔쾌히 대담에 응한다.

그런데 금서를 읽는 희열을 아는가? 불온한 책이라고 당국으로부터 출판을 금지당한 책일수록 독자들의 영혼을 강력하게 빨아들인다. 강력한 호소력이 있기에 금서 처분을 당했겠지만 금서라는 딱지가 독자에게 기묘한 최면 효과를 발휘한다는 것을 독재자만 모르고 사람들은 다 안다. 비록 대부호의 집에서 실력자의 자제들이 결집한 모임이기 때문에 독재정권 밑에서 숨죽이며 이루어지는 비밀 모임은 아니었겠지만 프로타고라스가 시사하는 '위험'은 젊은이들에게 충분한 마력을 발휘했을 것이다. '우린 지하서클이야!'

프로타고라스와 소크라테스의 논쟁 1라운드는 '덕은 가르칠 수 있는가?'라는 주제를 둘러싼 것이었다. 먼저 소크라테스가 자신의 견해를 솔직하게 개진한다.

> "페리클레스와 같은 탁월한 지도자조차 자신의 덕을 자식들에게 전수하지 못하는 것으로 보아 덕은 가르치기 어렵다고 생각됩니다."[7]

'덕은 가르칠 수 있는가?' 과연 이 물음의 저의는 무엇인가? 정녕 덕은 가르칠 수 없다는 것이 소크라테스의 진심일까? 어떤 사람의 말을 이해하기 힘들 때는 그 사람의 발을 보는 것이 좋다. 소크라테스는 평생 '참된 지혜와 덕'을 알리기 위해 살아온 사람이다. 칠십 평생을 가르치는 일로 살아온 사람이 '덕은 가르칠 수 없다'며 교육의 무의미를 설파하고 있다면 이것은 자신을 속이는 짓이다. 지금 소크라테스는 프로타고라스를 시험하고 있다. 백전노장의 소피스트 프로타고라스가 소크라테스의 수법을 모를 리 없다.

프로타고라스는 정치적 미덕은 모든 시민들에게 부여된 것이며 교육을 통해 이를 의식적으로 발달시킬 필요가 있다고 보았다.

> "소크라테스, 이 때문에 아테네 사람들은 특정 전문 기술의 탁월함은 소수만이 얻을 수 있다고 생각하는 반면, 정의와 분별력 같은 시민적 덕과 관련해서는 모든 시민들이 참여할 수 있다고 생각한다네. 그렇지 않으면 나라가 성립하지 않겠지."[8]

이처럼 모든 사람이 정치적 미덕을 갖고 있으므로, 도시국가의 정치에 참여할 자격이 부여되는 것이다. 프로타고라스는 지금 민주주의의 철학적 근거를 논파하고 있는 셈이다. 1라운드 탐색전이 끝나고 2라운드를 알리는 종이 울렸다. 이번에도 소크라테스의 질문으로 대화가 시작된다. 그의 질문은 바로 '정의나 절제, 경건은 하나의 덕인가, 아니면 덕을 이루는 서로 다른 부분인가?'이다.

소크라테스 : 선생님은 정의, 절제, 경건은 모두 '덕'이라고 말씀하셨는데, 이들은 각각 구분되어 있나요? 아니면 덕은 하나뿐이고, 단지 그것이 여러 이름으로 불리는 건가요?

프로타고라스 : 덕이란 하나이며, 정의, 절제, 경건은 그 부분을 이루고 있다네.

소크라테스 : 덕의 일부를 가질 경우 동시에 덕의 나머지 부분도 갖게 되나요?

프로타고라스 : 그렇지 않네. 용감하지만 불의한 사람이 있고 정의롭지만 지혜롭지 못한 사람이 있으니까.[9]

다시 말하지만 소크라테스의 물음은 프로타고라스를 논쟁의 궁지로 몰기 위한 유도신문이다. 그런데 프로타고라스는 무심결에 용기와 정의와 지혜를 서로 다른 덕이라고 대답한다. 걸려들었다. 소크라테스의 지덕합일설[10]에 의하면 용기와 정의와 지혜는 서로 다른 덕이 아니다. 그러니까 지혜가 없는 자는 용기 있는 사람이 될 수 없다. 용기는 만용도 아니고 비겁도 아닌 중용으로서 먼저 용기에 대한 앎, 곧 지혜를 요구한다.

만일 프로타고라스의 말처럼 지혜롭지 않은 자도 용맹을 발휘할 수 있다면, 다시 말해 용기가 지혜와 전혀 다른 별도의 덕이라면 용기는 가르칠 수 없는 덕목이다. 이는 앞에서 말한 '덕은 가르칠 수 있다'는 프로타고라스의 발언과 정면충돌한다. 하지만 아직은 칼을 숨겨야 할 때. 소크라테스는 결정적 순간이 오기 전까지 기다릴 줄 아는 승부사였다.

이제 소크라테스의 집요한 질문 공세가 펼쳐지고 프로타고라스는 방어에 급급해진다. "프로타고라스 선생님은 분명 경건과 정의가 서로 다른 종류의 덕이라 하셨죠? 경건과 지혜 둘 다 올바른 성격을 가졌잖아요?……" 계속되는 질문에 프로타고라스의 심기가 격앙되어갔다. 최고의 지성인이라 자부하던 자신이 여러 사람들 앞에서 말 못할 수모를 겪고 있는 게 아닌가. 그래서 프로타고라스는 답변의 방식을 바꿔버린다. 그가 짧은 문답 방식을 버리고 돌연 연설체의 긴 답변 방식을 선택한 것이다. 이것은 저돌적으로 밀고 들어오는 젊은 선수에 맞선 노장 선수의 껴안기 수법이었다.

답변이 좀 길었나 보다. 소크라테스, 길길이 날뛴다. 왜 짧은 답변을 피하고 긴 답변을 하느냐는 것이다. 자신은 기억력이 좋지 않아 답변이 길어지면 앞의 말을 까먹는다면서 논쟁을 못하겠다고 엄살을 부리는 것이다. 프로타고라스 같은 논쟁의 대가라면 답변을 길게도 할 수 있고 짧게도 할 수 있을 터, 자신에게는 대답만 짧게 해달라고 부탁한다. 제자들과 오가는 대화에선 그렇게 점잖던 소크라테스가 지금은 막무가내이다.

소크라테스는 아예 판을 깨버리기로 결심한다. "제가 따라갈 수 있는 대화 방법이 아니라면 더 이상 대화를 나눌 수 없습니다. 실은 약속이 있어 긴 말씀을 들을 수 없으니 이만 가봐야겠습니다." 관중들은 난리가 났다. 토론을 이렇게 파해버리면 집주인 칼리아스의 체면이 말이 아니다. 칼리아스는 소크라테스의 옷을 붙들고 애원한다. 결국 소크라테스는 자신이 원하는 대화 방식을 약속받고 다시 자리에 앉는다.

논쟁의 3라운드가 열린다. 이번에는 프로타고라스가 묻고 소크라테스가 답하는 순서로 대화를 재개했다. 그런데 프로타고라스는 시인 시모니데스(Simonides, BC 556?~468?)의 작품 분석을 문답의 대상으로 제기했다.

플라톤에 의하면 소크라테스는 시인의 감성을 싫어했던 것 같다. 프로타고라스도 알고 있었을까? 그러나 아뿔싸! 시는 결코 소크라테스의 사각지대가 아니었다. 소크라테스의 물샐틈없는 논변, 풍부한 시적 상상력! 도대체 소크라테스는 언제 시를 공부했다는 말인가? 1라운드가 프로타고라스의 완승이고 2라운드가 무승부라면 3라운드는 소크라테스의 완승으로 끝났다. 이제 4라운드. 소크라테스가 묻고 프로타고라스가 답할 차례이다. 두 사람의 문답을 듣기 전에 먼저 소크라테스의 속내를 들여다보자. 소크라테스의 생각은 이런 것이었다.

'용기와 지혜는 같은 것인가라는 질문에 대해 프로타고라스는 다른 것이라고 말했겠다. 지혜가 없는 자가 보이는 무모함은 용맹이 아니라 만용이지. 암, 만용이고말고. 한데 프로타고라스는 무모함을 용기라고 말하지 않았나.'

논쟁의 4라운드에서 소크라테스는 프로타고라스의 잘못을 집요하게 물고 늘어진다.

> 소크라테스: 선생님은 앞서 지혜, 분별, 용기, 정의, 경건과 같은 것들은 덕을 이루는 한 부분들로, 서로 달라서 각각 특유의 성질을 지닌다고 말씀하셨습니다. 지금도 이 생각을 유지하시나요? 만약 생각이 바뀌었다면 말씀해주십시오.
> 프로타고라스: 알겠네, 이 다섯 가지는 덕의 부분으로, 그중 네 가지는 서로 비슷하지만 용기만은 매우 다르네. 왜냐하면 무지하고 분별력 없으며 정의롭지 못하고 경건하지 못한 이도 용기를 가질 수 있기 때문이지.[11]

딱 걸렸다. 용기와 비겁과 만용을 결정하는 것은 지혜이다. '진정 훌륭한 행위가 무엇인지에 대한 앎, 즉 지혜가 없는 행위는 만용일 순 있어도 용기일 순 없다. 무서워해서는 안 될 것에 대한 무지가 비겁이고, 무서워해야 할 것에 대한 무지가 만용이며, 무서워해야 할 것과 무서워해서는 안 될 것에 대한 지혜가 용기이다. 지혜가 없는 사람도 용감할 수 있다는 프로타고라스의 견해는 용기와 지혜의 상호관계를 인지하지 못한 오류이다. 프로타고라스는 용기는 무지하고 방탕하고 부정한 사람도 가질 수 있는 덕목이라 주장했다. 그러나 소크라테스는 어리석고 무지한 자는 결코 진정한 용기를 가질 수 없다고 주장했다. 긴 토론 끝에 소크라테스가 결정적인 점수를 얻게 되었다. 논리에서 밀린 프로타고라스는 결국 소크라테스의 주장을 수긍하고 만다.

마찬가지로 정의나 절제 같은 덕도 지혜를 토대로 가질 수 있는 덕이다. 그렇다면 덕은 가르칠 수 있는 것이라는 결론이 도출된다. 프로타고라스는 젊은이들에게 덕을 가르쳐왔다고 자랑했으나 실은 덕의 본질이 지혜라는 것조차 모르면서 수십 년 동안 덕을 가르쳐온 셈이다. 진행 과정의 격렬함에 비해 토론은 아주 정중하고 예의 바르게 끝났다. 역시 프로타고라스는 자신의 오류를 시인할 줄 아는 솔직한 지성인이었다. 그리고 소크라테스는 겸손함을 잃지 않았다.

소크라테스 : 제가 여러 가지 질문을 한 것은 다른 뜻이 있어서가 아니었습니다. 다만 덕이 도대체 무엇을 뜻하는지 검토해보고 싶었을 뿐입니다. 우리가 언젠가 다시 덕이 무엇이고, 덕은 가르칠 수 있는가에 대해 함께

생각해보았으면 합니다.

프로타고라스 : 소크라테스, 자네의 열정과 논리는 내가 지금까지 만난 누구보다도 감탄스럽군. 자네가 동년배들 중 뛰어나다는 것은 들어 알고 있었네만, 오늘 보니 자네는 지혜로운 사람들 중에서도 최고인 것 같으이.[12]

다시 말하지만 소크라테스가 프로타고라스와 논쟁을 벌인 기원전 432년은 여러 모로 전환기였다. 때는 아테네의 고전기 문명의 상징인 파르테논이 완성된 해인 동시에 스파르타와 아테네가 벌인 건곤일척의 싸움인 펠로폰네소스 전쟁이 터지기 일 년 전이었다. 조국 아테네의 운명이 전성기에서 몰락기로 접어드는 시기였다면 소크라테스에게 있어서는 오랜 정신의 탐색 끝에 마침내 철학의 무대에 명함을 내민 출세간의 시기[13]이기도 했다. 같은 시기 소크라테스는 포티다이아 전투에 참전했는데, 전우들은 종일 같은 곳에 서서 명상에 잠긴 소크라테스의 괴이한 모습을 목격할 수 있었다.

"어느 날 새벽에 이분은 뭔가에 대해 사색에 빠져 그 자리에 서 있었네. 그게 잘 풀려가지 않자 이분은 포기하지 않고 해결책을 찾으며 서 있었지. 그러다가 벌써 정오가 되었고 사람들이 이분을 알아보고 놀라워하면서 소크라테스가 새벽부터 뭔가를 골똘히 생각하며 서 있다고 서로에게 수군거렸네. 결국 저녁이 오자 이오니아 사람들 몇몇은 식사를 마치고 요를 내와 선선한 데서 잠을 자기도 하고 이분이 밤 동안에도 그러고 서 있으려나 하고 지켜보기도 했네. 이분은 새벽이 될 때까지 그렇게 서 있었네. 마침내 해가 떠올랐고, 그러자 이분은 해에 기도를 올리고 떠나갔네."[14]

part 2

인간과 지혜에 대한 소크라테스의 사랑

단 한순간도 사랑하지 않은 적이 없다

● chapter 1

전사 공동체 아테네의 일상

아테네인의 하루

우리는 세종대왕이 백성을 사랑한 위대한 정치가이자 불멸의 문자를 창안한 언어학자라는 사실은 잘 알지만 그가 《월인천강지곡》을 쓴 시인이라는 사실은 잘 모른다. 코페르니쿠스는 인류의 우주관을 혁명적으로 뒤바꾼 천문학자이지만 알고 보면 그의 천문 연구는 잠이 오지 않는 밤에 별을 관찰하던 취미 활동의 결과였다. 그의 공식 직업은 가톨릭 교구의 행정, 회계, 법, 전쟁, 물가 관리, 지도 제작 등 온갖 세속적 일을 도맡아 지휘한 행정가였다. 소크라테스에 대해서 우리가 알고 있는 사실 역시 일면적이다. 우리가 알아온 철학자 소크라테스의 공적 직책은 아테네의 전사였다.

중무장 보병¹이던 소크라테스는 기원전 432년에는 37세의 나이로 포티다이아 원정길에 올랐고, 기원전 424년에는 델리온 전투, 기원전 422년에는 암피폴리스 전투에 참전했다. 그러니까 소크라테스는 47세까지 조국의 부름이 있으면 언제라도 달려가는 전사였다. 물론 60세까지 병영 생활을 하는 스파르타인들과 달리 아테네인은 유사시에 동원되었으므로 소크라테스의 공식 직책을 직업군인이라고 할 수는 없겠으나, 전쟁이 터지면 전선에 달려가 싸우는 군인이었던 것만은 분명하다.

소크라테스의 젊은 시절 아테네의 시민 수는 3만여 명으로, 평균 5000여 명 정도로 구성된 다른 도시국가²에 비해 매우 큰 규모였다. 그리고 이 3만 명의 시민은 오늘날 직접민주주의의 세계사적 선구로 알려진 정치제도에 따라 살아갔다. 앞서 회의와 투표는 아테네인의 일상이라고 말한 바가 있는데, 여기서 잠깐 그 구체적 삶을 들여다보자.

한 아테네인이 있다. 그는 어느 날에는 자신의 지역구 민회에 소집되어 지역구의 재정 문제에 대해 심의하고, 또 다른 날에는 본인이 속한 부족의 민회에 소집되어 종교 축제³를 조직하거나 행정명령을 결정하거나 민회의 의장이나 법정의 재판관을 지명하기 위해 투표를 한다. 또한 정기적으로 매달 세 번 아테네의 전체 민회에 참석했다. 회의 시간은 길었다. 아침부터 오후 늦은 시각까지 연사들의 말을 들어야 했고, 모든 연설을 다 들었을 경우에만 투표를 할 수 있었다. 이 투표는 그에게 가장 진지한 일이었다. 어떤 때는 정치 지도자나 군사 지도자를 지명하는 문제를 다뤘고, 어떤 때는 세금을 부과하고 법을 수정하는 문제를 결정했으며, 어떤 때는 자기의 목숨이나 아들의 목숨을 바쳐야 하는 전쟁에 대해 투표해야 했다. 개인의 이익은 국가의 이익과 뗄 수 없기에 자신의 전 재산과 목숨을 걸고 판단했다. 저 불운한 시칠리아 원정이 결정되던 날, 자신의 가족이 거기에 참여할 것이라는 사실을 모르고 원정에 동의하지는 않았으리라. 그는 결정의 의미를 명확히 알기에 분명 심사숙고했을 것이다. 조국의 실패를 각자의 실패로 받아들였기에, 조국의 안위를 위해 전시에는 피를 바쳤고 평화 시에는 시간을 바쳤다. 그는 개인적인 일을 핑계로 공적인 일을 제쳐놓을 자유가 없었다. 공적인 일을 위해 사적인 일은 잊어야 했다. 도시국가인 아테네는 공동체였고, 시민은 공동체를 다스리는 사람이었다.[4] 헤겔의 표현 그대로 "그리스인들에게 조국은 그것 없이는 살아갈 수 없는 소중한 것이었다."[5]

그런데 이 공동체의 본질은 바로 전사戰士 공동체였음을 주목할 필요가 있다. 사실 아테네의 민주주의는 바로 이 전사들이 모여 이번에는 평화냐, 전쟁이냐를 놓고 한 표의 권리를 행사하던 전사들의 민주주의였다. 페르시아 전쟁 중에 보여준 아테네인의 용기는 그들이 자부하는 자유인의 정수였다. 아테네인이 가장 소중하게 추구한 자유와 명예 역시 모두 전쟁터에서 과시하는 용기의 다른 얼굴이었다. 페리클레스 시대의 번영은 페르시아 전쟁에서 아테네인이 보여준 용기의 보상이었다. 기원전 431년 전몰자를 추도하는 장례식에서 페리클레스는 아테네인의 자부심을 이렇게 표현한다. "선조들은 그들의 용맹을 통해 이 땅을 자유로운 땅으로 물려주셨습니다. 그리고 우리 아버지들은 물려받은 땅에다가 영토를 더 확장해 우리의 제국에 편입시키고 많은 어려움을 이겨내 우리에게 남겨주셨죠. 그렇지만 영토의 대부분은 전성기인 우리 자신이 확장한 것이며, 우리는 이 나라가 전시에나 평화 시에나 자족적일 수 있도록 모든 노력을 기울여왔습니다."[6] 소크라테스는 이 전사 공동체 아테네에서 살아간 철학자이자 전사의 일원이었던 것이다.

진정한 용기란 무엇인가?

기원전 432년 아테네의 북쪽이자 마케도니아의 남쪽에 있던 포티다이아에서 전쟁이 터졌다. 이 전투는 기원전 431년에 발발하여 이후 27년이나 계속된 펠로폰네소스 전쟁의 서막이었다. 앞서 소크라테스의 연인으로 등장한 알키비아데스는 18세의 나이로 이 전투에 참전해 소크라테스와 군영 생활을 함께했다. 플라톤의 《향연》에서 알키비아데스는 당시 소크라테스의 모습을 이렇게 이야기한다. "내가 지휘관으로부터 상을 받은 그 전투에서 나를 구해준 분은 소크라테스 선생님이었지. 이분은 부상당한 나를 버려두지 않았다네. 소크라테스 선생님, 저는 그때 지휘관들에게 상을 받아야 할 분은 선생님이라고 건의했습니다. 그러나 지휘관들은 귀족 출신인 제게 상을 주려고 했고, 선생님 역시 제가 상을 받아야 한다고 역설하셨죠."[7]

소크라테스의 용맹은 델리온 전투에서도 유감없이 발휘됐다. 라에르티오스는 "소크라테스는 암피폴리스 전투에 출정했으며, 델리온 전투 때는 낙마한 크세노폰의 생명을 구했다. 퇴각할 때도 그는 참으로 침착한 태도로 태연하게 자기 주위를 살피고 만일 누가 그를 습격하더라도 언제든지 방어할 수 있는 태세를 취하면서 침착하게 후퇴했다"[8]고 전한다.

플라톤의 《라케스》에서도 "저(라케스)는 델리온 전투에서 소크라테스와 함께 후퇴했는데, 사람들이 소크라테스만큼 행동했다면 아테네는 그처럼 불명예스러운 사태를 겪지 않았을 겁니다"[9]라며 소크라테스의 용맹을 증명한다. 그리고 이때의 소크라테스를 더욱 잘 묘사하는 알키비아데스의 증언이 《향연》에 나온다. 알키비아데스는 마치 아테네의 시가지를 걷듯 침착하게 적진을 살피며 후퇴하는 선생의 모습을 저 멀리 마상에서 볼 수 있었다고 증언했다. "자네들은 델리온에서 우리 군이 패해 후퇴할 때 소크라테스 선생님의 모습을 봤어야 하네. 나는 그때 말을 타는 기병이었고, 선생님은 중무장 보병이었지. 선생님은 우리 군의 대오가 지리멸렬될 때 라케스와 후퇴하고 계셨다네. 나는 말을 타고 있어 두렵지 않았기에 포티다이아에서보다 더 차분히 볼 수 있었어. 선생님은 라케스보다도 침착하셨고, 아테네에서처럼 당당하게 고개를 들고 아군과 적군을 유유히 살펴보면서 걷고 계셨네. 누군가 이분을 건드리면 단호하게 대응할 태세였지. 그래서 함께 퇴각하던 동료들이 무사히 후퇴할 수 있었네. 사람들은 용감하고 침착한 자들은 건드리지 않고 도망가는 자들을 뒤쫓기 마련이니까."[10]

플루타르코스는 스파르타인의 용맹을 이렇게 묘사한 적이 있다. "밀집 대열을 이룬 그들의 시야에 적군이 들어오면 왕은 양을 제물로 바치고 나서 모든 전사의 머리에 화관을 쓰도록 명령한 다음 피리 연주자들에게 진군가를 연주하도록 했다. 왕은 전투가를 선창했다. 한 치의 흐트러짐 없이 탄탄한 밀집대열을 이룬 채 피리의 리듬과 노래의 곡조에 맞춰 차분하고 담담한 마음으로 적을 향해 행진하는 그들의 모습은 장엄하면서 공포감을 불러일으켰다. 그들은 희망과 용기, 신은 내 편이라는 믿음으로 가득 찬 전사들이었다."[11]

앞서 소크라테스가 전쟁터에서 보여준 모습을 플루타르코스의 말과 비교해보면 소크라테스가 스파르타인만큼이나 용감한 전사였음을 알 수 있다. 플라톤의 《소크라테스의 변론》을 보면 소크라테스 역시 법정에서 변론할 때 자기가 용감한 전사였음을 솔직하게 밝혔다. "아테네인 여러분, 나는 포티다이아 전투에서, 델리온 전투에서 그리고 암피폴리스 전투에서 지휘관이 배당한 장소를 지키기 위해 죽음도 불사했습니다."[12]

그렇다면 과연 소크라테스는 무엇을 '진정한 용기'라고 생각했을까? 우리는 《라케스》에서 소크라테스가 니키아스(Nikias, BC 470~413), 라케스와 나눈 대화를 통해 용기에 관한 철학을 읽을 수 있다(니키아스와 라케스는 아테네의 유명한 장군이었다). 이들 셋은 자식의 배움에 관심이 많은 리시마코스에게서 질문을 받는다. "청년들은 중무장 상태로 싸우는 것을 배워야 하는가?"

소크라테스는 자신보다 경험이 많은 니키아스와 라케스에게 먼저 대답을 듣는 것이 좋겠다며 겸손한 자세를 취한다. 이에 니키아스가 먼저 말하기를, 중무장 상태로 싸우는 기술을 배우면 몸도 더 좋아지고 실제 전투에서도 적들을 물리치는 데 큰 도움이 된다고 한다. 더불어 전술이나 지휘에도 관심이 생기고, 덕분에 전쟁터에서 전보다 용감해진다는 것이다. 그러나 라케스는 이에 대해 의문을 제기하면서 소크라테스에게 질문을 넘긴다. 이에 소크라테스는 청년들이 배워야 할 것은 중무장 상태의 싸움 기술이 아니라 혼을 아름답게 만드는 덕이라는 사실을 인식시킨다. 그렇다면 사람이 지녀야 할 덕이란 과연 무엇인가? 소크라테스는 덕 전체를 생각하는 것은 어려운 일일 수 있으니, 덕의 한 부분이면서 중무장 상태의 싸움 기술과도 관련된 용기에 대해 얼마나 알고 있는지 논의해보자고 제안한다.

소크라테스 : 라케스, 용기란 무엇인가요?

라케스 : 적을 막아내며 달아나지 않는다면 그는 용감한 사람일 겁니다.

소크라테스 : 그렇다면 달아나면서 적과 싸우는 사람들은 어떤가요? 스키티아인도 이렇게 싸웠고, 호메로스도 아이네이아스의 말들이 재빠르게 추격도 하고 달아날 줄도 안다면서 아이네이아스를 공포심을 일으키는 이라고 표현했습니다.

라케스 : 그 역시 옳은 말입니다. 호메로스는 전차에 대해 말하고 있으니까요. 그리고 당신은 스키티아의 기병들을 말씀하고 있고요. 그러나 중무장 보병대는 제가 말한 대로 적을 막아내며 달아나지 않고 싸우죠.

소크라테스 : 스파르타의 중무장 보병대는 제외하고요. 그들은 달아나다가 페르시아군이 흐트러지면 되돌아 싸워 승리를 거뒀다고 합니다.

라케스 : 예, 맞습니다.

소크라테스 : 그러니까 저는 중무장 보병대뿐 아니라 기병대 그리고 모든 분야의 용감한 전사들, 그리고 이들뿐 아니라 바다에서의 위험이나, 질

병, 가난 또는 나라에 관한 일에 대해서도 용감한 사람들, 또한 고통이나 두려움, 욕망이나 쾌락에 맞서 싸우는 데도 용감한 사람들에 대해 듣고 싶은 겁니다.[13]

소크라테스의 이 말에서 우리는 용기의 범위를 생각해볼 수 있다. 용기란 적을 이겨야 하는 전쟁터에서만 필요한 덕목이 아니다. 두려움이나 욕망에 맞서 싸울 수 있는 사람도 용감한 사람인 것이다. 소크라테스는 라케스를 향해 다시 묻는다. 이 모든 경우에 있어 용기란 무엇인가? 둘 사이에 다시 긴 문답이 오가고, 소크라테스는 니키아스에게 답을 달라고 부탁한다.

니키아스: 저는 소크라테스 선생께서 우리는 자신이 지혜로운 일들에는 훌륭하지만, 자신이 무지한 일들에는 그렇지 않다고 말씀하신 걸 들었습니다. 그러니 용감한 사람은 훌륭하므로, 그는 지혜로울 겁니다.
소크라테스: 그렇다면 용기는 무엇에 대한 지혜인가요?
니키아스: 용기란 전투를 비롯한 모든 경우에 두려워할 것과 행동할 것들에 대한 앎이 아닐까요.
소크라테스: 과거나 현재의 나쁜 일은 두려움을 생기게 하지 않죠. 두려움이란 앞으로 일어날 나쁜 일에 대한 예상이니까요. 그러면 미래의 나쁘지 않거나 좋은 일은 행동할 만한 일이라고 말할 수도 있겠군요. 선생께서는 이것들에 대한 앎을 용기라고 생각하십니까?
니키아스: 예, 맞습니다.[14]

"그런데 잠깐만요! 하나의 학문(앎)은 어떤 대상에 대해 시점에 관계없이 이해하지 않나요? 예를 들어 의학은 과거나 현재, 미래에 상관없이 건강함과 관련된 일을 이해하지 않나요?" 소크라테스의 이 촌철살인 같은 질문에 니키아스는 자신의 오류를 시인하고, 용기란 두려워할 일과 행동할 만한 일에 대한 앎뿐 아니라 모든 좋은 일과 나쁜 일에 대한 앎이라고 정정한다. 이런 길고 긴 대화 끝에 '용기란 지혜 그리고 덕과 같다'는 결론이 나왔으니, '용기가 덕의 일부'라던 애초의 가정에 오류가 생기고 만다. 그러나 소크라테스는 이에 실망하지 않고 계속 진리를 향해 열심히 배우자고 사람들을 격려한다. 적어도 '지혜를 가진 사람이 용감할 수 있다'는 깨달음은 얻지 않았는가.

절제는 인간을 자유롭게 한다

이번에는 소크라테스의 성품을 알 수 있는 또 다른 진술을 알키비아데스로부터 들어보자.

"소크라테스 선생님과 나는 포티다이아로 출정해 같이 지내고 있었네. 그런데 고통을 참는 데 있어 이분만큼 강한 사람은 없었지. 식량 보급이 끊겼을 때도 이분은 누구보다 잘 견디셨지. 하지만 식량이 나올 때면 이분은 누구보다 식사를 즐겼다네. 또 애주가는 아니었지만 마셔야만 할 때는 누구도 이분을 당해낼 수 없었지. 더 놀라운 사실은 누구도 이분이

술에 취한 모습을 본 적이 없다는 거네. 소크라테스 선생님은 지독한 추위도 무척 잘 참으셨어. 한번은 외출하기도 힘들 만큼 몹시 추운 날이었네. 다른 사람들이 두꺼운 옷을 겹겹이 입고 신발 위에 융단이나 양털 발감개를 할 때 이분만은 평상시처럼 가벼운 웃옷[15]을 입고 얼음 위를 맨발[16]로, 신발 신은 것보다 훨씬 태연하게 걸었다네. 병사들은 열등감을 느껴 이분을 흘겨봤지."[17]

여기서 알키비아데스는 소크라테스의 절제된 삶을 이야기하고 있다. 플라톤은 철학자가 다스리는 이상국가를 꿈꾸면서 그 국가를 다스리는 수호자에게 요구되는 세 가지 덕목이 용기, 절제, 지혜라고 했다. 지금까지 우리가 지켜본 소크라테스야말로 이 세 가지 덕목을 직접 삶으로 실천했으니, 어쩌면 플라톤은 자신의 스승이 다스리는 국가를 꿈꿨는지도 모르겠다.

소크라테스가 절제된 삶을 즐겼다는 것은 크세노폰을 통해서도 여러 번 거론된다. 식사에 초대받았을 경우에도 과식하지 않는 것은 소크라테스에게는 쉬운 일이었다. 절제할 줄 모르는 사람들에게 소크라테스는 이렇게 충고했다. "배가 고프지 않고 목이 마르지 않은데 먹고 마시도록 유혹하는 음식의 쾌락을 조심하시라. 그러지 않으면 위와 두뇌와 혼이 망가지고 말 것이다." 소크라테스가 덧붙여 농담으로 말하기를, 마녀 키르케가 인간을 유혹해 돼지로 만들 수 있었던 것은 음식의 유혹 때문일 것이라고 했다. 오디세우스가 돼지가 되지 않은 것은 오로지 헤르메스의 충고를 듣고 음식의 유혹을 이겨낸 덕분이라고.[18]

오해하지는 말자. 소크라테스는 히말라야 산속에서 고행을 즐긴 은자가 아니었다. 생존에 필요한 최소한의 물자를 갖추면 그것으로 만족해야지, 호사스러운 삶을 누린다며 온갖 불필요한 물건들을 몸에 달고 다니는 것은, 소크라테스가 보기엔 매우 어리석은 선택이었다. 호사는 인간을 구속하지만 검소는 인간을 자유롭게 한다. 소크라테스에게 소중한 것은 밥도 옷도 집도 아니었다. 철학자에게 소중한 것은 사색할 수 있는 자유, 곧 한가로움이다. 이런 맥락에서 소크라테스는 '대화야말로 인간에게 최고의 선'이며 '캐묻지 않는 삶은 살 가치가 없는 삶'으로 간주했던 것이다.

● chapter 2   부란 무엇인가?

재산을 늘리는 것보다 욕망을 줄여라

플라톤의 대화편을 보면 도처에서 장인들의 전문적 능력을 존중하는 소크라테스의 모습이 나온다. 트라시마코스와 논쟁할 때도 의사의 의술, 선장의 항해술을 거론하고 고르기아스와 논쟁할 때도 구두수선공, 석공 등 장인들이 등장한다. 소크라테스는 자신이 인간사에서 가장 중요한 직책인 교육의 전문가라는 점에 대해서 나름 커다란 자부심을 가졌던 것이 분명하다.

하지만 소크라테스는 수업료를 받지 않았다.[1] 그는 자신의 생활이 요구하는 필요 이상의 돈을 늘 거추장스러운 장식품 정도로 간주했다. 실제로 그는 가게에서 팔리는 많은 물건들을 보면 이렇게 중얼거리곤 했다. "저은 접시도 자줏빛 옷도 비극 작가에게는 도움이 되지만, 나에게는 아무 쓸모없는 것들이지."[2]

그는 자족할 줄 아는 사람이었다. 라에르티오스에 의하면 제자 알키비아데스가 그에게 집 지을 땅을 주려고 하자 소크라테스는 이렇게 사양했다. "내가 신발이 필요하다고 해서 자네가 주는 가죽을 덥석 받는다면 얼마나 우스운 일이겠는가?"[3] 그리고 그는 욕심 없음을 긍지로 삼았기에 누구에게도 대가를 요구하는 경우가 없었다. 음식에 대한 욕망이 가장 적은 사람이 음식을 가장 맛있게 먹는다고 보았다. 필요로 하는 것이 가장 적은 사람, 그가 가장 신에 가까운 사람이라고 생각했다.[4]

그러니까 소크라테스는 인간의 필요에 입각하여 부를 생각한 현자였다. 부란 인간의 필요를 충족시키기 위한 물자일 뿐, 필요를 넘어선 물자는 쓰레기와 다름없는 것이었다. 필요 이상의 부를 소유하는 것은 더 많은 쓰레기를 모으는 어리석은 짓이었다. 플라톤의 외삼촌 카르미데스가 그에게 몇 명의 하인을 제공하여 그들의 노동으로 수입을 얻게 하려 했지만 그는 사양했다.[5] 소크라테스는 인간의 필요를 최소화하는 곳에 행복의 비결이 있음을 간파한 현자였다. 사람들은 먹기 위해 살아가지만 소크라테스는 살기 위해 먹는 사람이었다. 소크라테스는 자신의 후원자이자 대부호인 크리톤의 아들 크리토불로스의 교육을 전담했던 모양이다. 크리토불로스와 나눈 이야기를 들어보자.

소크라테스가 말했다.

"나는 더 이상의 돈이 필요 없어. 이대로 충분하지. 크리토불로스, 그런데 너는 참 가난해 보이는구나. 정말 불쌍해."

그러자 크리토불로스가 어이없어 물었다.

"선생님의 재산을 팔면 몇 푼이나 된다고요?"

소크라테스가 대답했다.

"좋은 구매자를 만나면 5므나[6] 정도 받을 거야. 물론 너의 재산은 나보다 100배 많겠지."

"그렇게 잘 알고 계시면서도 제가 가난하다고요?"

소크라테스가 대답했다.

"암, 그렇지, 크리토불로스. 왜냐하면 나의 재산은 나의 필요를 충족시켜 주기에 충분하지만 너의 재산은 너의 명성을 유지시켜주는 데 충분하지 않잖아."[7]

크세노폰은《경영론》에서 가산을 늘리는 것보다 욕망을 줄이는 것이 더 지혜로운 선택이라는 소크라테스의 가르침을 이렇게 전하고 있다. "그렇지. 그들은 아주 까다로운 주인에게 예속된 노예들이지. 어떤 사람은 탐욕에 붙들린 노예이고, 다른 사람은 호색에 붙들린 노예이며, 또 다른 사람은 술에 붙들린 노예이지. 또 명예욕의 노예인 자도 있지. 욕망은 욕망에 정복된 사람들을 가혹하게 지배하는 법. 크리토불로스여, 그러니까 우리는 자유를 쟁취하기 위해서 욕망들과 맞서 싸워야 한다네."[8]

소크라테스가 우리에게 권장하는 삶의 최고 가치는 무엇일까? 크세노폰은 《향연》에서 소크라테스의 제자 안티스테네스(Antisthenes, BC 445?~365?)의 입을 빌려 소크라테스의 지론을 우리에게 소개한다. "돈을 버는 데 집중하는 사람보다는 검소함에 집중하는 사람이 더 정의로울 것입니다. 왜냐하면 자신의 소유에 만족하는 사람은 다른 사람들의 것을 욕심 내지 않기 때문이지요. 또 자신의 소유에 만족하는 사람은 관대하다는 사실에 주목할 필요가 있습니다. 여기 계신 소크라테스 선생님이 그 대표적인 예입니다. 저는 이분으로부터 가르침을 배웠는데 제가 감당할 수 있을 정도라면 모두 주었습니다. 저도 모두에게 저의 풍요로움을 증명해 보이며, 제 마음속의 부를 누구에게나 나누어줍니다. 이것은 놀라운 소유입니다! 저는 유유자적하면서 하루 종일 소크라테스 선생님과 함께 시간을 보낼 수 있습니다. 한가야말로 가장 값진 보배입니다."[9]

소크라테스, 그는 한가함을 인간의 소유물 중 가장 아름다운 것으로 간주했다. 모르는 것을 배우는 것은 창피한 일이 아니라면서 고령의 나이에 리라를 배우기 시작했고, 몸을 좋은 상태로 유지하기 위해 춤을 계속했다고 한다.[10] 검소한 생활 속에서 자유로운 삶을 향유한 사람, 델포이의 신탁이 말했던 그대로 '가장 자유롭고 강직한 사람'[11]이었다.

실용적이고 합리적인 철학자

크세노폰은 《소크라테스 회상》에서 우리가 몰랐던 소크라테스의 다양한 특성을 풍부하게 전해주고 있다. 만일 《소크라테스 회상》이 없었다면, 그리하여 플라톤의 저술만을 읽게 되었더라면 우리는 소크라테스에 대해 매우 편향된 시각을 갖게 되었을 것이다. 시민들의 일상적 고민들은 안중에도 없고 오직 철학적 난제들만 붙들고 사유한 사람으로 자칫 오해할 뻔했다.

"여러분 중 저만큼 육체적 욕구에 얽매이지 않는 사람이 있나요? 저는 지금까지 그 누구로부터 어떤 대가도 받지 않고 살아왔습니다. 이 점에서 저보다 더 자유로운 사람은 없을 겁니다. 어떤 열악한 환경에서도 저만큼 강직한 사람이 있을까요? 저는 사람의 말을 이해하기 시작한 이래 끊임없이 좋은 것을 탐구하고 배우고자 노력했습니다. 그래서 예언녀는 저를 지혜로운 사람이라고 표현했을 겁니다. 제 지인들은 저와 교제한 이후 덕을 추구하는 삶을 살게 되었습니다. 저는 단 한 사람에게도 부채를 진 일이 없지요. 그런데 제게 부채를 졌다고 생각하는 사람들이 참 많은가 봅니다. 저와 교제하는 사람들이 항상 제게 무엇인가 갖다주려고 하는 것은 무슨 까닭일까요? 저 힘들었던 봉쇄의 시절(기원전 404년 스파르타가 아테네를 포위해 항복을 압박하던 시기) 사람들은 실의에 젖었으나 저는 우리가 번영을 구가하던 때와 똑같이 자족하는 삶을 살았습니다. 사람들은 상점에서 비싼 사치품을 사지만 저는 간소한 삶을 즐기며 살았지요. 제 자신에 대해 말한 이 모든 진술이 틀림없는 진실이라고 할 때 신들과 사람들로부터 제가 축하를 받는 것은 당연하지 않은가요?"[12]

소크라테스가 가난하게 산 것[13] 은 사실이다. 그것은 자발적 선택이었다.

소크라테스가 마치 강요된 굶주림의 삶을 산 것처럼 오인되고 있는 것은 어서 정정되어야 한다. 소크라테스는 결코 무능한 인물이 아니었다. 다만 경제적으로 넉넉한 삶에 대해 무관심했을 뿐, 삶의 실재적 문제들에 대해 결코 무능력하지 않았다.

또한 소크라테스는 이웃들에게 매우 다정다감했다. 친구가 경솔한 행동을 하여 곤경에 빠졌을 때는 적절한 조언을 아끼지 않았다. 또 궁핍에 처한 친구가 있을 때는 그를 구제하기 위해 최선을 다했다. 곤궁에 처한 이웃은 서로 도와주어야 한다는 것이 그의 도덕적 훈계의 기본이었다. 소크라테스가 곤란에 빠진 친구를 어떻게 도와주었는지, 다음 일화를 보자 (이 일화에서 전시란 펠로폰네소스 전쟁 중 어느 시기를 말하며, 농촌을 점령한 적은 스파르타를 지칭한다).

하루는 크게 낙담한 아리스타커스에게 소크라테스가 말을 건넸다.
"아리스타커스여, 괴로운 일이 있나 보군요. 친구들에게 상심의 이유를 털어놓지 그래요."
아리스타커스가 말했다.
"나는 지금 큰 고민에 빠졌어요. 모두들 전시라 먹고살기 힘든데 엎친 데 덮친 격으로 친척들이 피레우스로 피난 가면서 조카들과 사촌들을 몽땅 나에게 맡겨버렸죠. 그리하여 부양 식구가 14명이나 되어버렸어요. 적들이 농촌을 점령한 뒤로 토지에선 아무 소득이 나오지 않는다는 것을 잘 알잖아요? 조만간 길거리에 나가 구걸이라도 해야 할 판이에요. 아무리 고민해보아도 지금처럼 물자가 궁핍한 전시 상황에선 식구들을 부양하는 것이 나로선 불가능합니다."

소크라테스는 아리스타커스의 하소연을 주의 깊게 들은 뒤 이렇게 말했다.

"케라몬을 봐요. 그렇게 많은 식솔들을 거느리고도 케라몬은 식구들을 굶기지 않고 있지요. 뿐만 아니라 도리어 사업에서 이문을 남겨 재산을 모아가고 있어요. 그런데 당신은 고작 식구가 많다는 이유 하나 때문에 행여 굶겨 죽이지 않을까 걱정이나 하고 있군요."

아리스타커스가 대꾸했다.

"케라몬의 식솔들은 노예들인 반면, 내가 부양하는 식구들은 자유민들이지 않습니까?"(노예나 자유민이나 똑같은 사람인데…….)

소크라테스가 이어 말했다.

"케라몬의 노예들과 당신의 식구들 중 누가 더 고귀한 분들이지요?"

(이런 질문을 조심해야 한다.)

"그야 비교할 수가 없어요."

"그렇지요. 당신도 인정했다시피 케라몬은 무가치한 사람들을 가지고 부를 증식시키고 있는 반면, 당신은 고귀한 분들을 집에 모시고서도 가난에 허덕이고 있어요. 부끄러운 일 아닌가요?"

아리스타커스가 말했다.

"그렇지 않아요. 둘 사이에는 현저한 차이가 있어요. 케라몬이 데리고 있는 노예들은 특정 기능의 소지자들이지만, 내가 데리고 있는 식구들은 교육 받은 자유민들이라 아무 일도 할 줄 몰라요."(딱 걸렸다. 교육받은 자유민은 할 줄 아는 일이 없다고?)

소크라테스가 물었다.

"유용한 어떤 것의 제조법을 아는 것, 이를 가리켜 기능trade이라 하지요?"

"물론이죠."

"오트밀, 빵, 옷, 여타의 가구들이 유용한 물건이지요?"

"물론이죠."

"당신의 식구들은 이런 것들의 제조법을 모르나요?" (구체적인 사례를 열거하는 것은 상대방의 사유를 전환시킬 때 소크라테스가 사용하는 단골 수법이다.)

아리스타커스가 말했다.

"아닙니다. 내 식구들도 그런 것들의 제조법을 알고 있을 거예요." (그렇지, 이제 대화는 일사천리이다.)

"그렇다면 무엇이 두려워요? 부자 되는 방법을 알면서 가난하다고 투덜거려요?" 소크라테스는 덧붙였다. "나우시키데스 알죠? 떼부자 나우시키데스 말이오. 가축 떼를 대규모로 키우면서 나라에 거금을 빌려주었잖아요? 그가 무엇으로 거부가 된 줄 아세요? 딱 한 가지, 오트밀로 돈을 벌었잖아요. 키르테스 알죠? 이분은 빵 제조업으로 온 가족을 먹여 살리고도 넉넉하게 살잖아요? 콜리투스 마을의 데미아스는 어떻던가요? 속옷을 만들어 살고 있소. 메논은 또 어떻죠? 무엇으로 그렇게 부유한 삶을 살고 있나요? 외투 제조죠. 또 메가라의 주민들은 대부분 코트와 재킷 제조업에 종사하여 넉넉하게 살고 있죠, 그렇지 않나요?" (제조업이 부를 창출한다는 애덤 스미스의 《국부론》이 철학자 소크라테스의 입에서 나오고 있다.)

아리스타커스가 말했다.

"나도 다 알고 있는 이야기입니다. 하지만 그들과 나는 큰 차이가 있어요. 그들은 매입한 노예들에게 강제로 일을 시켜 돈을 벌지만 우리 집의 신사 숙녀들은 죄다 자유민들이고 또 나의 친족들이잖아요. 당신은 내가 이분들에게 노동을 강제해야 한다고 생각하나요?" (아리스타커스의 생각을 가로막고 있는 걸돌은 신분 차별이다. 노동은 노예가 하는 것이라…… 깨져도 한참 깨져야 한다.)

소크라테스가 말했다.

"자유민이자 당신의 친척이라는 이유 하나 때문에 놀고먹어도 좋은 걸까요? 이처럼 게으르고 나태하게 살면서도 남들보다 더 안락한 삶을 살아도 좋은 건가요? 방금 말한 제조업에 종사하는 사람들보다 당신의 식솔들이 더 만족스럽고 더 쾌활하며 더 행복한 삶을 살아도 좋은 건가요? 게으르고 나태한 삶을 살지 말고 뭔가 생활에 보탬이 되는 것들을 배워야 하지 않을까요? 당신네 아가씨들은 왜 배웠나요? 그들은 자기들이 쓸모없는 존재라고 생각하여 그 어떤 일도 하지 않기로 작심했나요? 아무 일도 하지 않으며 하릴없이 사는 생활이 유용한 어떤 것을 부지런히 만드는 삶보다 더 훌륭한가요? 어떻게 연명할까 고민하면서 팔짱을 끼고 있느니 팔을 걷어붙이고 직접 일을 하는 편이 더 현명하지 않나요?

아리스타커스, 솔직하게 말할게요. 나의 견해는 이렇네요. 당신이 처한 상황이 계속된다면 당신은 당신의 식솔들을 사랑할 수 없습니다. 같은 이유로 그들 또한 당신을 사랑할 수 없을 겁니다. 당신은 그들이 짐이 된다고 생각할 것이고, 마찬가지로 그들 또한 그들 나름대로 당신이 불편한 존재라고 생각할 거예요. 양편 모두 불만은 증대할 것이고, 과거에 느긴 호감은 사라질 거예요. (사람의 마음은 바로 여기에서 움직이기 시작한다. 정말 그렇지!!!) 하지만 당신이 그들에게 일을 시키면 당신은 그들을 사랑하기 시작할 겁니다. 왜냐하면 그들은 당신에게 모종의 수익을 가져다줄 테니까요. (바로 이것이다. 푸줏간의 아저씨가 싱싱한 고기를 준비하는 것은 시민의 도덕적 태도도 아니고 이웃에 대한 종교적 봉사심도 아니다. 푸줏간 아저씨의 마음을 움직이는 것은 바로 사익self-interest이다.) 당신이 더 큰 호감으로 그들을 대한다는 것을 발견하면 그들은 당신에게 더 큰 사랑을 갖게 될 거예요. 당신의 친절함은 그들이 더욱 큰 감사의 마음을 품도록 할 것이며, 당신에 대한 그들의 보답은 더욱 커질 겁니다. 한마디로 당신은 더 자상한 친척이자 더 좋은 벗이 되겠지요. (이익도 챙기고 명예도 챙기고, 이런 것을 일석이조라고 했지. 설득은 끝났다.) 만일 그들의 일이 불명예스러운 것이라면 그런 일을 생각하느니 차라리 죽는 편이 낫겠지요(여기서 불명예스러운 일이란 웃음과 몸을 파는 일이렸다!). 하지만 그들이 하는 일이 떳떳한 일이고 여성에게도 어울리는 일이라면, 그리고 일하는 법을 알고 있는 사람이라면 누구나 떳떳하고 흔쾌히 일을 할 거예요(노동을 하며 흘리는 땀처럼 떳떳한 것이 어디 있어?). 그러므로 그들에게 제안하는 것을 더 이상 미루지 말아요. 그들 모두에게 보탬이 되는 일이고 그들 또한 이 제안을 즐거운 마음으로 받아들일 테니까요."

"세상에, 이렇게 훌륭한 기획을 제안하다니! 받아들이고말고요. 끝내주는군요. 이제까지는 돈을 빌릴 경우 다시 갚아야 하는 부담 때문에 돈 꾸는 것을 꺼렸는데, 한번 해볼게요. 어떤 조건에서든 도구를 사고 재료를 구입하여 일을 시작해보지요."

제안은 실행에 옮겨졌다. 아리스타커스는 곧 필요한 물건을 구입했다. 그는 아가씨들에게 양모를 주었고, 그녀들은 아침부터 밤까지 열심히 일했다. 우울했던 집안 분위기는 일신되었다. 아리스타커스와 식솔들 간에 있었던 보이지 않는 불편함은 사라졌고, 그들 모두 서로 만족한 분위기에서 살기 시작했다. 여자들은 아리스타커스를 그들의 보호자로서 사랑했고, 아리스타커스는 그들을 자신에게 아주 유용하고 필요한 사람들로 여기게 되었다.[14]

크산티페를 위한 변명

소크라테스의 아내 크산티페Xanthippe[15]가 대단한 악처였다는 세간의 평설은 과연 어디까지 믿을 수 있을까? 혹시 스승의 위대함을 강조하기 위해 제자들이 지어낸 과장은 아니었을까? 크산티페와 소크라테스의 부부 생활은 실제 어땠을까? 먼저 그동안 유포되어온 '악처의 대명사, 크산티페'를 조장하는 일화 하나를 살펴보자.

어느 날이었다. 크산티페는 외출하고 돌아온 남편에게 심한 잔소리를 늘어놓았다. 그런데 자신의 잔소리에도 평소처럼 태연자약 실없는 농담으로 일관하는 남편의 무관심에 크산티페는 화가 꼭지까지 올랐다. 그녀는 또 자신의 말에 아랑곳없이 외출하는 남편에게 물벼락을 퍼부어버렸다. 그러자 소크라테스가 이렇게 말했다. "천둥이 쳤으니 소나기가 내리는 건 당연하지."[16]

하지만 사람들은 이 대목에서 소크라테스의 외출에 대해선 눈감아버린다. 소크라테스에게 심야 토론은 밥 먹듯 하는 일상사였으니 해가 지면 들어오는 여느 가장과는 달리 소크라테스의 귀가 시간은 해가 뜰 때였던 것 같다. 이 물벼락이 가족의 생계를 위한 야근이 아니라 철학적 담론을 즐기고 돌아온 남편에게 가해졌다고 생각해보자. 밤새 남편을 기다리는 아내의 꽉꽉한 처지는 고려하지 않고 남편의 초탈한 태도에만 주목하는 것은 정정해야 할 고정관념이 아닐까?

하루는 소크라테스가 부자 친구를 식사에 초대했다. 크산티페가 대접할 음식이 없어 부끄러워하자 소크라테스는 태연자약하게 말했다. "걱정할 것 있소? 교양이 있는 친구라면 우리의 가난한 식탁을 이해해줄 것이고, 교양이 없는 친구라면 우리가 그런 사람까지 마음 쓸 필요는 없을 것 아니오?"[17]

가난도 하루 이틀이지 허구한 날 끼니 걱정을 해야 한다면 아무리 대범한 사람도 마음이 약해진다. 곳간에서 인심이 난다는 속담을 거꾸로 풀이해보면 아내가 집안 살림에 무책임한 남편에게 고운 마음을 품기란 쉽지 않을 일이다. 크세노폰이 전하는 또 하나의 일화를 들어보자.

어느 날 소크라테스의 아들 람프로클레스가 어머니에게 꾸지람을 들었나 보다. '품 안의 자식'이라고, 2000여 년 전의 가정이나 오늘날의 가정이나 아이들은 사춘기가 되면 어머니에게 대들기 시작한다. 그러면 어머니는 아이가 삐뚤어질까 어쩔 줄 몰라 불안해하고, 아버지는 대범한 것인지 무관심한 것인지 아무 일 아니라는 듯 대하기 마련이다. 맹수보다도 무서운 어머니의 성격을 참기 어렵다는 아들의 푸념에 소크라테스는 다 너 잘되라고 하는 말씀이라며, 어머니는 네가 병에 걸리면 어서 낫도록 간호하고, 늘 자식을 위해 신들에게 기도한다고 달랜다. 그러니 어머니를 견디지 못하면 선한 일을 참지 못하는 것이라 타이르기도 한다.

이 일화 역시 크산티페의 과도한 참견과 소크라테스의 이성적 태도를 보여준다. 하지만 인간사가 상호작용하는 관계의 총체라는 것을 전제한다면 아들의 일탈에 대해 어머니의 꾸지람만 원인으로 볼 것이 아니라 아버지의 부재도 주목해야 한다.

다른 관점에서 보면 소크라테스 같은 남자를 남편으로 맞이했다는 점에서 크산티페는 고결한 여인이었음에 틀림없다. 크산티페에게 조금이라도 세속적 욕심이나 허영이 있었다면 소크라테스와 결혼했을까? 상상컨대 결혼할 무렵 젊은 크산티페는 소크라테스가 하는 일이 정의롭다면 경제적 무능은 창피한 일이 아니라 함께 견뎌내야 하는 공동 운명이라고 믿는, 순수한 소녀였으리라.

소크라테스는 법정 최후 진술에서 자신은 신을 섬기느라 가정을 돌보지 못해 가난하게 살아왔다고 말한다. 또한 여러 해 동안 사람들에게 덕을 추구하는 삶을 가르치면서도 보수를 받지 않았다고 무보수 교육 활동을 자랑한다. 그러니 크산티페를 악처라고 부르기 전에 소크라테스를 악부라고 해야 한다. 앞뒤 사정 가리지 않고 가엾은 여인을 악처로 매도한다면 그것은 균형 잡힌 견해가 아닐 것이다. 크산티페가 악처라는 누명을 벗겨줄 결정적 증인은 바로 플라톤이다. 《파이돈》의 첫머리에서 그는 소크라테스가 생을 마감하는 날, 크산티페가 옥중의 남편을 찾아왔다고 증언한다.

> "우리가 들어가 보니 소크라테스 선생님께서는 사슬에서 풀려나 계셨고 크산티페 사모님이 어린 아들을 보듬고 선생님 곁에 앉아 있더군요. 사모님은 우리를 보자 여느 여인들처럼 울부짖는 거예요. '여보, 친구들과 말을 하는 것도 오늘이 마지막이군요.' 그러자 선생님께서 크리톤에게 부탁하셨어요. '크리톤, 집사람을 집으로 데려다주게나.' 그러자 크리톤의 하인들이 가슴을 치며 슬피 우는 사모님을 데리고 나갔지요."[18]

다른 기록자와 달리 플라톤은 크산티페에게 악처의 굴레를 씌우지 않았다. 플라톤이 남긴 방대한 저술 어디에서도 스승의 부인에 대해 악감정을 품게 하는 구절을 찾을 수 없다. 지금 묘사되는 크산티페의 모습은 남편과의 이별을 슬퍼하는 여인의 모습 그대로이다. 물론 살아남은 자들의 슬픔은 고인의 부재에 대한 슬픔이며, 이 슬픔은 자신의 외로운 처지에 대한 자탄自歎일 수도 있다. 그러나 "여보, 친구들과 말을 하는 것도 오늘이 마지막이군요." 하며 슬피 우는 크산티페의 눈물에는 억울한 죽음을 앞둔 남편에 대한 잔잔한 애정이 배어 있다.

크산티페로부터 악처라는 누명을 벗겨줄 다른 증거는 감옥에 보듬고 온 젖먹이 아기이다. 기록에 의하면 소크라테스는 세 명의 아들을 남겼다. 람프로클레스와 소프로니스코스 그리고 메넥세노스가 그들이다. 나이 일흔에 젖먹이 아기를 두었다는 것은, 부부의 금슬이 좋았음을 입증하는 증거가 아니고 무엇이겠는가?

마지막으로 소크라테스와 크산티페의 부부 생활을 이해하는 데 도움이 되는 소크라테스의 여성관을 들어보자. 플라톤의 《국가》에서 소크라테스는 남자와 여자가 본질적 면에서는 아무런 차이가 없는 평등한 인간이므로 스파르타에서 그러하듯 남녀 모두 함께 체육관에서 운동을 해야 한다고 발언한다. 크세노폰의 《향연》에서도 소크라테스의 진취적 여성관을 볼 수 있다. 즉 남자나 여자나 본성적으로 똑같은 인간이기 때문에 남편들은 아내의 교육에 적극적으로 나서야 한다는 것이다. "여러분, 지금 이 소녀의 묘기를 통해서도 분명히 알 수 있는 사실은 여자의 본성이 남자의 본성보다 결코 뒤처지지 않는다는 것입니다. 그러니까 용기를 내 자신의 아내를 가르치도록 하세요."[19] 술자리에서조차 인간의 평등을 논하는 소크라테스이다.

고대인에게 전쟁은 일상사였다. 현대인에게 기업 활동이 피를 흘리지 않는 전쟁이라면, 고대인에게 전쟁은 피를 흘리는 기업 행위였다. 전쟁에서 이기는 자는 모든 것을 소유하고, 전쟁에서 패배한 자는 모든 것을 잃는다. 남자들은 죽임을 당하고, 여자와 아이는 노예로 팔리는 것이 전쟁의 논리였다. 고대 아테네의 시민 자격이 남자에게만 주어지고, 여자는 국가의 의사 결정 과정에서 배제되었던 것은 아테네가 전사 공동체였기 때문이다. 아테네 시민은 전쟁을 지휘하는 장군을 표결로 선출했고 이런 전시의 민주주의가 평화 시의 정치적 민주주의로 연장된 것이 다름 아닌 직접민주주의이다. 전쟁이냐 평화냐, 이런 중대 사안을 전사인 남자들이 결정하듯 국가의 정치적 사안을 남자들이 결정하는 것은 자연스러운 귀결이었다. 이처럼 여자의 발언권이 무시되는 현실에서 "여자의 본성이 남자의 본성보다 결코 뒤처지지 않는다"는 소크라테스의 말은, 고대인들에겐 경천동지驚天動地할 혁명적인 주장이었다.

아리스토텔레스는 결혼 적령기를 남자의 경우 37세, 여자의 경우 18세로 설정했다. 나이 차이가 큰 것에 대해 고개를 갸우뚱할 수 있으나 고대 그리스에서는 일반적으로 남자는 30대, 여자는 10대에 결혼했다. 남자는 다양한 사회적 경험을 갖춘 나이에 결혼하지만 여자는 세상물정을 모르는 소녀일 때 결혼하는 것이다. 더구나 여자들은 교육을 받지 않았다. 따라서 소크라테스가 "용기를 내 자신의 아내를 가르치도록 하세요"라고 주문한 것은 당시로서는 엄청나게 혁신적인 견해인 셈이다.

여기서 대화의 물꼬가 엉뚱한 곳으로 트인다. 제자 안티스테네스가 스승의 약점을 물고 늘어지는 것이다. "선생님, 그렇다면 먼저 크산티페 사모님부터 가르치세요. 사모님은 정말 가까이하기 힘든 분이잖아요. 그렇게 괴팍한 여자분은 찾기 힘들 테니까요. 그런데 왜 사모님부터 가르치시지 않는 거죠?"[20] 제자의 날카로운 질문에 소크라테스는 궁색한 답변을 한다. 기질이 억센 여자와 사는 것은 실력 있는 기사가 거친 야생마를 길들이는 것과 마찬가지라고.

여기서 안티스테네스는 크산티페에 관해 매우 의미심장한 증언을 하고 있다. '가까이하기 힘든 여자'라는 것은 크산티페가 매우 독립적이었음을 시사한다. 그러니까 크산티페는 고분고분한 여자가 아니라 자유분방하고 직설적인 여자였으리라. 인간의 역사는 남자의 역사였다. 남자의 눈에 비친 크산티페는 시도 때도 없이 바가지를 긁는 '나쁜 여자'였지만 이를 여자의 관점에서 재해석하면 그녀는 남자에게 의존하지 않는 자립적인 인물이었다.

● chapter 3

무지를 깨닫게 하고 지혜를 낳도록 돕는 산파

묻고 물으며 또 묻다

지금까지 우리는 소크라테스가 '지혜, 덕, 용기, 절제' 등이 무엇인지 끊임없이 고찰하고 이를 실천하고자 노력하며, 사람들에게도 자신이 추구하는 문제에 대해 질문을 던지는 모습을 보아왔다. 그는 논제에 대한 확언보다는 끊임없는 물음을 통해 상대가 스스로 답을 얻도록 독려하는 그리스 최고의 질문자였다.

이처럼 상대가 자신의 무지를 깨달을 때까지 질문하고 답하도록 하는 과정을 반복하는 대화법을 문답법이라고 한다. 이는 상대에게 뭔가를 일방적으로 가르치기 위해 더 많이 아는 사람이 일방통행하듯 말하는 것이 아니라 상대가 논제에 대해 스스로 깨달을 수 있도록 질문하고 상대의 대답을 기다리고, 또 한 단계 나아간 질문을 하는 과정이 반복되는 양방통행의 대화법이다. 그런데 문답법이라고 하면 대부분의 사람은 '소크라테스의 문답법'을 떠올린다. 왜 이런 공식이 성립되었을까? 소크라테스에 관한 플라톤이나 크세노폰의 기록들이 대부분 대화 형식으로 남아 있기 때문일까? 플라톤의 많은 저작들을 '대화편'이라고 통칭하는 이유도 글의 서술이 소크라테스가 제자 등과 대화하는 방식으로 집필되었기 때문이다. 그중 플라톤의 《테아이테토스》에는 소크라테스가 자신의 문답법을 '산파술産婆術'이라고 표현하는 대목이 있다. 자신이 자식을 낳는 것이 아니라 상대가 스스로 자식을 낳을 수 있도록 도와줄 뿐이라는 의미이다. 단지 소크라테스는 여자가 아니라 남자를, 신체적인 출산이 아니라 영혼의 출산을 돕는다. 이는 플라톤의 《향연》에 나오는 '덕을 낳는다'는 내용과 연결된다. 신은 자신에게 직접 지혜를 낳는 능력을 주신 것이 아니라 다른 사람에게 질문함으로써 그가 지혜를 낳을 수 있도록 돕는 산파의 일만 허락하셨다는 소크라테스. 그의 겸손은 당시 자신의 뛰어난 지식을 자랑함으로써 부를 얻었던 소피스트와 너무나 대조적이다.

그러니까 소크라테스는 다른 철학자나 정치가들이 다수의 대중을 상대로 길고도 화려한 연설을 일방적으로 펼친 것과 달리 거리나 술자리에서 자연스럽게 만난 몇몇을 상대로 짧고 담백한 질문을 하고 대답을 유도함으로써 양방향 소통을 중요시했다.

한편 소크라테스의 문답법에서 볼 수 있는 또 다른 특징은, 대화 내용에 대한 이해가 서로 다르지 않은지 꼭 확인한다는 것이다. 플라톤의 《향연》에서 소크라테스는 아가톤과 대화 중에 "내가 말하는 의미를 자네가 정확히 알 수 있도록 지금부터 내가 하려는 질문에 대답해주면 좋겠네"라고 말한다. 사람들이 대화 내용에 대해 서로 다른 해석을 하면서 오해가 생긴다는 것을 알았기 때문이다. 이런 오해를 바로잡아야만 진정한 대화가 이뤄지기 때문에 소크라테스는 대화 중간중간 자신이 말하고 있는 내용이 무엇이라 생각하는지 상대방에게 묻곤 한다.

소크라테스는 상대방과 자신이 하나의 단어, 개념, 지식 등에 대해 같은 이해를 하고 있는지 확인하다가 상대가 잘못 이해하고 있다면 이를 일깨워주는 과정을 거듭한다. 이 과정을 통해 소크라테스는 상대방이 몰랐던 부분을 스스로 알아간다고 느낄 수 있도록 유도한다.

유녀 테오도테와 사랑을 말하다

소크라테스의 문답법과 관련해 크세노폰의 《소크라테스 회상》에 흥미로운 부분이 나온다. 바로 소크라테스가 유녀遊女인 테오도테와 나눈 대화이다.

하루는 소크라테스가 친구와 함께 아름답기로 유명한 테오도테의 집으로 찾아간다. 이곳에서 소크라테스는 비싼 옷으로 아름답게 치장한 테오도테와 역시 아름다운 옷을 입고 있는 그녀의 어머니와 시녀들, 그리고 그녀의 부유함을 보여주는 가구들을 보고 질문을 시작한다.

소크라테스 : 테오도테여, 땅을 가지고 있소?

테오도테 : 없습니다.

소크라테스 : 그렇다면 집이나 노예는 있소?

테오도테 : 그 역시 없습니다.

그렇다면 그녀는 어떻게 먹고사는 걸까? 농사지을 땅도, 임대료를 받을 집도, 대신 일해줄 노예도 없는데 말이다. 테오도테는 이렇게 말한다.

테오도테 : 제가 누군가의 친구가 되어주면 그분은 답례를 하지요. 그게 유일한 소득원이에요.

소크라테스 : 당신의 우정은 참으로 훌륭하군요. 그런데 당신의 친구들은 당신이 가만있어도 찾아오나요, 아니면 당신은 친구들이 찾아오도록 어떤 노력을 하나요?

테오도테 : 저는 친구를 불러들이는 방법을 알지 못한답니다.

그러자 소크라테스는 그 방법을 일러준다며 토끼를 잡는 법에 대해 말한다.

소크라테스 : 토끼 한 마리를 잡는 데도 많은 꾀를 내야 해요. 토끼는 깊은 밤이 되어야 풀을 뜯으러 굴 밖으로 나오는 습성이 있기에 사냥개에게 밤 사냥을 훈련시키지요. 또한 날이 밝으면 토끼는 굴속으로 달아나는 습성이 있기에 토끼의 흔적을 추적하기 위해서는 냄새에 민감한 개가,

잽싸게 달아나는 달리기 선수인 토끼를 잡으려면 빨리 달리는 개가 필요하다오. 그런데 토끼가 사냥개의 추적마저 따돌릴 수 있으니 토끼가 다니는 길목에 그물을 치는 것입니다.
테오도테 : 그러면 제가 친구들을 잡기 위해서는 어떤 방법을 써야 하나요?
소크라테스 : 그대에게도 사냥감을 잡을 좋은 그물이 있잖아요. 바로 그대의 몸 말이에요.

테오도테의 아름다운 몸이 남자들을 사로잡는 그물이라는 것쯤은 다들 예견했을 것이다. 그러나 그물로 비유되는 실체는 사실 몸에 있지 않았다. 이제 소크라테스가 말한 반어反語의 의미가 본격적으로 번득이기 시작한다.

소크라테스 : 그런데 당신은 아름다운 몸 안에 또한 혼魂을 가지고 있어요. 그 혼이 있기에 당신의 어떤 눈빛이 사람들을 즐겁게 하고, 어떤 말씨가 사람들을 기쁘게 하는지 아는 것이오. 또한 친절한 사람에겐 호의를 베풀어주고 거만한 자에겐 마음의 문을 닫아버리는 것도 모두 그 혼이 시키는 일이지요. 아픈 친구를 보면 함께 아파하고, 훌륭한 일을 이룬 친구를 보면 함께 기뻐해주는 것 역시 그 혼의 능력이라오. 나는 알아요. 그대는 친구를 관능으로만 사랑할 뿐이 아니라 마음으로도 사랑할 수 있다는 것을…….

이어 소크라테스는 친구란 억지로 만들 수 있는 것이 아니라 오직 친절과 우정만이 친구라는 사냥감을 붙잡아 곁에 머무르게 한다고 말한다. 덧붙여 소크라테스는 테오도테에게 상대방의 상태에 따라 그녀가 베푸는 친절의 방식이 달라야 함을 알려준다. 상대방이 먼저 원하지 않으면 친절을 베풀거나 그녀의 친절을 눈치채게 해서도 안 된다고 한다. 대신 그녀의 친절을 갈망하는 사람에 대해서는 은근하게 다가가 그의 마음에 들고 싶은 용의가 있음을 슬며시 보여주고, 다른 한편으로는 그녀의 친절을 최대한 원할 때까지 냉정한 태도를 견지하라고 한다. 이쯤 되면 소크라테스는 연애의 정석을 제법 아는 철학자임이 분명하다. 테오도테는 소크라테스의 말에 감동받아 자신을 도와달라고 부탁하면서 자신의 집에 자주 오라고 권한다. 그런데 소크라테스의 답이 재미있다.

> 소크라테스 : 테오도테, 나는 그렇게 한가한 사람이 아니오. 게다가 연정을 일으키는 미약媚藥과 마법魔法의 노래를 가르쳐줘야 하는 여자 친구들이 있지요. 이 여자들은 한시도 나를 놓아주지 않는답니다.
>
> 테오도테 : 어머, 선생님은 그런 약까지 알고 계셔요?
>
> 소크라테스 : 왜 제자들이 내 곁에서 떨어지지 않으려 하겠소? 아폴로도로스와 안티스테네스가 왜 나에게서 떠나지 않는 것일까요? 케베스와 심미아스가 저 먼 테베에서 나를 만나러 온 까닭이 무엇이라고 생각하나요? 만일에 미약과 주가呪歌와 마법의 물레가 없었다면 그런 일은 있을 리가 없지요.
>
> 테오도테 : 제게 그 물레를 빌려주세요. 물레를 돌려 선생님을 포획하게요.
>
> 소크라테스 : 제우스에 맹세코 말하건대, 나는 그대에게 홀리고 싶은 마음

이 없답니다. 그러니 그대가 나를 잡으려면 내게로 와야 할 거예요.

테오도테: 가고말고요. 받아만 주신다면요.

소크라테스: 물론이지요. 만일 그대보다도 더 좋은 여자 친구가 없다면 말입니다.

이렇게 하여 소크라테스의 테오도테 포획은 끝이 난다. 참 재미있는 대화이다. 만일 테오도테와 나눈 대화를 플라톤이 기록했다면 플라톤 특유의 엉큼한 '작전'을 읽어내느라 우리는 긴장의 끈을 늦출 수 없었겠지만 역시 크세노폰의 문장은 간결하고 소박해서 편하게 읽을 수 있다. 이 대화가 재미있는 이유는 소크라테스의 문답법이 갖는 특징이 잘 드러나기 때문이다.

소크라테스 대화의 핵심 화술

그럼, 소크라테스 문답법의 특징을 분석적으로 살펴보자. 먼저 소크라테스는 상대의 입장에 서서 대화의 실마리를 풀어가고 있다. 사람들은 누구나 '먹고사는 문제'로 고민한다. 고대인 역시 생존 수단의 안정적 확보를 위해 늘 노심초사했으리라. 소크라테스가 테오도테에게 땅이 있느냐, 집은 있느냐, 노예는 있느냐는 물음을 던진 것에서 우리는 경제가 삶의 토대임을 다시 한 번 확인한다. 소크라테스는 결코 '하늘 위를 걸어 다니는 현자'가 아니라 사람들의 구체적인 삶에 주목하는 철학자였다. 우리가 소크라테스 대화에서 배워야 할 첫 번째 교훈은 '먼저 상대의 관심을 존중하라'이다.

다음으로 소크라테스는 상대의 눈높이에서 대화를 이끌어가고 있다. 철학이 난해한 것은 움직일 수 없는 진리이다. 에베레스트, 안나푸르나, 마나슬루, 칸첸중가, 다울라기리 등 히말라야산맥의 준봉들은 너무도 험난해서 전문 산악인이 아닌 일반인의 등정을 허락하지 않는다. 마찬가지로 철학의 산은 높고 험난하다. 하지만 네팔의 히말라야산맥이 처음부터 높았던 것은 아니다. 지금으로부터 5000만 년 전 대륙판인 인도 판과 아시아 판의 충돌로 오늘의 히말라야산맥이 형성되었다는 지질학적 탐구에 의거하면 네팔이 평지였던 시절도 분명 있었다. 인간의 역사를 일생에 비유하면 소크라테스가 살던 고대는 '제2의 정신적 탄생기'인 사춘기에 해당한다. 그래서 당시 철학은 난해하지 않았음을 소크라테스의 대화에서 알 수 있다. 토끼몰이야 시대를 초월해 신나는 놀이 아닌가? 백석 시인이 "눈이 많이 와서 …… 눈구덩이에 토끼가 더러 빠지기도 하면 마을에는 그 무슨 반가운 것이 오는가 보다"라고 노래했듯이, 소크라테스가 토끼의 습성을 분석하면서 어떻게 토끼를 잡을지를 설명하는 대목에선 졸망졸망 모인 아이들조차 즐겁게 이해할 수 있다. 이런 소크라테스식 대화를 듣고서 누가 철학의 난해함을 언급하겠는가. 소크라테스 시대 철학은 일상의 삶에서 유리되지 않았고, '옳지만 불편한' 진실이 아니었다. 우리가 소크라테스 대화에서 배워야 할 두 번째 교훈은 '눈높이를 맞춰라'이다.

플라톤과 크세노폰의 글들을 읽다 보면 소크라테스의 가슴속에 금강석처럼 빛나고 단단한 하나의 신조가 있음을 알 수 있다. 인간은 육체와 영혼의 합작품, 그러니까 몸과 마음의 결합물로, 여기에서 육체를 이끌어가는 것은 영혼이고, 영혼이 아름다운 사람이 진정으로 아름다운 인간이라는 것이다. 육체는 사라지지만 영혼은 영원하기 때문에 외모의 치장이나 육체적 즐거움을 위해 애쓰는 것은 어리석은 삶이요, 영혼의 아름다움과 즐거움을 추구하는 것이야말로 지혜로운 삶이라는 것이다. 이처럼 소크라테스에게 철학자란 '영혼의 의사'였다.

하지만 소크라테스는 이런 자신의 신조를 타인에게 강제하지 않는다. 뿐만 아니라 직접적으로 주장하지도 않는다. 어떤 때는 제안조차 하지 않아서 답답하다. '그래서 그 문제의 정답이 뭐란 말이죠?' 정답을 말하지 않는 소크라테스의 대화를 따라가다 보면 지겨울 때도 있다. 그래도 테오도테와의 대화에는 소크라테스의 의도가 선명히 드러난다.

"당신은 아름다운 몸 안에 또한 혼을 가지고 있어요. 그 혼이 있기에 당신의 어떤 눈빛이 사람들을 즐겁게 하고, 어떤 말씨가 사람들을 기쁘게 하는지 아는 것이오"라는 소크라테스의 표현을 보자. 그렇다. 그는 상대의 장점을 인정하면서도 상대가 고쳐야 할 부분을 자연스럽게 들려주고 있다. 모든 아테네인처럼 자신의 아름다운 몸을 인정하는 동시에 말하는 것은 혀가 아니라 마음이고, 애교스러운 눈웃음을 짓는 것은 눈동자와 눈꺼풀이 아니라 혼이라고 주장하는 소크라테스의 어법과 논리에 테오도테는 조금의 거부감도 느끼지 않았을 것이다. 이야기의 실마리와 마무리를 어디에 둬야 하는지 한순간에 꿰뚫어보는 소크라테스는 진정 대화의 신이었다. 소크라테스의 대화 상대는 그와 이야기를 나누다 보면 어느새 깨달음의 입구에 서게 된다. "연정을 일으키는 미약과 마법의 노래를 가르쳐줘야 하는 여자 친구들이 있지요. 이 여자들은 한시도 나를 놓아주지 않는답니다"라는 너스레는 대단한 반어법이다. 그가 말하는 여자 친구란 자신의 철학을 따르는 제자들일 테니, 그는 분명 자신의 영혼이 아름답다고 확신하고 있었을 것이다.

 소크라테스는 테오도테에게 육체와 영혼의 이분법을 강요하면서 영혼이 아름다운 여자가 되라고 설교하지 않았다. 소크라테스 대화의 방점은 자신의 철학을 선전하는 데 있지 않고, 사람들과 함께 진리를 공감하는 데 있기 때문이다. 소크라테스는 자신의 주장을 퍼뜨리는 일에 관심을 둔 강사가 아니라 상대의 자발적인 깨달음에 주목한 현자였다. 즉 우리가 소크라테스 대화에서 배워야 할 세 번째 교훈은 '스스로 깨닫도록 하라'이다.

chapter 4 　　　　　파이드로스, 사랑의 철학

파이드로스와의 산책

소크라테스: 여보게, 파이드로스. 어디서 와서 어디로 가는 길인가?

파이드로스: 선생님, 성벽 밖으로 산책을 하러 가는 길이에요. 아쿠메노스 선생님 말씀대로 길거리보다 교외를 산책하는 것이 한결 상쾌하더군요.

소크라테스: 그런데 리시아스 집에선 뭘 했나? 분명 리시아스가 자네들에게 이야기 잔치를 베풀었겠지?

파이드로스: 한가하시다면 길을 걸으면서 말씀드릴게요.

소크라테스: 이야기를 듣는 것보다 더 귀중한 일은 없지.

파이드로스: 그럼 가시지요. (철학이 별건가. 이야기하는 것이 철학이었다. 로고스 logos는 본디 말을 지칭하는 단어이다.)

소크라테스: 여보게, 자네 왼쪽 옷소매 밑에 품고 있는 게 무언가? 리시아스의 글 아닌가? 이쪽 일리소스 천변을 따라가다가 어디 마음에 드는 곳이 있으면, 한적한 데 자리를 잡아 앉기로 하세. (일리소스 천은 고대 아테네의 조그만 실개천이었다. 서울의 청계천 정도라고 생각하자.)

파이드로스: 마침 저도 선생님처럼 맨발이군요. 물에 발을 적시면서 걷는 것도 좋겠네요. 저기 키가 큰 플라타너스 보입니까? 나무 그늘도 있고 바람도 좋네요. 누울 풀밭도 있고요.¹

지금 소크라테스와 동행하는 파이드로스는 소크라테스 동아리의 회원이다. 플라톤의 《향연》에서 소크라테스의 제자들은 돌아가며 에로스에 관한 찬사를 바치는데 그 자리에서 가장 먼저 발언하는 제자가 바로 파이드로스이다. 원래 성미 급한 사내였을까? 파이드로스의 찬사에 의하면 에로스는 신들 중 내력이 오래된 고참으로서 인간에게 가장 좋은 것을 가져다주는 신이다. 어렸을 때는 자기를 사랑해주는 애인을 가져다주고, 어른이 되어선 아름다운 미소년에 대한 사랑을 품게 해주는 것이 에로스란다. 아무리 훌륭한 혈통도, 높은 직위도, 거만의 부도 에로스만큼 훌륭하지 않다는 파이드로스는 사랑 예찬론자임이 분명하다.

지금 소크라테스와의 조우로, 파이드로스는 남몰래 사랑에 관한 연설을 연습하던 것이 들통 나고 만다. 파이드로스가 리시아스(Lysias, BC 458~380)에게 개인 교습을 받고 있음을 실토한 것이다. 여느 선생 같았으면 가슴에 질투의 불이 타오를 법도 한데, 웬걸, 소크라테스의 앎을 향한 호기심은 여기서도 예외가 아니다.

> 소크라테스 : 멋진 휴식처로군. 이 우람한 플라타너스를 보게나. 하늘거리는 버드나무는 또 어떤가. 꽃은 만발했고, 향기 가득하네. 나무 밑으로 졸졸 흐르는 샘물은 어떤가? 바람은 시원하지. 한여름 매미들의 합창 소리가 쩅쩅 울리는군.
> 파이드로스 : 이렇게 좋아하시다니 의외여요. 선생님은 정말 종잡을 수 없는 분입니다. 선생님은 아테네 사람이 아닌가 봐요. 성벽 밖으로 한 번도 나가본 적이 없는 분 같으니 말이에요.
> 소크라테스 : 이 사람아, 나를 모르는가? 나는 배우기를 사랑한다네. 사람들은 내게 많은 것을 가르쳐주지만 자연은 그렇지 않아. 하지만 자네는 나를 밖으로 끌어내는 묘약을 찾은 것 같네. 자, 다 왔으니 나는 눕겠네. 자네는 편하게 앉아 읽어보게나.²

바람이 솔솔 불고, 나무 그늘이 드리워지고, 누울 풀밭도 있고, 꽃은 만발하고, 향기 가득한 곳. 한여름 매미들의 합창 소리가 쩅쩅 울리는, 성문 밖 한적한 교외에 소크라테스는 처음 나온 것인가. "나는 배우기를 사랑한다네"라는 소크라테스의 고백은 이쩜 그렇게 공자의 그것을 빼다 박았는지 모르겠다. "나는 아직까지 나만큼 배우길 좋아하는 사람을 보지 못했노라." 플라톤은 이 짧은 틈에도 인간을 탐구하고자 하는 스승의 열정을 보여주고 지나간다. 소크라테스는 자연현상의 인과에 대해서도 무관심한 것은 아니지만 워낙 인간을 탐구하는 것에 몰두했다. 그러면 사랑에 관한 소크라테스의 탐구를 들어보자.

사랑, 그 광기에 대하여

소크라테스: 여보게, 어떤 것에 대해 올바로 숙고하길 원하는 사람들은 숙고의 대상을 잘 알아야 하네. 친분을 맺어야 할 사람이 사랑하는 사람인지 사랑하지 않는 사람인지 논의하려면 먼저 사랑에 대해 정의를 내린 뒤 이 정의를 준거점으로 삼고 사랑에 대해 탐구해야 할 걸세. 사랑은 일종의 욕망이네. 그런데 욕망에는 두 가지가 있지. 하나는 쾌락에 대한 타고난 욕망이고, 다른 하나는 후천적 욕망으로, 가장 좋은 것을 추구하는 욕망이라네. 둘은 어떤 때는 뜻을 같이하다가 어떤 때는 다투기도 하지. 욕망이 이성의 안내를 받을 경우 분별이라고 하지만 욕망이 이성의 안내를 받지 않고 쾌락을 향해 달려가면 무분별이라고 한다네. 욕망이 먹기를 탐하면서 이성의 안내를 받지 않을 경우 식탐이라고 하는 거야. 욕망이 이성의 안내를 받지 않고 아름다움이 주는 쾌락을 향해 나아가고 육체의 아름다움 쪽으로 떠밀려갈 경우 에로스라고 한다네. 여보게, 파이드로스, 어떤가? 내가 신적인 감동에 사로잡힌 것 같지 않나?

파이드로스: 정말 청산유수로군요.

소크라테스: 욕망의 지배를 받는 사람은 쾌락의 노예이기 때문에 사랑받는 사람이 어떻게든 자신에게 최대의 쾌락을 제공하길 바라네. 이렇게 사랑

하는 사람은 아이들이 훌륭한 사내로 자라는 것을 질투할 수밖에 없어. 그리하여 더없이 사려 깊은 사람이 되는 모임에 나가는 것을 싫어하지. 아이들이 신적인 철학에 다가서는 것을 막는 까닭은 아이들이 무지 상태에 머물러 있어야 자신이 쾌락을 즐기기 좋기 때문이지. 그러다 사랑이 그치면 못 믿을 사람이 되지. 훗날을 기약한 많은 맹세와 약속을 헌신짝처럼 버리는 거야. 늑대가 양을 좋아하듯, 사랑하는 사람은 아이를 사랑한다네. 여기에서 이야기를 끝맺기로 하세.

파이드로스: 선생님, 왜 이야기를 그만두시려는 겁니까?

소크라테스: 자넨 정말 이야기에 신이 났군. 여보게, 내가 이 강물을 건너려고 할 때, 내게 습관적으로 생기곤 하는 신령스러운 징조³가 나타났네. 그것은 어떤 일을 하려고 할 때마다 언제나 나를 가로막지. 바로 그곳에서 나는 소리를 들었네. 이 소리는 내가 신성한 것을 상대로 어떤 잘못을 범하면 잘못을 씻기 전에는 떠나지 않네.

여보게, 영혼은 얼마나 신통력이 있는가? 방금 나는 어리석고 불경한 말을 했네. 어떤가, 자네는 에로스가 아프로디테의 아들이고 신들 중 한 분이라고 생각하지 않는가?⁴

신령스러운 징조, 이것이 다이몬daimon이다. 소크라테스가 신성하지 못한 일을 하려고 하면 늘 다이몬이 나타나 가로막는단다. 왜 막았을까? 소크라테스의 신앙에 의하면 에로스는 신이고, 신은 완전하며 도덕적인 존재이다. 그런데 앞에서 소크라테스가 "욕망이 이성의 안내를 받지 않고 육체의 아름다움 쪽으로 떠밀려갈 경우 에로스라고 한다"고 말했을 때

이미 에로스를 일방적으로 폄하한 것이다. 소크라테스의 영혼은 그때부터 찝찝했던 것이다. 말을 하다 보면 처음엔 사람이 말을 하지만 나중엔 말이 말을 하는 경우를 다들 경험했을 것이다. 소크라테스는 역시 정직한 사람이었다. 세 치 혀로 신을 욕되게 하는 발언을 했으니……

이후 파이드로스에게 들려준 소크라테스의 사랑 예찬은 난해하기 그지없다. 소크라테스가 종잡을 수 없는 인물이었듯이, 플라톤의 문필 역시 종잡을 수 없다.

소크라테스의 사랑 이야기를 줄여보면 이렇다. "사랑은 신이 준 일종의 광기이다. 광기가 꼭 나쁜 것은 아니다. 무녀들의 예언술도 일종의 신적 광기이고, 밀교에서 행하는 정화 의식도 종교적 광기이며, 시인들의 노래도 무사 여신들의 강림에 의한 시적 광기이다."[5] 그렇듯 사랑도 아름다움 자체를 향한 일종의 광기라는 것이다. 대단한 선언이다.

"오직 아름다움만이 가장 강렬한 사랑의 대상이 되는데, 깨끗한 영혼은 아름다움 자체를 향해 나아간다. 신처럼 아름다운 얼굴을 보면 마치 신에게 제물을 바치듯 아름다운 연인에게 제물을 바친다. 연인을 보면 땀을 흘리며 이상스러운 열기에 사로잡힌다. 영혼 전체가 끓어 달아오르는 것이다. 마치 이가 날 때 아이가 잇몸에서 근지럽고 불편한 느낌을 갖듯, 영혼의 날개가 자라날 때 영혼의 근지러움과 불편함을 느낀다. 사랑에 빠진 영혼은 온통 벌침에 쏘이는 듯한 고통을 느끼면서도 아름다운 연인에 대한 그리움과 환희에 젖는다. 영혼은 고통과 환희의 뒤섞임 속에서 괴로워하고 번민하며 잠을 이루지 못하고 눈만 뜨면 연인을 보러 달려가고 싶어 하고, 할 수만 있다면 집 앞에서 밤을 지새우는 것도 마다하지 않는다. 사랑이란 이런 것이다."[6]

chapter 5　　　　사랑, 불멸을 향한 그리움

영혼의 사랑

"(……) 축제가 있던 그날 한 소년을 보았어요. 그는 축제 행렬에서 포도나무 가지를 운반하고 있었어요. 그이는 너무나 아름다웠어요. 부드러운 머리칼은 개암나무 꽃보다 더 부드럽고 윤기가 흘렀어요. 미소는 여름 바다보다 더 싱그러웠고요. 그가 날 바라보았을 때, 두 눈은 흑진주처럼 까맣게 빛났어요. 얼굴은 기쁨과 영광으로 빛나고 있었고요. 입술은 아프로디테의 가슴에서 장미를 훔쳐 다시 피어나게 한 것처럼 붉었어요."

― 축제를 구경하던 소녀가 어머니에게 쓴 편지에서 [1]

"우리는 일 년 내내 경연 대회와 희생 제전을 열고, 개인적으로도 멋진 시설을 갖춰 그것을 날마다 즐기며 슬픔을 잊어버립니다"² 라는 페리클레스의 말에서도 알 수 있듯이, 고대 그리스인에게 축제는 일상이었다. 경연 대회에서 우승이라도 하는 날이면 지인들을 초대해 밤새 술과 음악을 곁들이며 대화를 즐겼다. 오늘날 집단 토론을 의미하는 심포지엄symposium은 향연, 즉 '함께sym 술posium을 마시는 연회'에서 나온 단어이다. 재미있게도 플라톤과 크세노폰의 손꼽히는 저술의 제목 역시 '향연'이다. 두 작품 모두 소크라테스가 지인들과 함께한 향연 자리에서 나눈 대화를 묘사하고 있다. 그중 플라톤의 《향연》은 기원전 416년 비극 작가 아가톤의 집을 배경으로 하고, 크세노폰의 《향연》은 기원전 421년 아테네의 내로라하는 부잣집 아들 칼리아스의 집을 배경으로 한다. 이 작품들이 흥미를 끄는 이유는 소크라테스와 그의 벗들이 나눈 대화의 주제가 '사랑'이기 때문이다. 과연 '철학자 소크라테스가 가슴에 품고 있던 사랑'이란 무엇일까? 소크라테스는 우리에게 무엇을 사랑하라고 말하는 걸까?

이 궁금증을 풀기 위해 먼저 크세노폰의 《향연》을 펼쳐보자. 플라톤의 글은 그 구성이 자못 심오해 소크라테스의 의도를 한 번에 꿰뚫어보기 쉽지 않으나 크세노폰의 글은 직설적이고 평이해 소크라테스의 속마음을 이해하기에 좋은 안내자 역할을 한다.

아테네의 유명한 부자³ 히포니코스에게는 칼리아스라는 아들이 있었다. 그는 훗날 소크라테스를 법정에 고발한 변론가 리콘의 아들 아우토리코스를 사랑하고 있었다. 그래서 아우토리코스가 판크라티온이라는 경기에서 승리를 거두자 아우토리코스와 그의 아버지 리콘을 집에 초대한다.

그리고 길에서 우연히 칼리아스를 만난 소크라테스와 그의 일행이 이 잔치에 초대받게 된다.[4] 식사를 마치고 본격적인 향연이 시작되면서 사람들은 외국에서 온 소년 소녀의 연주나 무용 그리고 묘기 등을 감상했다. 그런데 크세노폰은 여기서 소크라테스에 대한 우리의 고정관념을 허문다. 소크라테스가 자신도 아침마다 춤 연습을 한다고 고백하는 것이다. "당신들은 카르미데스가 며칠 전 아침 일찍 저의 춤추는 모습을 목격했다는 사실을 모르고 있나요?"[5] 소크라테스는 격식에 얽매이지 않는 자유로운 사람이었던 모양이다.

또한 소크라테스는 그의 도덕 상품 중 하나인 '절제'를 권할 때도 술의 긍정적인 역할을 함께 말함으로써 듣는 이를 자연스럽게 설득하는 유연한 모습을 보여준다. "벗들이여, 나도 한잔 마시고 싶소. 포도주는 사람의 영혼을 시원하게 적셔주고 고통을 줄여주지요. 마치 불을 활활 타오르게 하는 기름처럼 포도주는 사람의 마음을 부드럽게 움직이기도 하고요. 그러나 거센 비는 식물을 똑바로 서지 못하게 하고 적당한 비는 식물이 잘 자라 꽃과 열매를 맺을 수 있도록 하듯이, 과음을 하면 판단력이 흐려질 것이고 조금씩 마신다면 술에 취하지 않으면서도 즐거울 수 있을 겁니다."[6]

이곳은 먹고 마시고 춤추는 잔치판, 이 즐거운 자리에서 무엇을 할 것인가? 소크라테스는 자연스럽게 '말하기'를 제안한다. 이렇게 만나 흥청망청 놀기만 하고 뭔가 서로에게 보탬이 되거나 즐거운 이야기를 하지 않는다면 부끄러운 일이라는 것이다. 이제 향연장은 자신이 어떤 점에서 뛰어난지 발표하는 자리가 되었다. 오늘날의 청년들과 달리 2000여 년 전 고대 그리스의 청년들은 자신의 생각을 표현하는 데 거침없다.

가장 먼저 칼리아스는 자신에게 '사람들을 더 뛰어나게 만드는 재주'가 있다고 말한다. 다음으로 니케라토스라는 젊은이는 어렸을 때부터 배운 호메로스의 《일리아스》와 《오디세이아》 전체를 암송할 수 있다고 주저 없이 자랑한다. 크리톤의 아들 크리토불로스는 목하 열애 중인 까닭에 자신의 '아름다움'에 자부심을 느낀다고 한다. 소크라테스의 가난뱅이 제자이자 훗날 금욕주의학파인 키니코스학파의 원조가 되는 안티스테네스는 역설적으로 자신의 '부유함'을 자랑거리로 내놓는다. 반면 플라톤의 외삼촌 카르미데스는 자신의 '가난함'을 가장 큰 자랑이라고 답한다. 그리고 리콘은 오늘 이 잔치의 주인공이자 자신의 '사랑스러운 아들'인 아우토리코스를 자랑으로 내놓는다.

사람들의 한바탕 자랑이 끝나자 소크라테스는 이제 각자의 자랑거리가 어떤 가치를 가지고 있는지 증명하자며 대화의 물꼬를 이어간다. 사람들은 또다시 각자의 생각을 확신에 찬 어조로 자유롭게 말하기 시작한다. 크리토불로스는 이렇게 말한다. "저는 페르시아 왕의 권력을 갖느니 아름다움을 갖고 싶습니다. 그리고 아름다운 클레이니아스를 바라보는 일만큼 즐거운 일은 이 세상에 없지요. 밤에 잠이 들 때면 그를 보지 못하는 것이 괴로울 뿐이고, 환한 낮에는 그를 볼 수 있어 기쁩니다. 우리처럼 아름다운 외모를 가진 사람들은 자부심을 가져도 된다고 생각합니다. 힘이 센 사람은 고생을 견뎌야, 용감한 사람은 위험을 감수해야, 현명한 사람은 말을 잘해야 좋은 것을 얻을 수 있지만, 외모가 아름다운 사람은 가만히 앉아 모든 것을 얻지요. 저는 누군가에게서 재화를 얻기보다는 클레이니아스에게 저의 모든 것을 주고 싶어요. 클레이니아스가 저를 원한다면 기꺼이 그의 종이 될 겁니다. 우리같이 잘생긴 남자를 사랑하게 된 사람은 우리를 위해 조건 없이 돈을 지불하면서 관대해지고, 불속이라도 뛰어들 만큼 고통을 잘 견디고, 우리 앞에서 명예롭고 겸손하고 절제력 있는 성품이 됩니다."[7]

빠져도 심하게 빠졌다. 당시 아테네엔 희대의 미남인 알키비아데스가 있었고 클레이니아스는 알키비아데스의 동생이었다. 그의 미모 역시 탁월했기에 크리토불로스가 이처럼 강렬한 사랑에 빠져버린 것이다.[8] 그런데 크리토불로스는 소크라테스를 도발하고 만다. 자신의 아름다움이 소크라테스의 현명함보다 더 설득력 있기에 소크라테스가 아무리 많이 말해도 아무 말 하지 않는 자신이 사람들로부터 더 빨리 키스를 받을 수 있다는 것이다.

이에 소크라테스는 크리토불로스에게 일침을 가한다. "아마도 크리토불로스가 클레이니아스와 키스한 사이 같군요. 키스는 가장 강력한 사랑의 불씨이면서 만족을 모르게 하고 달콤한 희망을 줍니다. 그러니까 절제된 삶을 살고자 한다면 젊은이와의 키스를 자제해야 합니다."[9]

인간의 역사를 이끌어온 동력은 청춘 남녀 사이에서 이루어지는 사랑이고, 청춘의 사랑은 몸과 마음을 구분하지 않는다. 그럼에도 우리의 현자 소크라테스는 이 사랑의 진실 앞에 냉소적이다. 플라톤이 《국가》의 서두에서 소포클레스의 입을 빌려 사랑하는 사람의 육체적 만남에 대해 회의적으로 발언한 것은, 스승 소크라테스의 기억 때문이었으리라. "한 친구가 시인에게 '소포클레스, 요즘 여자 만나는 재미는 어때?'라고 물었는데, 시인은 이렇게 말하지 뭐예요. '여보게, 그런 소리는 집어치우게나. 난 그것에서 벗어난 일을 다시없는 기쁨으로 여기고 있다네. 아주 광포한 폭군의 손에서 도망쳐 나온 기분이야.'"[10]

플라톤이야 아예 결혼을 하지 않았으니 그렇다 치자. 본인 스스로 세 아이를 둔 소크라테스가 유독 육체적 관계에 대해 부정적인 이유는 무엇일까? 과연 소크라테스가 생각하는 진정한 사랑, 진정한 아름다움이란 무엇일까? 사실 소크라테스의 삶을 관통하는 철학적 열정의 본질은 '사랑'이었다. 소크라테스는 제자들을 향해 이렇게 고백한다. "영원한 생명을 가진 신들과 나이는 같으나 모습은 가장 젊고, 전 우주를 관통하면서도 사람의 마음속에 자리하는 위대한 신, 에로스께서 우리와 함께하고 계십니다. 그러니 그분의 추종자인 우리 모두는 그분을 잊지 말아야 합니다. 저는 제가 단 한순간이라도 누군가를 사랑하고 있지 않던 때를 말할 수 없습니다."[11] 정말 멋진 말이다. 나는 단 한순간이라도 누군가를 진실로 사랑한 적이 있었던가?

이어지는 대화에서 제자 안티스테네스와 스승 소크라테스 사이에 재미있는 사랑 이야기가 오간다. 안티스테네스가 지금 소크라테스를 열렬히 사랑한다고 고백한 것이다. 그러자 소크라테스는 자신은 지금 바쁘니, 괴롭히지 말라며 이렇게 말한다. "그대의 성격은 참고 지내겠지만 사랑 고백만은 받아들이기 힘듭니다. 그대는 내 영혼의 아름다움이 아니라 내 몸의 아름다움을 보고 사랑하기 때문이죠."

이처럼 대화 곳곳에서 소크라테스는 장난치기 좋아하는 귀여운 악동의 모습을 보인다. 그러나 두 사람이 나눈 이 황당한 대화 속에는 사실 중요한 진실이 숨어 있다. 소크라테스는 동성 간의 육체적 사랑이 아니라 정신적 사랑을 중시했음을 역설적으로 표현한 대화이기 때문이다. 어쩌면 소크라테스는 모든 사람이 탐할 만큼 자신의 영혼이 매혹적임을 자부하고 있었을까? 이제 칼리아스를 향한 소크라테스의 말을 통해 본격적으로 '소크라테스의 사랑'에 대해 경청해보자.

> "저는 지금 당신을 더욱 존경하고 있습니다. 당신은 체력과 인내심, 용기와 절제력을 가진 사람을 사랑하고 있으니까요. 이는 그런 사람을 사랑하는 사람의 인격도 보여주는 증거입니다. 제가 알기로 아프로디테 여신의 경우 저속한 판데모스 아프로디테 여신과 고상한 우라니아 아프로디테 여신이 있지요. 그중 판데모스 여신은 육체적인 사랑을 낳고, 우라니아 여신은 영혼에 대한 사랑과 우정, 그 밖의 모든 훌륭한 행동에 대한 사랑을 낳는다고 합니다. 그런데 당신은 우라니아 여신이 낳은 정신적 사랑에 빠졌군요. 당신이 사랑하는 사람이 그 증거이죠."[12]

소크라테스는 이처럼 영혼의 사랑을 예찬한다. 플라토닉 사랑의 원조는 소크라테스였다. 물론 소크라테스가 전개하는 사랑의 이분법에 반대하는 사람도 있을 것이다. 사랑을 두 종류로 나눌 수 있다고 하자. 그런데 왜 하필이면 한 종류의 사랑은 저속하고, 한 종류의 사랑은 고상한 것인가? 대중가요는 저속하고 클래식은 고상하다고 평가하는 것인가? 순수 문학만이 문학이란 말인가? 각각의 차이를 존중하는 것이 올바른 태도가 아닐까? 차이가 있다 하여 차별하는 것은 옳지 않다. 그러나 소크라테스의 사랑론에 동의하든 반대하든 그 주장의 논거만큼은 귀 기울일 가치가 있다. 이후 크세노폰의 《향연》에서 소크라테스는 육체적 사랑과 정신적 사랑의 차이를 이렇게 비유한다.

"육체적 사랑은 오래가지 못한다. 몸의 아름다움은 마치 꽃과 같아 시간이 지나면서 시들기 마련이고, 그러면 몸을 향한 사랑의 감정도 시든다. 하지만 영혼을 향한 사랑은 다르다. 영혼의 아름다움은 시간이 흐를수록 커지므로 그를 향한 사랑도 더욱 깊어진다. 육체적 사랑은 절제하지 못한다. 배가 잔뜩 부르면 더 이상 음식을 쳐다보기도 싫듯이, 육체적 욕구의 과도한 충족은 사랑하는 이에 대한 염증을 낳는다. 뜨겁던 사랑이 얼음처럼 차게 식어버리는 이유는 여기에 있다. 하지만 영혼을 향한 사랑은 다르다. 아름다운 영혼에 대한 사랑은 욕망의 충족과 무관하게 한결같은 마음을 유지하게 한다. 육체적 사랑은 우리를 욕정의 포로로 만든다. 항상 애인의 꽁무니나 따라다니면서 키스해달라, 안아달라고 조르는 거지로 만들기 때문이다. 하지만 영혼을 향한 사랑은 다르다. 자신이 사랑하는 사람의 고결한 영혼을 흠모하는 것은 자유인의 자립적인 삶을 더욱 완전하게 만들어준다. 육체적 사랑은 마치 땅을 임차한 농부의 사랑과 같다. 이런 농부의 관심은 땅을 돌보는 데 있지 않고, 농작물의 소출을 극대화하는 데 있다. 그러니 세월이 흘러 땅의 지력이 황폐해지는 것은 불가피하다. 하지만 영혼을 향한 사랑은 다르다. 자신이 사랑하는 사람의 영혼을 아끼는 이는 토지를 소유한 농부와 같다. 농부는 땅을 돌보는 데 모든 노력을 기울인다. 이 경우 세월이 흐를수록 땅의 힘이 좋아지고 농작물이 잘 자라듯이 사랑하는 사람의 영혼도 더욱 아름다워

질 것이다."[43]

디오티마에게 배운 사랑의 가르침

플라톤의 《향연》은 기원전 416년에 열린 비극 경연 대회에서 승리를 거둔 아가톤의 우승을 축하하기 위해 마련된 자리였다. 다들 전날 술을 거나하게 마신 관계로 술을 절제하는 분위기여서 각자가 원하는 만큼 자작하기로 합의했고, 또 플루트를 연주하는 여인도 내보내고 그냥 대화만 나누기로 했으며, 대화의 주제로는 사랑의 신 에로스를 찬양하는 노래를 짓는 것으로 했다.

이 자리에서 소크라테스는 담담하게 자신의 경험담을 들려준다. 자기도 젊은 시절 에로스가 무엇인지 몰라 헤맸는데 자기에게 에로스의 비밀을 가르쳐준 선생이 있었다는 것이다. 디오티마라는 여선생이 문제의 인물이다. 그녀는 사랑의 신 에로스에 대한 기존의 관념을 전복시킨다. 그녀에 의하면 에로스는 궁핍의 신 페니아를 어머니로 하고 풍요의 신 포로스를 아버지로 하여 태어난 존재이기에 아름다운 것과 추한 것 사이에 있는 중간적 존재라는 것이다. 에로스는 신이 아니다! 신과 인간의 중간에 있는 정령이며, 아름답지도 추하지도 않은 중간자적 존재이다!

여기서 우리는 고대 그리스인들이 공유했던 사랑의 상식을 알아야 한다. 고대 그리스인들은 성인 남자가 미소년을 돌보아주는 동성애를 즐겼다고 한다. 아마도 그들의 동성애 문화는 일상적인 전투 생활과 관련이 있을 것이다. 빈번한 전쟁을 수행하다 보면 성인 남성의 경우 오랫동안 부인 곁을 떠나야 하고, 또 신참 소년병의 경우 경험 많은 노장의 돌봄이 필요했을 것이다. 고대 그리스인들은 오늘날의 동성애자들과 달리 양성애자들이었다. 집 안에서는 부인과 사랑을 하고, 집 밖에서는 미소년을 사랑하는 것이 일종의 품위 있는 행위로 간주되었다.

여기서 고대 그리스인들이 사랑의 두 주체를 '사랑하는 사람'과 '사랑받는 사람'으로 분리하여 사유했음을 전제해야 한다.[14] 성인 남성이 사랑하는 사람이라면 10대의 미소년은 사랑받는 사람이었다. 에로스가 무엇인지 물으면 얼핏 사랑이란 아름답고 위대한 어떤 것으로 말하기 쉬울 것이다. 하지만 디오티마는 예리하다. 사랑받는 사람은 아름다우나 사랑하는 사람은 아름다움이 결여된 자라는 것이다. 에로스는 사랑하는 자이다. 사랑받는 사람의 사랑스러움은 아름답다. 하지만 사랑스러운 아름다움을 욕망하는 에로스는, 실은, 아름답지 않다.

지혜를 사랑하는 것이 철학이다. 디오티마의 가르침에 의하면, 철학자 역시 지혜와 무지 사이에 있는 중간자적 존재이다. 착각하지 말자. 에로스가 아름답고 위대한 신이 아니듯, 철학 역시 지혜 그 자체가 아니다. 철학은 지혜를 결여한 이의 지혜 탐구이다.

디오티마는 묻는다. 무엇 때문에 사랑하는가? 아름다움을 얻기 위해서라고? 그러면 무엇 때문에 아름다움을 사랑하는가? 사랑받는 이의 사랑스러운 아름다움을 얻으려 하는 행위의 목적을 말해보라는 것이다. 아름다움을 얻으면 무엇이 생기는가?

디오티마는 선언한다. "사랑의 목적은 아름다움이 아니고 아름다움 안에서 출산하는 것이다. 사람은 육체나 영혼을 통해서 생명의 씨를 품는데, 나이가 들면 출산하기를 욕망한다. 그런데 추한 것 안에서는 출산할 수 없다. 출산은 아름다움 안에서 이루어지는 일이다. 남녀의 결합에 의해 이루어지는 출산, 이 일은 신적인 것이다. 왜냐하면 출산은 필멸의 존재가 불멸의 생명을 얻는 일이기 때문이다. 출산은 조화롭지 않은 것 안에서는 일어나지 않는다. 아름다운 것은 조화로운 것이다. 아름다움은 출산을 관장하는 운명의 여신이다. 생명의 씨를 잉태[15]하면 사랑받는 사람의 아름다움 곁에서 격렬한 흥분을 느낀다."[16]

디오티마의 가르침에 의하면 몸의 출산만이 아니라 영혼의 출산도 할 수 있다. 영혼의 출산 역시 불멸의 존재가 되고자 하는 욕망의 발현이다. 영혼의 자녀를 출산하려면 아름답고 고결한 영혼을 만나야 한다. 불멸의 영혼을 추구하는 사람은 정신적 성취를 추구한다. 시인들과 예술가들이 그들이다. 정신적 방식의 불멸을 추구하는 것은 물질적인 방식보다 훨씬 훌륭하다. 호메로스나 헤시오도스의 작품들은 그들에게 불후의 명성과 불멸의 기억을 안겨주었다.

디오티마의 가르침에 의하면 불멸의 또 다른 길이 있다. 이 길은 소수의 사람들에게만 열려 있다. 진정한 훌륭함을 낳고 기르는 이야말로 신들의 사랑을 받는다. 훌륭함을 낳고 기르는 이는 불멸이다. 불멸에 이르는 이 세 번째 길을 통해 철학자는 불멸의 세계 안으로, 신들이 거주하는 곳으로 들어선다. 신들의 거처로 들어선다는 디오티마의 이 언급은 의미심장하다. 이것이 소크라테스가 추구한 사랑의 밀의였다.

"자, 이 에로스에 관련된 일들에 당신도 입문할 수 있습니다. 하지만 에로스의 최종 목표에 당신이 도달할 수 있을지 모르겠군요. 할 수 있는 한 따라와주세요. 에로스를 향해 나아가려고 하는 자는 젊을 때 아름다운 몸을 향해 나아가야 합니다. 다음으로 그는 몸의 아름다움보다 영혼의 아름다움이 더 귀중하다는 것을 알아야 합니다. 이제 행실의 아름다움에서 앎의 아름다움으로 나아가는 겁니다. 이 아름다운 것들에서부터 시작하여 저 아름다운 것을 향해 올라가는 거지요. 마치 사다리를 오르는 사람처럼 하나에서부터 둘로, 둘에서부터 모든 아름다운 몸들로, 그리고 아름다운 몸들에서부터 아름다운 행실들로, 그리고 아름다운 행실들에서부터 아름다운 배움으로, 그리고 아름다운 배움에서 마침내 저 아름다운 것 자체에 대한 배움으로 올라가게 됩니다. 그렇게 되면 마침내 그는 아름다움 바로 그 자체를 알게 됩니다. 인간에게 가치가 있는 삶은 아름다움 자체를 바라보면서 사는 것일 겁니다."[17]

인간에게 가치가 있는 삶은 아름다움 자체를 바라보면서 사는 것이란다. 니체도 이와 비슷한 말을 한 적이 있다. "세계를 정당화하는 것은 오직 아름다움"[18]이라고. 살면서 단 한순간도 사랑에 빠져 있지 않은 적이 없다고 말한 소크라테스, 그 비밀도 여기에 있는 것 같다.

알키비아데스의 고백

《향연》의 말미에는 알키비아데스가 출연한다. 술에 취한 알키비아데스, 마당에서부터 떠들썩하다. 피리 부는 소녀를 대동하고 지인들의 부축을 받으며 요란하게 들어선 그는 머리에 담쟁이덩굴과 제비꽃으로 엮은 화관을 썼다고 한다. "안녕들 하슈? 나를 끼워줄 거요, 말 거요? 내가 취했다기로서니 비웃지 마시오!" 이곳은 사랑의 향연. 취중진담이라고, 취한 알키비아데스의 고백 속에는 다른 어디에서 만날 수 없는 소크라테스의 진실이 묻어난다. 소크라테스에 대한 알키비아데스의 사랑 고백은 디오티마가 들려준 형이상학적 사랑과 달리 아주 형이하학적이었다. 디오티마가 천상의 사랑을 노래했다면 알키비아데스는 지상의 사랑을 노래했다.

우리는 앞에서 소크라테스의 사랑 고백을 들은 적이 있다. 소크라테스는 철학을 사랑했던 것만큼이나 알키비아데스를 사랑했다. 소크라테스는 알키비아데스를 졸졸 따라다녔으며, 알키비아데스가 잘 가는 곳에 불쑥불쑥 나타나곤 했다. 알키비아데스가 체육관에 나타나 운동이라도 하면 소크라테스는 체육관 주위를 어슬렁거렸고, 알키비아데스가 공회장에 나타나면 또 그곳을 배회했다. 사랑받았던 사람 알키비아데스의 폭로에 의하면 소크라테스는 '아름다운 자들에 대한 사랑에 끌리는 성향'[19]이 있었다. 오죽했으면 알키비아데스가 소크라테스에게 그만 따라다니라고 직설을 퍼부었을까? "도대체 선생님께서 원하시는 건 뭡니까? 어떤 희망을 보고 계시기에 제가 있는 곳이면 애를 태우며 매일같이 나타나시는 겁니까?"[20]

소크라테스가 철학을 사랑하는 건 천하가 다 아는 사실이다. 그런데 언제나 욕망의 절제를 주창해온 소크라테스가 아테네 최고의 미남 알키비아데스를 연모했다니! 소크라테스의 철학 사랑과 동렬에 놓일 수 있는 알키비아데스를 향한 사랑, 그 사랑의 정체는 과연 무엇일까?

여기서 알키비아데스가 어떤 인물이었는지 먼저 알아보자. 알키비아데스는 아테네 최고 정치가인 페리클레스가 키운 차세대 대권주자였다. 또한 고대 그리스인은 4년마다 열리는 올림픽 대회에서 월계관을 쓰는 것을 생애 최고의 영광으로 알았는데, 알키비아데스는 바로 그 대회에 출전해 네 필의 말이 끄는 전차 경주에서 우승을 거머쥔 쾌남이었다. 뿐만 아니라 그는 연설 솜씨도 일품이었고, 용맹과 지략을 과시하는 전쟁 지휘관이기도 했다. 더구나 알키비아데스는 아테네 대부분의 사람들이 가까이 하고 싶어 하는 최고의 꽃미남으로 유명했다. 그래서일까, 알키비아데스는 자만심도 남 못지않았다. 한때 그는 아테네인들과의 불화로 스파르타에서 망명 생활을 하면서 스파르타 왕 아기스(Agis II, BC ? ~ 399?)가 전쟁터에 나가고 없는 사이 왕비 티마이아Timaia와 바람을 피워 임신까지 시켰다고 한다. 그런데 알키비아데스의 말인즉 이는 쾌락 때문이 아니라 자신의 아들을 스파르타 왕으로 만들고 싶어서였다나? 기원전 415년 서른다섯 살이던 알키비아데스가 시칠리아 원정을 지휘하며 피레우스 항구를 떠날 때 그를 전송하던 소크라테스의 가슴은 허전했을 것이다. '잘 가오, 알키비아데스.'

이제 본격적으로 두 사람의 사랑을 파헤쳐보자. "클레이니아스의 아들이여, 다른 사람들은 단념했어도 자네를 제일 먼저 사랑한 나만은 그 사랑을 놓지 않고 있네. 그리고 다른 사람들은 성가실 만큼 자네에게 말을 걸어왔지만 나는 몇 해가 돼도 말 한마디 건네지 않았지. 난 자네가 그런 사실에 놀라고 있다고 보네. 그런데 일이 이렇게 된 건 인간적인 탓이 아니라 일종의 신령스러운 가로막음 탓이었네."[21]

본인의 고백에 따르자면 소크라테스는 사랑하는 사람이었고, 알키비아데스는 사랑받는 사람이었다. 알키비아데스를 사랑하는 사람은 한둘이 아니었다. 알키비아데스가 하루 저녁만 함께해준다면 전 재산의 반을 주겠다는 부자들도 있을 정도였다. 그런데 이게 무슨 말인가, 사랑하는 연인에게 말 한마디 건네지 않았다니? 이게 소크라테스식 연애의 정석이었던가? 겉으로 보면 소크라테스는 알키비아데스를 '사랑하는 사람'이었지만 알고 보면 그는 알키비아데스로부터 '사랑을 받는 사람'이었다. 뭐냐?

"나는 이분과 단 둘이만 있었고, 곧 이분이 사랑에 빠진 사람이 애인인 소년과 내밀하게 나누는 그런 대화를 나와 나눌 것이라고 생각하면서 즐거워하고 있었네. 그러나 이 비슷한 어떤 일도 전혀 일어나지 않았네. 이분은 늘 하던 대로 대화를 나눴고 그렇게 하루를 함께 보내고 떠나갔네. 하루는 선생님과 함께 씨름을 하게 되었지. 그런데도 아무 일이 없었어. 이번엔 식사에 초대를 했어. 우리는 식사를 마치고 밤이 깊도록 대화를 나누었네. (……) 이분은 내 꽃다운 청춘을 무시했고 비웃어버린 거지. 우리는 둘만이 밤을 지새웠는데, 아버지나 형과 함께 자는 것처럼 아무 일이 없었다네."[22]

이 고백을 보면, 소크라테스는 분명 알키비아데스를 사랑하는 사람이었는데, 어느새 알키비아데스의 사랑을 받는 사람이 되어 있다. 그 반전은 어떻게 이뤄졌을까? 소크라테스는 당시 소년에게 으레 하는 사랑의 속삭임 따위는 하지 않았다. 소크라테스는 알키비아데스의 육체를 사랑한 것이 아니라 혼을 사랑했기 때문이다. 소크라테스는 알키비아데스와의 만남을 육체적인 교제가 아닌 지성적 교제로 전환하려 했던 것이다.

소크라테스의 이런 진정한 사랑을 깨달아서일까, 알키비아데스는 소크라테스의 영혼을 사랑하여 달아오르기 시작했다. 이제 알키비아데스는 소크라테스를 '사랑하는 사람'이 되었다. 하지만 소크라테스와 함께 밤을 보냈으나 연인 사이에 있을 법한 어떤 일도 둘 사이에는 일어나지 않았다. 알키비아데스는 고백한다. "나는 무시당한 느낌이었지. 그러나 마음 한편에서는 선생님에게 감탄했다네. 그토록 지혜롭고 절제력 강한 분을 실제로 만났기 때문이지."[23] 또한 여기에서 그 유명한 황금과 청동의 맞바꿈에 관한 호메로스의 이야기가 나온다. "나는 말했지. '선생님은 제가 만난 사람들 가운데 유일하게 제가 사랑하는 분입니다. 제가 훌륭한 사람이 되는 것, 이는 가장 중요한 일이며 선생님이야말로 저를 도와주실 분이니까요.' 그런데 선생님은 말했네. '사랑하는 알키비아데스, 자네는 자신의 미모보다 월등히 우월한 아름다움을 내게서 보고 있어. 그러니까 자네는 내 영혼의 아름다움과 흥정하여 자네 몸의 아름다움과 맞바꾸려 하고 있는데, 이는 청동을 황금과 맞바꾸려 하는 일이지. 암, 디오메데스가 자신의 청동 갑옷을 벗어주고 글라우코스의 황금 갑옷을 받듯 말이야. 하지만 몸의 눈이 닫혀야 마음의 눈이 열리기 시작한다네.'"[24]

알키비아데스는 아테네 시민들 중 자신을 훈계할 수 있는 유일한 어른은 소크라테스뿐임을 고백하기도 하고, 때로 소크라테스의 말에 감동받아 눈물을 흘리기도 했다. 알키비아데스는 다른 모든 사람을 경멸했지만 소크라테스만은 두려워하고 존경했다. "여보게들, 나는 페리클레스의 연설을 들을 때 그가 이야기를 잘한다고는 인정했지만 감동의 눈물을 흘린 적은 없었다네. 나는 이분 앞에 서면 부끄러워 어쩔 줄 모르겠어. 이분은 무지한 척하네만, 이분 안에는 신과 같은 아름다운 상(像)이 있지."[25]

part 3

지나치지 말라

소크라테스의 투쟁

chapter 1   페리클레스 시대의 아테네

페르시아 전쟁의 승리, 그 후

제국 아테네는 소크라테스의 철학적 투쟁을 요청한 역사적 배경이었다. 아테네인들의 오만, 정의에 대한 외면, 쾌락의 탐닉. 한마디로 아테네인들의 영혼의 타락이야말로 소크라테스의 철학적 투쟁을 낳은 사회적 긴장이었다. 소크라테스는 왜 재판정에 서게 되었던가? 아테네인들이 소크라테스에게 유죄 판결을 내린 이유는 무엇이었던가? 이러한 의문들에 대한 답을 찾으려면 먼저 소크라테스가 살았던 시대의 역사적 특성을 파악해야 한다. 소크라테스의 철학은 페리클레스 시대가 안고 있었던 사회적 문제에 대한 철학적 답변이었다.

페르시아 전쟁에서 그리스가 아테네 주도 아래 승리한 사실은 역사적으로 매우 큰 의의를 갖는다. 우선 세계사적인 관점에서의 의의를 들 수 있다. 그 전쟁은 전제적인 오리엔트 문명과 자유와 평등을 상징하는 그리스 문명의 충돌이었다. 만약 페르시아가 승리했다면 그리스 세계는 페르시아 제국의 일부로 편입되어 자유를 상실하고 노예화되었을 것이다. 따라서 기원전 5세기의 찬란한 그리스 고전 문화는 있을 수 없었을 것이며, 서양의 역사 또한 전혀 다른 길을 걷게 되었을 것이다.

페르시아 전쟁 이후 아테네는 그리스 세계에서 대적할 나라가 없는 위치를 확보했다. 전쟁 전만 해도 아테네는 스파르타나 코린트 등과 비교해 별로 우세할 것이 없는 나라였다. 그러나 그리스 세계가 통째로 위협받던 상황에서 구원자 역할을 함으로써 아테네는 발언권을 갖게 되었다. 전쟁이 끝난 직후인 기원전 477년 그리스 세계는 페르시아의 재침에 대비해 델로스 동맹을 결성했는데 여기에서 아테네는 동맹의 주역을 자처했다.

페르시아 전쟁을 계기로 아테네 시민들의 위상은 높아졌고 아테네 민주주의의 위대함은 높이 찬양받았다. 페르시아 전쟁은 아테네 영웅을 여럿 배출했다. 마라톤 전투의 밀티아데스와 아리스티데스, 살라미스 해전의 테미스토클레스가 그들이다. 이 영웅들의 지도력도 중요했지만 더 중요했던 것은 민중의 헌신적인 애국심과 용기였다. 이는 따지고 보면 민주주의, 즉 민중이 권력을 갖고 스스로의 자유와 권리를 지키고자 하는 정치제도가 가져다준 귀한 선물이었다. 역사의 아버지라 불리는 헤로도토스는 《역사》에서 이렇게 말한다.

"민주주의로 인해 아테네의 힘은 커졌다. 평등은 좋은 것임이 입증되었다. 아테네인들이 억압적인 통치자들 밑에 있었을 때는 이웃 나라 사람들보다 전투에서 나은 바가 없었다. 그러나 민주주의를 갖게 되자 그들은 누구와 비교도 되지 않을 만큼 뛰어났다."[1]

위대한 비극 시인 아이스킬로스는 마라톤 전투에서 용감하게 싸운 숙련된 전사로, 소크라테스가 태어나기 3년 전인 기원전 472년에 살라미스 해전을 기린 《페르시아인들》이라는 작품을 썼다. 이 작품에는 그리스를 침공하던 크세르크세스의 전령이 궁전의 태후와 문답을 주고받는 장면이 나온다. "누가 그들을 지휘하나요?", "그들은 누구의 노예도 신하도 아닙니다.", "그렇다면 그런 자들이 어떻게 대항하죠?"[2] 아이스킬로스를 비롯한 아테네인은 자신들을 스스로 통치하고 그에 따르는 책임을 기꺼이 지는 자유인이었다. 그들은 노예와 달랐다. 그러니까 페르시아에 대한 아테네의 승리는, 어쩔 수 없이 전쟁에 끌려나온 노예들에 맞서 자발적으로 전쟁에 참여한 자유인들의 승리였던 것이다.

이후 아테네는 전쟁 중에 시가지가 유린당한 것을 거울삼아 시가지 주변에 철옹성의 방벽을 쌓았다. 그들은 시가지에서 피레우스까지 연결하는 긴 장성을 구축했다. 페르시아의 재침에 대비해 결성된 델로스 동맹은 아테네를 보호하는 또 다른 방호벽이었다. 나아가 아테네는 델로스 동맹을 아테네가 그리스의 일인자로 군림할 수 있는 토대로 이용했다. 물론 스파르타 등 이웃 강대국들은 아테네의 승승장구를 시기의 눈으로 바라보면서 아테네의 성장을 자신들에 대한 위협으로 간주해 견제를 게을리하지 않았다.

페리클레스의 추도사

헤겔은 《역사철학강의》에서 아테네의 정치 생활에 대해 알고 싶다면 플라톤이나 크세노폰이 아니라 국가의 최고 지도자로 꼽히는 정치가의 이야기를 들어야 한다고 말한다. 그러면서 페리클레스야말로 아테네인들보다 머리 하나가 더 올라가 있는, 신의 세계로 치면 제우스 같은 인물이라고 평한다.[3] 페리클레스는 당당한 고대적 풍모를 지닌 정치가로, 국가를 위해 한 몸 바친다는 자기의 목적을 한시도 잊지 않았다.

아무리 위대한 철학일지라도 자신을 배양해준 대지를 떠난다면 머리카락을 잘린 삼손처럼 힘을 쓸 수 없다. 그리스 철학에 대한 심원한 이해는 철학을 낳아준 삶 속으로 들어갈 때 쟁취되는 것이 아닐까? 크세노폰과 플라톤의 저작에 의존해 소크라테스 철학을 연구하는 것을 잠시 미루고, 헤겔이 추천하는 대로 페리클레스를 따라 고대 아테네인의 삶 속으로 들어가보자.

열여덟 살의 소크라테스가 성인식을 치렀을 당시인 기원전 451년의 아테네는 그리스의 도시국가들을 호령하는 델로스 동맹의 맹주였다. 그리고 페리클레스는 아테네를 지중해의 제국으로 뻗어나가도록 이끈 정치 지도자였다. 하지만 동시에 그는 제국의 풍요 속에서 아테네에 조금씩 오만의 싹을 키웠던 인물이기도 하다.

페리클레스 시대 제국 아테네가 어떤 물질적 토대를 구가하고 있었는지 다시 짚어보자. 기원전 470년경 살라미스 해전의 영웅 테미스토클레스가 추방되고 델로스 동맹의 주역 키몬이 멀리 출정하여 아테네를 비우자 페리클레스가 본격적으로 정치판에 뛰어든다. 그는 자신이 귀족이 아니라 가난한 시민들의 편임을 알리려 노력했다. 페리클레스는 시민들에게 식민지를 분배해주고 공공사업을 일으켜 보수가 좋은 일자리를 창출하는 등 동맹국들로부터 거두어들인 공금[4]이 시민들에게 고루 돌아가도록 했다. 그는 많은 볼거리가 있는 경기, 향연, 가두 행진을 열었다. "페리클레스는 수많은 신전과 공공건물을 지어 아테네 시를 아름답고 살기 좋게 꾸몄다. 그는 대규모 건축 공사를 시작했고, 원하는 사람에게 여러 기술을 배우도록 했다. 사업이 진척되어감에 따라 아름답고 웅장한 건물들이 윤곽을 드러내기 시작했다."[5] 이에 대해 페리클레스가 사실은 '자신의 손에 좌지우지되는 아테네를 만들기 위한 귀족정치를 지향했다'느니, '국가 기금을 이용해 인기를 쌓았다'느니, '시민들에게 식민지를 분배하고 공공사업을 통해 후한 보수를 주는 바람에 국민들이 사치스럽고 무절제한 삶을 살게 되었다'는 비난도 있다.

어쨌든 페리클레스의 목적은 시민의 신뢰를 획득하는 것이었다. 정적인 키몬이 전사한 후 아테네 최고의 정치가가 된 그는 파르테논 신전을 비롯하여 아름답고 거대한 신전들과 공공건물들을 지었다. 이에 드는 비용은 아테네가 보관하게 된 델로스 동맹의 공금으로 충당했다. 이렇게 페리클레스는 아테네인의 삶에 오만의 씨앗을 뿌린 것이다. 페르시아와의 전쟁에 대비하기 위한 공금을 아테네가 독단적으로 유용하는 것은 옳지 않다는 정당한 문제 제기에 페리클레스는 당당하기만 했다.

"아테네가 페르시아군을 막아주고 있는 한, 전쟁 기금을 어떻게 쓰든지 동맹국들은 상관할 것 없다. 그들은 말이나 군인, 배 중 그 어느 것도 제공하지 않고 다만 돈만 냈다. 따라서 아테네가 이 돈을 어떻게 썼는지 보고해야 할 의무는 없다. 돈이란 낸 사람의 것이 아니라 그 값어치만큼 일을 해준 사람의 것이다. 아테네가 전쟁에 필요한 모든 것을 갖추고서 그리스의 안전을 보장하는 한, 그 돈을 임의로 쓸 권리가 있다."[6]

페리클레스의 답변에 의하면 델로스 동맹이 갹출한 공동 기금의 본질적 성격은 페르시아의 침공에 대비한 방위비이다. 함대 유지를 아테네가 전담하고 있으므로 아테네의 자의적 결정에 의해 공동 기금을 전용해도 아무런 하자가 없다는 것이다. 당시 해군의 일당은 1드라크마였고, 함대 한 척에 200명이 승선했으므로 함대 한 척의 한 달 유지비는 6000드라크마, 즉 1달란트였다. 아테네가 공동 기금 1000여 달란트를 함부로 사용하고 있다고 동맹국들이 비난했다는 것은 당시 아테네가 약 100척의 함선을 운용하고 있었음을 시사한다. 우리는 동맹 회원국들로부터 함대의 유지 비용을 추렴하는 것과 추렴된 비용을 함대 유지에 사용하는 권리가 아테네 측에 있음을 인정한다. 하지만 공급을 어떻게 사용했는지 기금 사용처에 관한 회계 보고의 의무도 아울러 있다고 본다. 페리클레스가 옹호한 아테네의 권리가 비록 정당하더라도 그에 연동되는 의무를 방기한다면 이것은 회원국들의 권한을 묵살한 권력 남용이다. 회원국들이 이를, 힘을 앞세운 강자의 협박이라고 느꼈다면, 그리고 동맹국들의 물음을 단칼에 잘라버리면서도 그러한 태도가 공정성의 원리에 위배된다는 것을 자각하지 못했다면 이는 아테네가 자신의 모습을 객관적으로 바라보지 못한 것이라 단정하지 않을 수 없다.

아테네는 약 100척의 배를 바다에 띄워놓고 함대 유지비라는 명목으로 동맹국들로부터 조공을 거두어들였다. 페리클레스는 배 한 척당 200명의 해군 월급에 해당하는 경제적 자원을 동맹 회원국들로부터 갹출하여 아테네의 공공사업비로 전용해왔다. 플루타르코스는 이렇게 기록한다. "그리하여 본국에 남아 있는 사람들도 먼 바다에서 나라를 지키거나 배를 타는 사람들처럼 공공 기금에서 보수를 받을 수 있었다. 돌, 청동, 상아, 금, 흑단 재목, 사이프러스 나무 같은 공사 재료는 그것들을 다룰 줄 아는 공예 기술자들이 필요하다. 이들은 각각 목공, 주조공, 철공, 석공, 채색공 등으로 나뉘었으며, 금이나 상아 일을 하는 사람, 수놓는 사람, 선반공 등 각각의 기술자들에게 맡겨지는 다양한 일거리가 만들어졌다. 또 이것들을 운반하기 위해서는 상인, 뱃사람, 수레를 끄는 사람, 마부, 배 만드는 사람들이 필요했다. 또 그들을 위해서 신발을 만들고, 가죽을 다루고, 석탄을 캐내고, 나무를 자르고, 길을 닦는 많은 사람들이 필요하게 되었다. 이들은 군대처럼 한 사람의 우두머리를 중심으로 여러 사람이 뭉쳐 하나의 공동체를 이루었다."[8]

앞에서도 소개했던 페리클레스의 전몰자 추도사는 고대 아테네가 나라의 자유를 수호하는 전사 공동체였을 뿐만 아니라 다 함께 아름다움을 추구한 예술 공동체였으며, 다 함께 진리를 추구한 철학 공동체였음을 증언하고 있다. "게다가 우리들은 정신적 노고를 위한 휴식거리 또한 많이 제공해왔습니다. 우리들은 일 년 내내 경연 대회와 희생 제전을 개최[9]하고 있고, 사적 용도의 멋진 시설도 갖추어 그것을 날마다 즐기며 슬픔을 쫓아버립니다."[10] 하루가 멀다 하고 제의와 축제를 벌였던 나라, 연극[11]을 보러 온 가난한 사람들에게 하루 일을 공친 대가[12]로 하루 일당의 절반을 제공해준 나라가 페리클레스의 아테네였다.

아테네 제국, 영화榮華에 빠지다

페리클레스의 추도사는 당당하다. 페리클레스는 아테네 제국의 패권을 확보한 것은 '우리들 자신'임을 힘주어 강조한다. 기원전 454년 기금이 델로스에서 아테네의 아크로폴리스로 이동하면서 동맹은 제국으로 전화되었다. 동맹국들이 제공한 납부금의 6분의 1을 아테나 여신을 위한 첫 수확으로 간주한 것이다.[13] 제국의 패권이란 식민지의 경제에 대한 지배권을 말하고 나아가 이런 경제적 지배를 항구화하기 위한 군사적 지배권을 의미한다.

칼 폴라니는 군사적 지배권과 경제적 지배권의 상호연관을 이렇게 기술했다. "아테네는 곡물공급원을 확보하려는 목적에서 해적을 소탕하는 함대를 조직했다. 식민지 지배는 해군력을 토대로 강화된 것이다."[14] 아테네의 해군은 지중해를 장악하는 물리적 힘이었고, 해군은 제국 아테네의 동력이었다. 해군에 종사하는 아테네 민중들이 있었기에 아테네의 민주주의가 가능했고, 이들 민중들의 용기가 있었기에 크세르크세스의 대군을 물리쳤으며, 이들 민중의 힘으로 아테네는 바다의 제국이 되었다.

중요한 것은 아테네 경제가 제국으로 전화하면서 그 성격이 근본적으로 바뀌었다는 점이다. 기원전 6세기 솔론의 아테네가 자급자족을 기본으로 한 경제체제였다면, 기원전 5세기 페리클레스의 아테네는 지중해

연안의 수많은 도시국가들과의 경제적 상호의존을 기본으로 운용되는 경제체제였다. 아테네는 이 상호의존체제의 꼭대기에서 제국의 영화를 누리는 나라였다. 다시 칼 폴라니의 분석에 귀를 기울이자. "아테네는 곡물[15]은 물론 목재, 철, 청동, 삼, 밀랍 등에 대해서도 확고한 교역 독점권을 보유하고 있었다. 아테네의 세력이 미치는 곳에서는 어떠한 나라도 허락 없이는 이러한 자원을 살 수 없었다. 아테네인이 타국과 교류하여 많은 사치품을 확보한 것은 바로 이 해상 지배력 덕택이었다. 그리하여 시칠리아와 이탈리아에서, 키프로스와 이집트와 리디아에서, 폰토스와 펠로폰네소스 반도에서 아주 질 좋은 물품을 마음대로 가져다가 하나의 중심지 아테네에 모았다. 이 모든 것은 아테네인의 해양제국에 힘입은 것이다."[16]

페리클레스 시절 아테네인들이 누렸던 제국의 영화에 대해 아리스토텔레스는 이렇게 말한다. "아리스티데스는 살라미스 해전 후 3년째 되던 때에 동맹국들에게 처음으로 공세를 책정했다. 그 후 아테네는 더욱 대담해졌다. 돈이 더 많이 모이게 되자 아리스티데스는 사람들로 하여금 농지를 떠나 도시에 거주하도록 사주했다. 델로스 동맹의 핵심인 해군 함선의 수군으로 복무하면 월급을 줄 수 있었기 때문이다. 아테네인들은 아리스티데스의 말을 따라 동맹의 패권을 잡은 후 동맹국들에게 주인같이 군림했다. 아리스티데스는 제안한 그대로 많은 사람들에게 충분한 식량을 공급했다. 동맹국들로부터 수령한 세금과 여타 수입으로 2만 명 이상이 먹고 살게 되었다. 재판관 6000명, 궁수 1600명, 기병 1200명, 의회 의원 500명, 부두 수비대 500명, 그 밖의 도시 수비대 50명, 국내 공무원 700명, 국외 공무원 700명, 중무장 보병 2500명 등이 제국의 영광에 의존하여 생계를 꾸려나갔다."[17]

한나 아렌트가《인간의 조건》에서 생존의 필연성을 떠나 정치적 삶을 산 아테네인들의 자유를 칭송했던 것은 그런 정치적 자유 이면의 물질적 전제를 보지 못한 일면적 견해였다. "도시국가의 삶은 아주 특별한 그리고 자유롭게 선택한 정치적 조직의 형식"[18]이었다는 아렌트의 규정에 대해 이의를 제기할 사람은 없을 것이다. 하지만 그녀의 규정은 충분치 않다. 무엇보다도 아테네인들의 자유로운 정치적 삶은 한편으로 노예들의 노동과 다른 한편으로 동맹국들의 예속 위에 가능한 것이었다.

다시 아리스토텔레스의 증언으로 돌아가자. "재판소에 보수제를 도입한 것은 페리클레스가 처음이었는데 이는 키몬의 부에 대항하기 위한 조처였다. 키몬은 참주와 같은 재산을 가지고 사람들에게 많은 것을 기부했다. 원하는 사람은 와서 적당량의 식량을 얻어 갈 수 있었다. 페리클레스는 이 같은 선심을 쓸 형편이 못 되었다. 동료 다모니데스가 조언하길 사재로는 곤란하니 많은 사람들에게 그들 자신의 것을 돌려주면 된다는 것이었다. 그래서 재판관 수당제가 생기게 되었다."[19]

아리스토텔레스는 페리클레스의 재판소 보수제가 키몬과의 권력 투쟁 과정에서 비롯되었다고 전한다. 그런데 300여 개에 달하는 동맹국들로부터 뽑아내는 공세, 이것이 아테네 민주주의를 가능하게 한 물질적 전제였다. 그래서 우리는 다음과 같은 페리클레스의 추도사에서 제국의 위용을 뽐내는 아테네인들의 자부심을 주의 깊게 읽을 필요가 있다. "우리들은 찬가를 부르는 호메로스도, 또 시가를 지어 일시적인 기쁨을 안겨주는 시인들도 필요로 하지 않습니다. 위업에 대한 진상은 오히려 그러한 가식을 거부하고 있습니다. 오히려 우리들은 우리들의 용기로써 모든 바다와 육지를 제압하고 길을 열어, 가는 곳마다 재앙과 축복의 영원한 기념비를 심어놓았던 것입니다."[20]

아테네인들이 누리는 번영은 알고 보면 동맹국들로부터 거두어들인 공동 기금 덕분인데, 문제는 동맹의 성격이었다. 공동 기금이 사실상 제국에게 바치는 조공으로 바뀌어 있었던 것이다. 초기엔 공동의 목표를 성취하기 위한 자율적 연대였으나 세월이 흐르면서 자발적 연대는 타율적 강제로 변질되었고, 아테네와 회원국들의 관계는 대등한 협의적 관계에서 제국과 조공국 간의 지배 종속의 관계로 변질되었던 것이다. 델로스 회원국들의 부가 아테네로 유입되어 들어오는 제국의 질서는 세월이 흐를수록 제국 아테네에는 부가 축적되고, 회원국들의 가슴엔 이에 대한 질시가 축적되는 불평등 구조였다. 더구나 델로스 동맹국들의 정점에 아테네가 있었다면, 델로스 동맹의 바깥에는 그에 맞먹는 대항의 중심이 있었으니 곧 스파르타였다. 전통의 그리스 맹주였던 스파르타와 신흥 강국 아테네 사이의 충돌은 불가피했다.

chapter 2   아테네의 몰락이 시작되다

펠로폰네소스 전쟁의 발발

아테네인은 페르시아 전쟁에서 선조들이 보여준 헌신적인 용기를 자랑할 만하다. 그들은 자유인으로서 명예를 목숨보다 소중하게 여겼고, 그 점에서 자부심을 가지는 것은 당연하다. 그러나 델로스 동맹의 최고 자리에서 부와 권력을 쌓기 시작한 이후 아테네는 얼음 위를 걷듯 조심스럽게 처신해야 옳았다. 강자는 아무리 몸가짐이 바르더라도 질시의 대상이 되기 쉽기 때문이다. 그런데 아테네는 그 반대의 행보를 보인다. 동맹의 규율을 세운다면서 동맹국들을 간섭하고 무단 침략하는 것은 정당하지 못한 처사였다. 스파르타를 따르는 펠로폰네소스 동맹은 아테네의 오만을 응징하기 위해 한판 전쟁을 벌일 것인지 논의하는 회합을 열었다. 그때 스파르타에는 아테네 사절단이 머물고 있었다. 사절들은 회합이 열린다는 정보를 듣고 회의장으로 찾아간다. 그리고 아테네의 행동을 정당화하는 연설을 펼친다. 투키디데스의 《펠로폰네소스 전쟁사》에는 아테네의 자부심이 제국주의자의 오만으로 전이되고 있음을 보여주는 연설이 기록되어 있다.

"우리는 이 연설을 통해 여러분이 잘못된 결정을 내리지 않도록 하려 합니다. 또한 여러분이 비난하는 우리 아테네의 소유물은 지극히 정당하게 얻은 것이며, 우리가 얼마나 훌륭한 나라인지 알리려 합니다. 우리는 마라톤 전투에서 페르시아를 상대로 혼자 힘으로 싸웠고, 또다시 침략한 페르시아에 맞서서는 모두 배를 타고 살라미스 먼 바다에서 해전을 벌였습니다. 살라미스 해전은 적이 펠로폰네소스의 도시들을 유린하는 사태를 막았습니다. 우리가 아니었다면 여러분은 페르시아의 대 함대를 견디지 못했을 것입니다. 이 해전에서 격파당한 크세르크세스는 서둘러 철수할 수밖에 없었습니다. 페르시아 전쟁은 해군에 의한 승리였고, 그중 가장 많은 배와 가장 뛰어난 장군과 가장 용감한 군사들을 가진 아테네가 최대의 공헌을 했다는 것도 분명하게 증명되었습니다. 아테네 선단은 그리스 전 해군의 400척에 이르는 함선 중 3분의 2를 차지했고, 아테네 장군은 살라미스 해전의 발안자인 테미스토클레스였습니다.

우리는 페르시아군이 육박해왔을 때 조국 아테네를 버렸고 재산조차도 돌아보지 않았습니다. 동맹군과의 협력을 배반하거나 사방으로 흩어져서는 안 된다며 배에 올라탔습니다. 더구나 여러분이 우리를 원조하지 않았다 해서 분개하지도 않았습니다.

여러분, 우리가 용기와 지혜로써 지금과 같은 제국이 된 것이 과연 이렇게 질시를 받을 만큼 불의한 일입니까? 그것은 폭력으로 이뤄진 것이 아니라 여러분이 페르시아군의 잔류 부대에 대항해 싸우기를 바라지 않았기에 우리의 동맹국들이 우리에게 의지하게 된 것입니다. 이 일을 계기로 우리는 오늘날까지 이 지배권을 행사하고 있습니다.

약육강식은 영원불변한 자연의 원칙이며, 우리에겐 강자로 군림할 자격이 있다고 자부합니다. 우리의 속국인 동맹국들은 우리의 결정이 자신들의 마음에 들지 않으면 자신들이 얻은 이익에는 감사하지 않고 사소한 문제에 분노합니다.

무엇보다도 남의 말에 마음이 움직여 재난을 스스로 불러들여서는 안 됩니다. 우리와 맺은 조약에 따라 문제를 해결합시다. 만약 여러분이 전쟁을 시작한다면 반드시 그 책임을 물을 것이며, 우리는 최선을 다해 아테네를 지킬 것입니다.'"

기원전 431년, 마침내 그 유명한 펠로폰네소스 전쟁이 발발했다. 스파르타를 중심으로 하는 펠로폰네소스 동맹과 아테네를 중심으로 하는 델로스 동맹이 치른 이 전쟁은 기원전 404년까지 무려 27년 동안 계속되었고, 그 결과 그리스 권력의 판도가 뒤바뀌었다.

전쟁이 일어나자 페리클레스는 농민들에게 아테네 성벽 안으로 이주하라고 명령했다. 성벽 바깥의 농촌은 스파르타의 육군에게 넘겨주되 성벽 안 아테네만 사수한다면, 아테네의 주력군인 해군이 바다에서 스파르타를 공략한다는 전략이었다. 그는 동맹국으로부터 거둬들이는 연 수입이 600달란트이며, 보관하고 있는 은화 역시 6000달란트나 된다고 말하며 경제적인 관점에서 아테네인을 설득한 것이다.

페리클레스의 연설을 들은 아테네인들은 일상 필수품이나 떼어낸 가옥의 목재를 가지고 농촌에서 도시로 이주했다. 그러나 이 급작스러운 이주는 견디기 힘든 일이었다. 아무 대책 없이 시내로 몰려드는 바람에 집을 마련하지 못한 사람들은 빈터나 성지 등에 머물 수밖에 없었다.

승전의 확신을 경제력에서 찾는다는 사실 자체가 페리클레스의 전략에 허점이 있음을 시사한다. 충분한 경제력이 있으니 농업을 버려도 좋다는 그의 전략은 이해타산의 측면에서는 맞을 수 있으나 마라톤 전투에서 보여준 조상들의 용기나 자유를 지키기 위한 헌신을 끌어내지 못하고 있다는 점에서 승리에 꼭 필요한 아테네인의 정신력을 고양시키는 데 실패했다고 보아야 한다.

아테네를 휩쓴 전염병

전쟁이 발발한 다음 해 여름이었다. 아테네인 사이에 전염병[2]의 징후가 나타났다. 처음에는 의사들도 이 병의 원인이 무엇인지 몰라 손을 쓰지 못했고, 시간이 지날수록 사망자 수가 급격히 늘어갔다. 신의 가호를 얻으려고 신전에 가봐도 영험이 전혀 나타나지 않았다.

이 전염병에 걸려본 투키디데스는 《펠로폰네소스 전쟁사》에서 환자들의 증상을 이렇게 표현했다. "갑자기 고열이 나고 눈이 충혈되며 혀와 목구멍에 출혈 증상이 나타나고 호흡이 고르지 못하며 악취가 났다. 이런 증상이 나타난 뒤에 재채기가 나오고 목이 쉬었다. 이윽고 가슴에 통증을 느끼면서 지독한 기침이 나왔다. 심한 복통과 구토가 일어나고 텅 빈 위로 구역질을 하며 격렬한 경련이 있었다. 이 경련이 곧 사라지는 사람도 있었지만 한참 동안 계속되는 사람도 있었다. 피부에서 열이 느껴지지는 않았지만, 붉은 피멍과 함께 농포나 종기가 생겼다. 하지만 몸은 이상하게 뜨겁게 느껴져 아무리 얇은 옷을 입고 있어도 참을 수 없어 옷을 다 벗어던지고 찬물에 뛰어들고 싶을 정도였다. 많은 사람이 심한 갈증에 시달리다가 저수지에 뛰어들었지만 아무리 물을 마셔도 갈증은 해소되지 않았다. 잠도 잘 수 없고 숨도 쉴 수 없는 고통스러운 상태가 더해가다가 고열로 죽어갔다. 또는 배에 궤양이 생기고 설사가 계속되다가 죽었다."

또한 투키디데스는 끔찍한 저주와 같은 이 전염병이 아테네의 질서를 무너뜨렸다고 증언한다. 가난한 사람이 죽은 사람의 부를 얻어 금세 부자가 되는 변화를 목격하면서 아테네인의 도덕이 무너지기 시작했다. 이전에는 속박당하던 기분으로 은밀히 했던 잘못된 행동을 거리낌 없이 실행했다. 건강도 부도 허망한 것이니 살았을 때 즐기자며 노골적으로 쾌락을 추구하는 사람들이 늘어났다. 사람들은 명예를 위해 참고 견디는 일에는 흥미를 잃었다. 무엇이든 쾌락에 도움을 주면 유용하고 선한 것으로 해석했다. 인간의 법률도 무의미했고, 신에 대한 존경심이나 두려움도 잃었다. 개전 2년 6개월이 되던 어느 여름날 페리클레스마저 전염병으로 세상을 떠났다.

아테네의 도덕적 타락

아테네가 그리스의 학교라는 페리클레스의 평가는 명백한 자화자찬이다. 이는 다른 도시국가가 들었을 때는 볼썽사나운 오만이며, 특히 그리스의 전통적인 맹주였던 스파르타가 들었을 때는 참기 힘든 모욕이었다. 사실의 정확성과 견해의 객관성을 추구한 역사가 투키디데스가 펠로폰네소스 전쟁의 발발 원인으로 아테네를 지목한 것은 냉정한 평가였다. "아테네의 세력이 강대해지지 않을까"[3] 스파르타인에게 공포심을 일으킨 것이 전쟁의 원인이었을 것이다.

 아테네의 오만은 펠로폰네소스 전쟁 이전부터 주변 여러 도시국가가 공통적으로 느끼던 것이었다. 아테네 사절단이 스파르타에서 한 앞의 연설은 펠로폰네소스 전쟁 직전 아테네인이 품었던 오만을 여실히 보여준다. 사촌이 땅을 사도 배가 아픈 법인데, 전통적으로 그리스를 호령하던 스파르타가 아테네 사절단의 장광설을 들으면서 속으로는 이렇게 생각하지 않았을까? '그래, 아테네인들이여, 너희의 조상은 용맹했지. 페르시아의 다리우스 왕이 바다를 건너 마라톤을 침공했을 때 함께 싸워주지 못한 것, 미안하다. 테르모필레 협곡에서 우리 스파르타 전사 300명이 죽고 전 그리스의 운명이 풍전등화의 위기에 놓였을 때 살라미스 해전에서 크세르크세스의 함대를 격파한 것은 테미스토클레스 장군의 용단이었다. 인정한다. 그러나 아무리 좋은 말도 두 번 세 번 들으면 듣기 싫어지는 법. 아테네인들이여, 이제 과거의 영웅담으로 거들먹거리는 일을 멈춰라. 남이 알아주고 칭찬하면 미덕은 말 그대로 미덕이지만, 자신의 입으로 침이 마르도록 떠들면 미덕도 악덕이 된다는 걸 알아야지.'

아테네의 지배권은 운 좋게 생긴 것이 아니라 저 괴력의 페르시아 군대와 맞서 싸워 얻은 전리품이다. 아테네가 통수권을 자처한 것도 아니다. 동맹국들이 자신의 안위를 보전하기 위해 아테네에 요청한 것이다. 힘 있는 자가 지배권을 행사하는 것은 영원불변의 자연법칙이다. 하지만 그리스의 전통적 맹주 스파르타 앞에서 그리스의 지배권을 운운하는 것은 사실상 한번 붙어보자는 선전 포고나 다름없는 발언이 아닌가? 물이 차면 넘치기 마련이다. 당시 아테네는 자부심이 자만으로, 자만이 넘쳐 오만으로 변질되고 있었다. 아테네의 오만, 그것의 싹은 페리클레스가 키운 제국의 온상에서 자라난 것이다.

chapter 3   페리클레스와 소크라테스, 무엇이 다른가?

아테네를 사랑한 두 남자

소크라테스는 진정으로 아테네를 사랑한 인물이었다. 그런데 아테네인들이 자랑하는 아리스티데스와 테미스토클레스와 페리클레스를 감히 소크라테스는 비판했다. 모든 아테네인들이 자랑하는 이 위대한 정치가들을 비판했던 이유는 소크라테스가 아테네를 싫어했기 때문이 아니라, 오히려 너무도 사랑했기 때문이었다. 소크라테스가 아테네의 정치가들을 비판했던 것은 그들이 아테네인들의 영혼을 계도하는 지도자로서의 책무를 방기하고, 아테네인들의 물질주의적 경향에 추수했기 때문이다. 이것이 소크라테스 정치 비판의 핵심이다. 피상적인 관찰자에겐 소크라테스의 정치 비판이 아테네의 전통과 가치를 송두리째 부정하는 파괴적인 비판인 듯싶지만 알고 보면 소크라테스야말로 아테네의 전통과 가치를 고수한 인물이었다. 아테네의 진정한 정치인은 소크라테스 자신이라는 장담은 결코 허언이 아니었다.

아테네를 대표하는 정치 지도자가 페리클레스라면, 그는 아테네의 정신을 대표하는 자신의 지도를 따라야 한다고 보았던 것이 소크라테스의 속마음이었을지도 모른다. 실제로 소크라테스는 페리클레스의 전몰자 추도사에 대응하는 한 편의 추도사를 구술했다. 이른바 《메넥세노스》이다. 이 문건은 처음부터 끝까지 페리클레스를 겨냥한 페리클레스 정치 비판이다. 함께 《메넥세노스》를 읽어보자.

소크라테스 : 광장에서 오는 건가, 메넥세노스?

메넥세노스 : 의사당에서 오는 길입니다.

소크라테스 : 의사당엔 무슨 볼일이 있었는가? 뻔하지, 뭐. 교양도 다 공부했고, 철학도 다 마쳤으니 이제 좀 더 큰일을 해보자는 거 아니겠나?

메넥세노스 : 방금 의사당에 갔더니 전몰자 추모 연설자를 물색하고 있더군요.

소크라테스 : 누굴 뽑았는가?

메넥세노스 : 내일로 미루었습니다.

소크라테스 : 그렇지, 연설을 듣다 보면 기분이 좋아지지. 내가 고귀한 존재가 된 것 같고. 내가 마치 축복받은 사람들의 섬에 살고 있는 착각이 들

지. 연설가들은 수완이 대단해.

메넥세노스: 선생님은 틈만 나면 연설가들을 조롱하시네요.

소크라테스: 추도 연설이 뭐, 별건가?

메넥세노스: 선생님도 연설을 잘할 수 있다는 말씀인가요?

소크라테스: 못할 것도 없지. 나에겐 연설의 대가이신 여선생님이 계셔. 페리클레스도 사실은 이분이 키운 거라네.

메넥세노스: 아스파시아, 말씀인 거죠?

소크라테스: 나는 어제 아스파시아의 연설을 들었어. 페리클레스 추도 연설문에 들어가지 않은 부분도 많더구먼.

메넥세노스: 선생님께선 아스파시아의 연설을 기억할 수 있으신가요?[1]

민주정치와 철인정치

《메넥세노스》가 전하는 소크라테스의 추도 연설, 그것은 우리에게 무엇을 보여주는가? 첫째, 민주주의에 대하여 소크라테스는 페리클레스와 다른 정치적 견해를 갖고 있었음을 드러낸다. 페리클레스는 추도사에서 아테네의 정체를 이렇게 규정했다. "우리들은 이웃 나라의 어떤 법제도 부러울 것이 없는 정치체제를 갖고 있습니다. 오히려 우리들 자신은 타인을 흉내 내는 사람들이 본받아야 할 모범이 되어 있는 것입니다. 그리고 소수가 아닌 다수에 의해서 다스려지고 있기 때문에 이름 또한 민주정체로 불리고 있습니다."[2]

하지만 소크라테스는 아테네의 정체를 다르게 규정한다. "최선자 정체가 옛날에도 있었고 지금도 있습니다. 우리들은 최선자 정치체제 하에서 시민으로서의 생활을 영위해오고 있습니다. 어떤 자는 그것을 민주정체라고 부르지만 실상 그것은 대중의 찬성이 수반된 최선자 정체입니다."[3]

페리클레스에게 아테네는 민주정체였다. "개인 간의 분규와 관련해서는 법률상 모두에게 평등이 주어지지만 공적인 직무의 경우 각자가 모든 면에서 값어치 있는 일로 얼마나 다른 평가를 얻느냐에 따라, 다시 말해 순번에 의해서가 아니라 탁월성에 따라 지위가 부여됩니다. 또 나라를 위해 뭔가 훌륭한 일을 할 만한 사람이 가난 때문에 자격에 미달되어 제약을 받는 일도 없습니다."[4]

그러나 소크라테스에게 아테네는 최선자 정체였다. "사실 우리에게는 한편으로는 항상 왕들이 있어왔습니다. 이 사람들은 어떤 때는 세습되었지만, 어떤 때는 선거로 뽑혔습니다. 그리고 다른 한편으로는 대중이 국가의 일 대부분을 장악하고 있으면서 그때그때 가장 훌륭하다고 생각되는 자들에게 관직과 권력을 부여해왔던 것입니다."[5] 페리클레스가 시민의 평등과 민주주의를 자랑하고 있다면 소크라테스는 이런 민주주의의 올바름은 정치를 이끌어가는 지도자의 탁월성에 의해 보증되는 것임을 역설한다.

물론 소크라테스 역시 평등이 아테네의 자랑임을 잊지 않는다. "우리들의 정치체제의 근원은 출생의 평등함에서 비롯된 것입니다. 태생상의 평등은 우리로 하여금 법률에 따른 법적 평등을 추구하도록 강제하고 있고, 덕과 사려에서 나오는 명성 이외의 다른 어떤 것에도 복종하지 않습니다."[6] 그럼에도 소크라테스가 보는 아테네 민주주의의 이념은 다르다. "다만 하나의 기준, 즉 현명하거나 훌륭한 사람이 권력을 갖고 통치하는 것만 있을 뿐입니다."[7] 소크라테스에 의하면 아테네라는 국가가 훌륭하게 통치될 수 있는 것은 솔론과 클레이스테네스Cleisthenes 같은 총명한 최선자가 있기 때문이었으며, 대중은 다만 이들이 제시하는 제안에 찬반을 표시할 뿐이라고 본 것이다. 주지하다시피 최선자의 지혜를 중시하는 소크라테스의 정치철학은 이후 플라톤의 《국가》에서 철인정치로 구체화된다.

제국에 대한 찬양과 침묵

둘째, 소크라테스의 추도사와 페리클레스의 추도사를 주의 깊게 대조해본 독자라면 누구나 두 인물의 정견 차이의 본질에 도달하게 된다. 페리클레스가 제국 아테네의 번영을 찬양하는 추도사를 말했다면, 소크라테스는 제국이 되기 이전 아테네의 역사와 전통을 찬양하는 추도사를 담아냈다. 페리클레스의 추도사는 제국 아테네의 위용을 과시하는 문구[8]를 도처에 배치한다. 대신 "저는 전쟁에서 선조들이 이룩한 업적에 대해서 그것을 잘 알고 있는 사람들 앞에서까지 굳이 길게 논하고 싶지는 않습니다"[9]라며 선조들의 업적은 한 문장으로 처리해버린다.

반면 소크라테스의 추도사는 당대의 제국주의적 위업엔 침묵으로 일관하면서 자유를 지킨 선조들의 위업을 칭송한다.[10] 소크라테스는 추도사의 절반을 선조들의 공훈을 기리는 쪽에 할애한다. 물과 흙을 바치라는 요구에 불응하여 자유를 잃느니 죽음을 선택하는 각오로 페르시아의 대군을 물리친 마라톤의 용사들을 비롯하여 집과 땅 등 모든 가산을 포기하고 식솔들은 섬으로 피난시키고 자신들은 거친 파도에 흔들리는 배에 올라 마침내 크세르크세스의 100만 대군을 격파한 살라미스 해전의 전사들을 상기시킨다.[11]

소크라테스와 페리클레스의 정치적 견해는 어디에 그 차이가 있었던 가? 페리클레스는 기원전 479년 페르시아의 침공을 분쇄하고 델로스 동맹의 패자로 올라선 이후 제국 아테네의 전통을 자랑하는 인물이었던 반면, 소크라테스는 기원전 479년 크세르크세스의 대군을 맞이하여 죽음의 위험을 불사하고 용맹하게 격퇴해냈던 시기, 즉 제국이 되기 이전 아테네의 전통을 자부하는 인물이었다. 페리클레스가 아테네의 현재를 대변하는 정치인이었다면, 소크라테스는 아테네의 과거를 상기시키는 철인이었다.

소크라테스의 연설에 드러난 아테네 제국주의에 대한 일관된 침묵은, 아테네의 그 전 역사가 침략이 아닌 자유의 방어를 위한 것임을 드러낸다. 아테네 제국주의에 대한 페리클레스의 찬양에 맞서 소크라테스는 그 제국에 대해 침묵하고 있고 더 나아가 마라톤 전투로 대표되는 선조들의 영웅적 행동을 찬양함으로써 사실은 페리클레스의 제국주의 역사를 조롱하고 있는 것이다.

용기와 절제

셋째, 페리클레스가 추도사에서 강조한 시민적 덕목이 용기였다면[12] 소크라테스가 강조한 시민적 덕목은 절제였다. 페리클레스는 이어 용맹하게 싸운 전사들을 기리면서 행복이 자유라면 자유는 용기에 의해 쟁취되는 것임을 역설한다. "적을 격퇴함으로써 얻어지는 모든 유익함에 대해서는 누구라도 여러분들에게 오래도록 이야기할 수 있습니다. 그들은 공적으로 몸을 바친 대신 개인적으로는 불후의 찬사와 가장 특별한 유택을 받았습니다. 행복이 자유이고 자유가 용기임을 깨닫고 있다면 여러분들은 전쟁의 위험을 관망하기만 해서는 안 됩니다."[13]

소크라테스는 달랐다. 그가 강조한 시민의 덕목은 절제였다. 물론 소크라테스가 용기를 무시한 것은 아니다. 페리클레스의 용기는 제국을 확장하기 위한 팽창주의적 군사 활동에 요구되는 용기였다면, 소크라테스의 용기는 페르시아의 침공으로부터 아테네를 방어하기 위한 용기였다. 페리클레스가 제국의 위용을 자랑하면서 다른 국가를 지배하여 자유와 행복을 구가하는 삶을 지향했다면, 소크라테스는 아테네의 자급자족에 토대한 검소한 삶을 지향하면서 물질적 욕망으로부터 자유로운 절제의 태도를 강조했다. "아들들아, 너희들은 우리의 말을 명심하고 다른 어떤 일을 할 때도 용기를 가지고 싸우지 않으면 안 된다. '무엇이든 지나치지 말라meden agan'는 예로부터 내려온 격언을 명심해라."[14]

페리클레스의 말마따나 정녕 아테네인 모두가 아름다움을 추구하되 검소함을 잃지 않고, 진리를 추구하되 유약하지 않았다면, 정녕 아테네인 모두가 지혜와 절제와 용기를 고루 갖추었다면 소크라테스의 철학은 존재하지 않았을 것이다. 또 페리클레스의 말마따나 아테네인들이 타산에 의해 행동하지 않고, 자유에 대한 믿음에 따라 아무 두려움 없이 행동했다면 소크라테스의 철학은 필요하지 않았을 것이다. 페리클레스의 말마따나 아테네가 전 그리스의 학교였다면 무엇 때문에 소크라테스가 아테네인들을 괴롭히는 한 마리 쇠파리를 자처했겠는가? 소크라테스가 보기에 페리클레스와 그의 시민들은 제국의 영광에 도취되어가고 있었다. 선조들의 용기 덕택이 아니라 자신들의 용기로써 모든 바다와 육지를 제압하고 길을 열어, 가는 곳마다 재앙과 축복의 영원한 기념비를 심어놓았다고 생각한다면, 이는 선조들에 대한 오만이다. 페리클레스와 그의 시민들은 제국이 보장하는 물질적 힘과 그 안온함 속에서 서서히 죽어가고 있었다. 동료 시민들이 제국의 경제적 풍요 속에서 오만과 안일의 삶을 영유하며 타락하고 있을 때 "너의 무지를 자각하라"며 아테네인들의 도취 상태에 찬물을 끼얹고 선조들의 용맹과 절제를 본받는 정의로운 삶을 살라고 훈계한 예언자가 있었으니 그가 곧 소크라테스였다.

chapter 4　소크라테스는 소피스트인가?

진리를 보는 두 개의 관점

서양사상의 출발점이라고 할 수 있는 고대 그리스에서 본격적으로 인간의 존재와 생활 방식을 문제 삼으면서 등장한 사람들이 소피스트이다. 이들의 진리관은 한마디로 상대론적 진리관이다. 대표적 소피스트인 프로타고라스는 "인간은 만물의 척도이다"라고 말했는데, 이는 똑같은 사물이라도 사람에 따라서 각기 다르게 받아들일 수 있기 때문에 모든 판단의 기준은 각 개인에게 있다는 의미이다. 이런 관점에서 본다면 모든 진리는 상대적인 것이 되고 선과 악의 가치 판단도 개인에 따라 달라지게 되므로, 보편적인 윤리는 존재하지 않게 된다. 그런데 소피스트가 가치 판단의 기준으로 중시했던 것은 사실상 인간의 감각적 경험과 유용성이었기 때문에, 후에 이들은 경험주의와 실용주의 또는 상대주의와 쾌락주의의 선구로 여겨지게 되었다. 이러한 소피스트의 생각에 반대하여, 보편적 진리가 있다고 주장하면서 참다운 삶의 방식을 추구했던 이가 소크라테스이다. 소피스트가 부와 명예 등 세속적 가치를 중시했던 데 반해 소크라테스는 선하게 사는 것과 정신적인 가치를 더 중시했다."[1]

이처럼 우리의 교과서는 지금도 소크라테스가 소피스트의 대항자였던 것만 기술하고 있다. 소피스트의 상대주의에 대항하여 인간이 추구해야 할 절대적 진리를 탐구한 철인이었다는 것이다. 그러나 조금만 깊이 소크라테스의 삶을 들여다보면 동시대의 아테네인들 상당수가 소크라테스를 소피스트로 알고 있었고, 이것이 소크라테스가 사형을 받게 되는 하나의 원인이었다는 당혹스러운 사실과 마주하게 된다. 《소크라테스의 변론》은 서두에서부터 소크라테스가 소피스트 혐의를 벗느라 애쓰는 장면이 나온다.

"아테네인들이여! 예전부터 나를 비난해온 사람들이 있습니다. 나는 이들이 아니토스와 그의 동료들보다 더 두렵습니다. 이들이 퍼뜨린 거짓 소문은 이렇습니다. '소크라테스라는 현자가 있다. 그는 하늘의 일을 사색하고, 땅의 온갖 것을 탐구하며, 사론邪論을 정론正論으로 만든다.' 이런 소문을 퍼뜨린 이들이야말로 나에겐 무서운 사람들입니다. 그들의 말에 따르면 나는 신을 믿지 않는 불경한 사람이 될 것입니다."[2]

우리는 소크라테스를 고발한 자가 멜레토스와 리콘과 아니토스인 것으로 안다. 그런데 소크라테스는 법정 진술의 서두에서 '또 다른 고발자'를 지목한다. 소크라테스는 신을 믿지 않는 무신론자라는 거짓 소문의 누설자들이 따로 있었나 보다. 그 무고자들이 누구인지 정체를 알 수 없기에 더 두렵다고 당사자는 말한다.

아리스토파네스, 소크라테스를 말하다

알고 보면 소크라테스가 법정에 출두하게 된 것은 불경죄와 청소년 타락죄 때문이었는데, 이 두 가지 죄목을 줄여 말하면, '소크라테스, 당신 소피스트의 괴수지?'라고 묻는 것이다. 어쩌다 소크라테스가 소피스트 혐의를 받게 되었던가?

젊은 시절 소크라테스는 아낙사고라스와 같은 자연철학자를 추종했고, 아낙사고라스의 제자 아르켈라오스와 같은 자연철학자의 가르침을 받았다. 그는 프로타고라스와 같은 저명한 소피스트와 함께 논쟁했고, 프로디코스와 같은 일류 소피스트로부터 직접 가르침을 받았으며, 당대의 소피스트들과 어울렸다.

"소크라테스라는 현자가 있다"는 구절에 나오는 현자wise man와 지혜의 교사 소피스트는 의미상 같은 단어이다. 소피스트는 대부분 자연철학자들이었다. 이들이 그리스인들의 전통적, 종교적 사유를 넘어 인간의 이성적 사유로 세계를 해석하려 한 것은 너무 당연한 일이었다. 그리스인들이 소피스트들을 혐오했던 가장 근본적인 이유는 그들이 무신론자였기 때문이다.

> "가장 난처한 점은 이 고발자들이 누군지 알지 못해 말할 수도 없다는 것입니다. 그들 중 희극 작가가 한사람 있다는 것을 제외하곤 말입니다. 아무도 답하지 않는데도 따져 물어야 하니, 마치 그림자와 싸우는 꼴입니다. 여러분은 이미 아리스토파네스의 희극에서 이런 모습의 소크라테스를 보아서 알고 있습니다."[3]

그러니까 소크라테스의 소피스트 혐의를 하나의 신념처럼 공고히 굳혀버린 사건이 바로 아리스토파네스의 희극 《구름》이었던 모양이다. 고발보다 무서운 것은 소문이다. 얼마나 답답했으면 그림자와 싸우는 형국이라고 토로했을까?

아리스토파네스의 희극 《구름》은 대체 어떤 내용을 담고 있었던가? 소크라테스를 소피스트로 묘사한 희극 《구름》의 줄거리는 이렇다. 아버지 스트렙시아데스는 아들 페이딥피데스의 호사 취미인 승마 때문에 빚더미에 오른다. 아버지는 빚을 떼어먹기로 작정하고 소송을 이기게 해주는 변론 학원에 아들을 맡기기로 한다. 이 학원이 소크라테스의 사색소였다. 아들은 소크라테스로부터 변론술을 배우더니 자식이 부모를 때려도 좋다는 황당한 논변을 펴고 제우스는 존재하지 않는다는 무신론을 우겨댄다. 아들이 상식을 떠난 궤변을 고집하자 소크라테스의 사색소 때문에 아들을 버렸다며 사색소를 불태워버린다는 이야기이다.

아리스토파네스의 《구름》은 소크라테스를 주인공으로 내세운다는 점에서 아주 특이하고도 흥미롭다. 이 작품은 소크라테스가 마흔여섯 살이던 기원전 423년에 초연되었다. 그가 델리온 전투에서 용맹을 떨친 다음해였다. 희극의 주인공이 되었다는 것은 그가 이미 저명인사로 통하고 있었다는 의미이다.

아리스토파네스가 《구름》을 통해서 주장한 것은 소피스트들의 영향으로 전통적인 가치와 믿음이 무너져 내리고, 아테네의 젊은이들이 공동체의 도덕과 정의를 배반하게 되었다는 것이다. 법정에서 펼친 소크라테스의 변론이 진실을 말했다면 아리스토파네스의 《구름》 또한 진실을 대변한 것이었다. 플라톤이 옹호하는 소크라테스의 모습만이 진실이 아니라 아리스토파네스가 재구성한 소크라테스의 모습도 나름의 진실이었다. 《구름》은 소크라테스가 당대의 시민들에게 어떻게 비추어졌던가를 가장 잘 보여주는 문건이다.

허구한 날 장터에서 난해한 질문을 하면서 떠들어대고, 유명한 소피스트들과도 토론하며 어울리는 소크라테스. 하지만 소크라테스가 젊은 시절 자연철학에 관심을 보인 것은 '진리에 대한 앎'의 과정이 자연철학에도 있지 않을까 해서였지, 결코 소피스트들의 삶을 따르고자 한 것이 아니었다. 그러나 안타깝게도 아테네 시민들에게 소크라테스는 소피스트였다.[4]

chapter 5   소크라테스가 찬미한 스파르타

아테네의 풍요보다 스파르타의 검소를

소크라테스가 아테네의 정적인 스파르타를 흠모했다고 말하면 눈을 크게 뜰 사람들이 많을 것이다. 소크라테스의 스파르타 애호를 가장 먼저 지적한 사람은 아리스토파네스였다. 기원전 414년 아리스토파네스는 작품 《새》를 발표하면서 소크라테스를 스파르타에 경도된 자로 묘사했다. "스파르타에 경도된 자들, 그들은 머리를 길게 기르고, 조금씩만 먹고, 씻지도 않고, 소크라테스화해서 손에 막대기를 들고 다녔다."[1] 머리를 길게 기르고, 조금씩만 먹고, 잘 씻지도 않고, 손에 막대기를 들고 다니는 것은 스파르타인의 일상적인 모습이었다. 아리스토파네스는 소크라테스가 잘 씻지도 않고, 식사 따위는 걱정도 하지 않고, 허름한 외투에 맨발로 다니는 모습을 스파르타화된 전형으로 본 것이다.

소크라테스가 스파르타를 좋아한 것은 부정할 수 없을 듯하다.《프로타고라스》에서 소크라테스는 이렇게 말하지 않았던가. "실상 지혜를 사랑하는 사람들은 그리스인들 중에서도 스파르타에 가장 많습니다. 그러나 스파르타인은 자신들이 철학을 사랑한다는 것을 감추고 무지한 자들인 양 꾸밉니다. 프로타고라스 님께서 말씀하신 그대로, 다른 그리스인들보다 우월하다는 것을 드러내지 않기 위함이죠."[2] 이런 친스파르타 경향은 기원전 399년 아테네의 법정에서 소크라테스에게 유죄 판결을 내려야 했던 배심원들에게 도움을 줬을 것이다.

아테네인들 중 눈치 빠른 사람들은 소크라테스가 스파르타를 흠모한다는 점을 어렵지 않게 간파했다. 소크라테스의 제자 크세노폰은 아예 노골적으로 스파르타인들과 함께 페르시아 왕자 키루스(Cyrus, BC 424~401)를 위한 용병[3]으로 활약했고, 아테네인들은 그의 배신을 용서하지 않았다. 크세노폰은 조국 아테네로 귀국하지 못하고 결국 스파르타에서 여생을 보내야 했다. 그는《소크라테스 회상》에서 스승이 페리클레스의 아들(그 역시 페리클레스로 불렸다)과 나눈 대화를 이렇게 전한다.

페리클레스 : 소크라테스 선생님, 우리 도시가 어쩌다 이토록 타락했는지 참으로 이해하기 힘듭니다.

소크라테스 : 내 생각에 아테네인들은 남들보다 뛰어나 방심하다가 상대방

에게 패한 운동선수와 같네. 아테네인들은 매우 우수해서 자만하다가 이렇게 된 것일세.

페리클레스 : 그러면 어떻게 우리가 예전의 미덕을 되찾을 수 있을까요?

소크라테스 : 그렇게 어려운 일은 아니지. 조상들의 습관을 찾아 실행하면 결코 조상들에 뒤지지 않을 것이네. 만일 그렇게 할 수 없다면, 오늘날 지도자적인 위치에 있는 사람들을 모방해 그들이 하는 대로 따라하면 될 것일세.[4]

여기서 "조상들의 습관"이란 아테네가 페르시아의 침략을 막아내기 전, 그러니까 기원전 479년 이전의 조상들이 견지한, 겸손하고도 검소하면서 자유를 위해 목숨을 아끼지 않았던 자세를 가리킨다. 예컨대 마라톤 전투의 영웅들이 살았던 절제력 있으면서 정의로운 삶을 전제하는 것이다. 이어 등장하는 "오늘날 지도자적인 위치에 있는 사람들"은 스파르타인을 가리킨다.

본래 그리스를 주도한 도시국가는 단연 스파르타였다. 기원전 490년 페르시아의 다리우스 왕이 마라톤 평원에 군사를 풀어놓고 한판 싸움을 기다리고 있을 때 아테네 사절들이 맨 먼저 스파르타에 가서 함께 싸워줄 것을 요구했던 것도 스파르타가 오래전부터 수백 개 도시국가의 단합을 이끌었던 그리스의 맏형이었기 때문이다. 이 스파르타의 위치에 도전장을 낸 인물이 아테네의 전성기를 이끈 페리클레스였다. 그래서 아테네를 중심으로 하는 델로스 동맹과 스파르타를 중심으로 하는 펠로폰네소스 동맹이 기원전 431년 펠로폰네소스 전쟁을 벌인 것이다.

소크라테스는 아테네의 풍요보다 스파르타의 검소를 좋아한 철학자이다. 물질의 풍요는 곧 영혼의 타락을 초래한다는 것이 소크라테스의 지론이었다. 플루타르코스의 전언에 의하면 그리스의 다른 나라들은 스파르타에 사절을 보내 돈, 군함, 군대를 요구하지 않고 오직 지도자 한 명을 요구했다. 그리하여 파견된 지도자를 그들은 존경과 충성으로 극진히 모셨다. 그들은 진심으로 스파르타의 지도자들에게 복종하며 명령에 따르고 싶어 했다. 스파르타는 현명한 지도자가 세운 정부와 훌륭한 생활 습관으로 그리스에서 완벽한 모범이 되었다. 반면 크세노폰의《소크라테스 회상》에는 페리클레스의 아들이 아테네의 타락에 대해 언급하며 아테네가 쉽게 치유되지 못할까 봐 고민하는 모습이 묘사되는데, 이를 통해 2000여 년 전 스파르타와 아테네의 사회상을 비교할 수 있다.

> 페리클레스의 아들은 소크라테스에게 이렇게 물었다. "아테네인은 언제쯤 스파르타인처럼 손윗사람을 존경하게 될까요? 요즈음 아테네인은 자신의 양친을 비롯해 어른들을 멸시합니다. 아테네인은 언제쯤 스파르타인처럼 신체를 단련할까요? 요즈음 아테네인은 신체 단련을 게을리할 뿐만 아니라 그에 힘쓰는 사람을 비웃습니다. 아테네인은 언제쯤 지도자들에게 복종할까요? 요즈음 아테네인은 통치자들을 멸시하는 데서 자만심을 느낍니다. 아테네인은 언제쯤 서로 도우려 할까요? 요즈음 아테네인은 서로의 이익을 위해 돕기는커녕 서로를 모욕하며, 외국 사람들에 대해서보다 서로에 대해서 더 악의를 느낍니다. 특히 아테네인은 사적이든 공적이든 걸핏하면 소송을 제기합니다. 적개심과 증오심이 아테네인 서

로에게 만연해 있습니다. 그래서 저는 감당할 수 없는 큰 재난이 곧 국가에 닥치지 않을까 매우 걱정됩니다."[5]

크세노폰은 키루스를 돕는 전쟁에 참전하기 위해 소크라테스에게 견해를 묻는다. 키루스는 페르시아의 왕자로, 스파르타를 도와온 인물이다. 따라서 크세노폰의 참전이 아테네인들에게 어떻게 비춰질지는 불문가지였다. 이 대화에서 피력된 소크라테스의 조심스러운 태도야말로 기원전 399년 법정에 호출된 소크라테스의 정치적 진실을 추정하는 데 도움을 주는 가장 신빙성 있는 자료일 것이다. "크세노폰은 소크라테스와 이번 여행에 관하여 의논했다. 그러자 소크라테스는 키루스가 아테네인들과의 전쟁에서 스파르타인들을 적극적으로 지원해주었던 만큼, 그의 친구가 되는 것은 아테네인에 대하여 죄를 짓는 것으로 간주될 수 있다면서 크세노폰에게 먼저 델포이에 가서 이번 여행에 관하여 신탁을 듣도록 충고했다."[6]

리쿠르고스가 만든 스파르타의 법

고대 아테네의 법을 기초한 이가 솔론이라는 사실은 제법 친숙해도 고대 스파르타의 법을 창안한 이가 리쿠르고스Lykurgos라는 사실은 우리에게 좀 낯설다. 아무래도 아테네의 철학자와 문인이 남긴 기록들에 익숙하다 보니 친아테네적 편향을 익히게 되면서 아테네와 대척 관계에 있었던 스파르타에 대해선 마음의 문을 열지 않는 경향이 있는 듯하다. 하지만 소크라테스의 정치철학 이면에 스파르타가 자리 잡고 있었다는 사실을 깨닫는다면 스파르타에 대한 정당한 이해가 적잖은 의미를 갖게 될 것이다. 영국의 철학자 러셀도 플라톤을 이해하려면 스파르타에 대해 알아두어야 한다면서 스파르타는 현실적으로나 이념적으로 아테네에 직접적 영향을 미친 나라임을 지적한다.[7] 플루타르코스의 평가에 의하면 《국가》에서 펼친 플라톤의 유토피아 건설은 바로 스파르타의 리쿠르고스에서 비롯된 것이었다. 《플루타르코스 영웅전》을 잠시 들여다보자.

리쿠르고스가 가장 먼저 실시한 주요 개혁은 원로원 제도를 마련한 것이다. 왕의 세력이 강해지면 원로원은 왕의 전제를 견제하고, 대중의 세력이 강해지면 민주 정치의 약점을 보완하는 역할을 했다. 다음 개혁은 토지 분배였다. 그는 빈곤과 차별에서 발생하는 방만, 시기, 범죄, 사치 등 모든 병폐를 뿌리 뽑으려 했다. 그는 부자들을 설득해서 토지를 골고루 분배하고, 부자들도 다른 사람과 동등한 지위와 생활을 누리게 했다. 그리하여 스파르타에서는 오직 용기와 품위에서 오는 믿음만이 그 사람을 구별하는 유일한 척도가 되었다. 리쿠르고스는 여기에 만족하지 않고, 모든 불평등을 완전히 없애기 위해 화폐개혁을 단행했다. 리쿠르고스는 먼저 금화와 은화를 없애고 크고 무겁기만 하지 가치는 별로 없는 구리 동전만 사용한다고 선포했다. 그러자 숨길 수도 없고 갖고 있어도 남의 부러움을 살 만한 물건이 못 되는 구리돈 덕분에 사기나 강도 등이 사라지기 시작했다. 그다음 리쿠르고스는 생활에 필요 없는 사치스러운 예술을 추방한다고 선포했다. 돈의 흐름이 없으니 상인들은 스파르타로 출입하지 않았고 이어 교사, 점술가, 조각가, 매춘부, 금은 세공사들도 들어오지 않았다. 또한 리쿠르고스는 사람들이 한곳에 모여 빵과 고기를 나눠 먹는 공동식사제도를 도입했다. 공동식사는 검소한 삶을 생활화하고, 음식을 하느라 많은 시간을 허비하지 않으며, 식사 중의 담화를 통해 정치적 지식을 쌓고, 즐겁게 대화하는 법을 배울 수 있게 했다.

리쿠르고스는 교육을 국가의 가장 중요한 사업이라고 생각했기에 젊은 이들을 훌륭하게 교육시키기 위해 결혼을 통제하고 임신과 출산에 대해서도 관심을 가졌다. 리쿠르고스는 특히 여자도 달리기, 씨름, 원반던지기, 창던지기 등으로 몸을 단련하도록 했다. 튼튼한 엄마에게서 태어난 아기가 건강하게 잘 자란다고 믿었기 때문이다. 리쿠르고스는 아이들에게 아름답고 우아한 문장을 가르쳐서 짧고 간결한 한마디 속에 자신의 깊고 다양한 생각을 담도록 했다. 돈의 가치는 떨어뜨렸지만 대화에는 풍부하고 유용한 내용을 많이 담도록 한 것이다. 한편 스파르타인은 시와 음악에 대한 교육에도 열성을 보였다. 그들의 시는 젊은이의 마음을 사로잡아 열정에 눈뜨게 하고, 더 높은 곳을 향해 나아가고 싶다는 욕망을 솟아오르게 하는 생명력을 가졌으며, 조국을 위해 용감하게 싸우다 죽은 사람들을 찬미하거나 비겁한 겁쟁이들을 비웃었다. 전쟁을 시작할 때는 젊은 병사들을 위해 엄격한 규율을 조금 풀어주었기에 머리를 기르거나 장식하는 것이 허용되었다. 위풍당당하게 차려입은 전사들을 보면 사람들은 대견스럽게 생각했다. 스파르타의 병사들은 마치 신이 그들을 인도하는 것처럼 신념과 희망으로 가득 차 앞으로 나아갔다. 또한 리쿠르고스는 시민들이 상업이나 기술을 배우는 것을 금지했다. 부는 스파르타사람에게 존경의 대상이 될 수 없었을 뿐 아니라 돈을 벌기 위해 애를 쓸 필요가 없었다. 헬롯인들이 농사를 지어 해마다 곡식을 바치고 있었다. 스파르타인은 아무 걱정 없이 배우고 가르치는 일에 여가를 투자했다. 그들은 돈벌이를 위해 여가를 허비하는 일은 노예에게나 해당하는 일이라고 생각했다. 전쟁터에 나가 있을 때를 제외하고 대부분의 시간을 노래와 축제, 사냥과 운동 경기에 참여하거나 토론장에 나가 여가를 즐기면서 보냈다.[8]

이상에서 약술한 리쿠르고스의 개혁을 보면 이제 우리는 왜 소크라테스가 그토록 스파르타를 좋아했는지 이해하게 된다. 스파르타인의 여가를 보고 소크라테스가 한가로운 삶을 추구한 것인지, 본디 소크라테스가 한가로운 삶을 추구했기 때문에 스파르타를 좋아하게 된 것인지, 순서를 구분할 수는 없지만 말이다. 삶의 한가로움을 위해 소크라테스가 선택한 전략은 자발적 가난이었다. 마찬가지로 리쿠르고스가 선택한 전략은 화폐 숭배를 추방하는 것이었다. 가능한 한 화폐를 쓸모없는 금속덩어리로 전락시키면서 돈벌이에 삶을 낭비하는 졸부 근성을 추방하는 것이다. 한가로움은 지혜를 사랑하는 사람, 즉 철학자의 필수 전제였다.

chapter 6

알키비아데스의
오만과 아테네의 패배

소크라테스, 알키비아데스를 꾸짖다

멜레토스가 제출한 고소장에 '청소년 타락죄'가 기입되었을 때 아테네인들의 마음에 가장 먼저 떠오르는 얼굴은 당연 알키비아데스였을 것이다. 기원전 404년 아테네가 스파르타에 굴복하지 않도록 이끌어줄 지도자도 알키비아데스였고, 아테네가 스파르타에 무릎을 꿇기까지 아테네에 가장 큰 상처를 안겨준 인물도 알키비아데스였다.

이렇게 본다면 소크라테스의 청소년 타락죄는 동네 장터에서 노는 아이들의 탈선행위에 대한 추궁이 아니었다. 멜레토스의 기소는 아테네의 흥망성쇠와 연관된 국가적 사안이었다. 만일 알키비아데스의 오만과 배신이 성장기에 형성된 삐뚤어진 성격 탓이었고, 그런 성격을 조장한 스승이 있었다면, 그 스승은 청소년을 잘못된 길로 인도한 책임만이 아니라 공동체 아테네의 파국에 대한 책임까지 져야 한다. 하지만 알키비아데스의 타락을 과연 스승 탓으로 돌리는 것이 합당한 처사인가? 소크라테스야말로 알키비아데스의 도덕적 훈육을 위해 애정과 심려를 다했던 교사가 아니었던가?

먼저 플라톤의 《향연》에서 알키비아데스가 술회한 스승에 관한 증언을 들어보자. "이보게들, 나는 소크라테스 선생님을 다음과 같이 찬양해보겠네. 나는 이분이 조각가의 작업장들에 앉아 있는 실레노스들과 가장 비슷하다고 주장하네. 목적牧笛이나 피리를 들고 있는 것으로 장인들이 만들곤 하는 그것들 말이네. 그것들을 양쪽으로 열어젖히면 안에 신들의 상像들을 갖고 있지", "선생님은 피리 연주자가 아니라고요? 마르시아스는 악기를 가지고 사람들을 매료시켰고, 지금도 그 연주를 들으면 사로잡히죠. 선생님은 악기가 아닌 산문만으로 같은 일을 하세요."[1]

이어 그는 스승을 말한다. "선생님의 이야기를 직접 듣거나 혹은 선생님의 이야기를 다른 사람이 전해주는 것을 들을 때 우리는 빠져들어 신들리게 되지요", "내가 페리클레스나 다른 훌륭한 연설가의 이야기를 들을 때는 이야기를 잘하고 있다는 생각은 했지만 내 영혼이 혼란스러워진 적은 없었다네. 하지만 선생님을 만나 이야기하면 내 삶이 가치가 없다는 생각이 든다네. 이분 앞에만 서면 나는 수치스러워 어쩔 줄 몰라 하지."[2]

이렇게 고백하는 알키비아데스는 장래가 촉망되는 아테네의 왕자였다.

알키비아데스, 이 소년과 하룻밤을 보내는 것은 아테네 모든 남성들의 소원이자 아테네 모든 여성들의 소원이었다. 그렇게 알키비아데스와 가까이 지내고 싶어 하는 사람들은 많았지만 소크라테스처럼 그의 마음을 사로잡은 사람은 없었다. 2만여 아테네 시민들 중 알키비아데스에게 호통을 칠 수 있는 유일한 어른이 소크라테스였음을 알키비아데스 자신이 고백하고 있지 않는가?

그렇다면 소크라테스는 알키비아데스와 무슨 대화를 나누었을까? 이 물음의 답이야말로 청소년 타락죄를 가름하는 준거가 될 것이다. 소크라테스가 청소년 타락죄로 유죄 판결을 받았다는 것은 교사로서 그의 삶을 아테네인들이 곱게 보지 않았음을 의미한다. 소크라테스를 만나는 젊은이들은 어른들을 공경할 줄 모르고, 어른들의 말꼬리나 붙들어 시비를 거는 건방진 놈들로 아테네인들에게 여겨졌다는 것이다. 아테네인들의 판단은 과연 정당한가? 플라톤의 《알키비아데스》는 소크라테스가 알키비아데스와 어떤 대화를 나누었는가를 전달하는 텍스트이다. 그러니까 교사로서의 소크라테스가 어떤 활동을 했는지에 대한 대필 자술서인 셈이다.

"클레이니아스의 아들이여, 다른 사람들은 단념했어도 자네를 제일 먼저 사랑한 나만은 그 사랑을 놓지 않고 있네. 그리고 다른 사람들은 성가실 만큼 자네에게 말을 걸어왔지만 나는 몇 해가 돼도 말 한마디 건네지 않았지. 난 자네가 그런 사실에 놀라고 있다고 보네. 그런데 일이 이렇게 된 건 인간적인 탓이 아니라 일종의 신령스러운 가로막음 탓이었네."³

《알키비아데스》의 도입부에 전개되는 소크라테스의 자백은 《향연》의 종반부에 전개되는 알키비아데스의 고백과 정반대이다. 후자의 문건에서 소크라테스는 알키비아데스에게 경외와 흠모의 대상[4]이었다. 그런데 전자의 문건에서 소크라테스는 알키비아데스와의 만남을 열망하는 짝사랑의 주인공으로 묘사된다. 《고르기아스》에서 소크라테스는 고백한다. "나는 클레이니아스의 아들 알키비아데스를 사랑하며, 철학을 사랑한다."[5]

소크라테스는 자신을 가리켜 "알키비아데스의 육체가 시들어서 다른 사람이 떠나더라도 곁에 남는 사람"으로 표현하면서 그 이유를 알키비아데스의 육체가 아니라 혼을 사랑하기 때문이라고 밝히고 있다. 결국 소크라테스는 진정한 사랑이란 육체가 아닌 혼에 대한 사랑이라고 주장하고 있는 셈이다. 즉 소크라테스가 젊은이와의 교제에서 성적인 교제를 지성적 교제로 전환하려 하고 있음을 알 수 있다.

"자네는 며칠 지나지 않아 자신이 아테네 민중 앞에 나서게 될 것으로 믿고 있네. 그리고 민중 앞에 나서자마자 페리클레스뿐만 아니라 예전의 다른 누구도 받아보지 못한 영예를 받을 만하다는 것을 아테네 사람들에게 드러내 보일 수 있을 것으로 자네는 믿고 있네. 그리고 이것을 드러내 보이고 나면, 이 나라에서 가장 큰 힘을 얻게 될 것이라고 믿고 있네. 그리하여 여기서 최대 권력자가 되면 그 밖의 그리스에서도 그렇게 될 수 있으며 또한 그리스뿐만 아니라 우리와 같은 대륙에 살고 있는 모든 이민족들 사이에서도 그렇게 될 것이라고 자네는 믿고 있네."[6]

사랑에 대한 소크라테스와 알키비아데스의 태도 차이는 그것에만 머무는 것이 아니라 인생의 희망에 대한 태도 차이와도 연관된다. 알키비아데스는 이제 곧 연단에 올라 아테네인들한테 조언을 하고자 하는 정치적 야망을 가지고 있는데, 이는 그리스 전역에서 권력을 잡기 위함이다. 이 같은 알키비아데스의 가치관에서 우리는 권력에 강하게 집착했던 아테네 주류 집단의 권력 지향적 성향을 읽어낼 수 있다.

> "자네가 페르시아 사람들의 부유함, 사치스러움, 의상, 겉옷의 치렁치렁함, 향유를 바르는 것, 수행 종자들의 수와 그 밖의 호화로움에 주목할 마음을 먹는다면, 자네는 그들에 비해 자신이 얼마나 모자라는지를 실감하고 자신한테 부끄러움을 느낄 걸세."[7]

소크라테스는 삶을 주도하는 진정한 힘은 육체적 아름다움이나 재산 또는 가문의 배경과 같은 외재적인 것에 있지 않음을 지속적으로 역설한다. 인간의 진정한 힘은 행위자 자신의 내면에 기초해야 한다는 것이 소크라테스의 일관된 철학이다. 그런데 이 힘의 원천을 앎에서 찾는 것이야말로 소크라테스적인 철학이다. 소크라테스의 논박의 동기는 무지의 자각을 통해 앎을 지향한다는 점에 있다. 여기에서 앎은 진리에 대한 인식론적 의미를 넘어, 도덕적 태도를 포함한다. 소크라테스에게 진리는 세계에 대한 인식론적 진리를 포함하여 올바름의 도덕을 지칭하는 것이었다. 알키비아데스가 자신의 무지를 실토하게 만든 소크라테스, 그가 알키비아데스의 영혼 속에 채워 넣고자 한 것은 무엇이었던가?

"알키비아데스, 나라가 행복해지고자 한다면 훌륭함 없이는 성벽도, 삼 단노선도, 조선소도, 이런 것들의 많음과 큼도 소용없네. 자네가 나랏일을 정의롭고 아름답게 행하려면, 시민들에게 훌륭함을 나눠주어야 할 것이야. 그런데 자네가 갖고 있지 않은 것을 누군가에게 나눠줄 수 있겠는가? 그러니 나라와 나라의 것들을 다스리고 돌보고자 하는 사람은 우선 훌륭함부터 갖추어야 하네. 자네가 자네 자신과 나라에 갖추어주어야 할 것은 원하는 것이면 무엇이든 할 수 있는 자유와 권력이 아니라 정의와 절제일세."[8]

지금 소크라테스가 제기하는 가치는 알키비아데스 개인에게만 한정되지 않았을 것이다. 알키비아데스는 페리클레스를 계승하는 시대정신의 대표자였다. 알키비아데스는 많은 추종자를 거느린 아테네의 주류였다. 아테네인들은 자유와 권력을 추구했다. 오늘날 우리들이 경제적 부와 이를 둘러싼 무한 경쟁을 삶의 자연스러운 원리로 간주하듯, 기원전 430년 전후 아테네인들이 제국의 자유와 권력을 추구한 것은 누구도 이의를 제기할 수 없는 공동체 아테네의 대세였다.

여기에서 자유는 과거 조상들이 소중하게 지켜온 그런 자유가 아니었다. 기원전 490년대의 자유는 동방의 대국 페르시아가 강요하는 굴복으로부터의 자유, 생존을 위해 굴종을 강제했던 강대국의 오만에 저항하는 자유였다. 지금 소크라테스가 비판하는 자유는 기원전 430년대의 자유, 델로스 동맹에서 이탈하려는 약소 국가들을 짓밟는 자유, 멜로스 시민들에게 죽음이냐 굴복이냐를 선택하도록 강제했던 강자의 자유였다.

아무도 없었다. 힘을 가진 나라라 하여 부정한 일에 힘을 사용하는 것은 정의롭지 못하다고 지적하는 사람은 아무도 없었다. 진리의 상대주의를 떠들던 소피스트들도 아테네인들의 제국주의적 오만에 대해선 투쟁하지 않았다. 정의는 강자의 이익이라는 소피스트 트라시마코스의 주장은 오히려 아테네 주류 사회의 가치관을 정당화한 것이었다. 자신이 하고 싶다 하여 마음대로 행한다면, 정의는 어디로 가겠는가? 힘이 있다고 마음대로 행동할 것이 아니라 먼저 무엇이 정의인지를 숙고하여 행동할 일이요, 따라서 자신의 욕망을 절제할 줄 아는 자만이 정의를 실천에 옮길 수 있는 것이다. 공동체 아테네의 도덕적 타락과 소크라테스의 철학적 투쟁은 이렇게 톱니바퀴처럼 맞물려 돌아가고 있었다.

헛된 야망이 가져온 비극

기원전 416년 아테네는 수십 척의 함대를 이끌고 멜로스 섬을 포위, 압박하고 있었다. 아테네의 장군들이 멜로스 섬의 대표들을 만나 전달한 회담 내용을 투키디데스는 그의 전쟁사에 꼼꼼하게 옮겨놓았다. 오랫동안 아테네인들은 힘이 가져다주는 대가를 즐겨왔다. 정의를 강자의 이익으로 여기는 트라시마코스의 주장은 결코 소피스트의 괴팍한 주장만은 아니었다. 플라톤은 트라시마코스와 소크라테스의 사상적 대결을 통해 트라시마코스는 아테네인들의 정신, 아테네인들의 관습을 파괴하는 사람인 듯 묘사하지만 알고 보면, 트라시마코스의 생각이야말로 주류 아테네인들의 정론이었다. 저 유명한 멜로스인들과의 협상은 아테네인들이 얼마나 깊이 제국주의자들의 폭력의 논리에 젖어들었는지 증거하는, 아테네인들에 관한 고발이다.

> 아테네 사절단 : 우리가 여기에 온 것은 무슨 대의명분이 있기 때문이 아닙니다. 우리는 다만 여러분이 약육강식의 원칙을 존중할 것을 기대합니다. 우리의 지배권에 종말이 오더라도 그 종말을 생각해 동요할 우리가 아닙니다. 우리는 우리의 지배권을 위해서 여기에 왔습니다. 본 회담은 귀 도시의 존망存亡을 논의하기 위해서라는 점을 명백히 해두고 싶습니다. 힘들이지 않고 여러분을 지배하는 것이 우리의 관심사이며, 또 그편이 쌍방에 이익을 가져올 것이라 희망하고 있습니다. 여러분은 무서운 피해를 입기 전에 먼저 투항하십시오. 여러분이 투항하면 우리는 여러분을 해치지 않고 서로 이익을 얻을 수 있을 것입니다. 약자에게 호의를 베푸는 것은 강자의 손실입니다. 강자에 대한 약자의 증오는 강자의 폭력을 유발할 뿐입니다. 여러분은 우리보다 약한 나라이며, 독립을 유지할 수 없다면 굴복할 수밖에 없습니다.[9]

아테네인들이 멜로스인들에게 건넨 말은 죽기 싫으면 무릎을 꿇으라는 강자의 협박이었다. 손에 피를 묻히기 싫으니 목숨이나 건지라는 것. 아테네 사절단의 발언은 당시 아테네인들이 어떤 정신 상태에 빠져 있었는지, 몰락하는 제국의 광적 폭력성을 여실히 증명한다. 만일 정의를 외면하는 신이 있다면, 그런 신은 쓰레기통 속으로 들어가야 할 것이다. 아테네인들은 신을 믿는 경건한 종족이었다. 그랬기 때문에 소크라테스를 불경죄로 죽이지 않았던가? 그런데 그 아테네인들이 멜로스인들 앞에서 펼치는 발언은 소름끼칠 정도로 불경하다.

> 아테네 사절단 : 강자가 약자를 지배하는 것은 자연의 법칙이며, 신의 법칙입니다. 여러분은 조공을 바치라는 우리의 요구를 부당하다고 간주해서는 안 됩니다. 복종은 귀국의 안전을 보장하겠지만 저항은 귀국의 몰살을 의미합니다. 전쟁이냐 안전이냐. 이 양자택일에서 어리석은 공명심에 사로잡히지 말길 바랍니다.[10]

결국 멜로스인들은 아테네에 굴복하지 않았고, 아테네는 멜로스의 성인 남자를 모두 살해하고 부녀자들을 노예로 팔았다. 기원전 415년 펠로폰네소스 전쟁이 발발한 지 17년째 되던 해 40여 척의 배를 이끌고 멜로스 섬을 침공한 아테네의 1500여 명 중무장 보병은 멜로스를 이렇게 학살했다.

무례하기 그지없던 알키비아데스가 소크라테스를 만난 후로는 그를 따르고 그가 권하는 철학에 열중했다고 한다. 그러나 알키비아데스는 자신을 충분히 연마하고 정치에 나서라는 소크라테스의 충고를 끝내 지키지 못하고 정치 무대에 뛰어들었다. 가문의 부와 후광을 배경으로 타고난 재능을 발휘해 뛰어난 연설로 세를 모으고 전쟁에 나서서는 연전연승함으로써 알키비아데스는 아테네의 영웅이 되었다. 이런 그를 따르는 사람도 많았지만 시기하는 사람도 많았다. 그가 정치적으로 두각을 드러낸 것은 시칠리아 원정군을 조직하면서였다.

아테네인들은 기질적으로 무작정 평화를 사랑하는 사람들이 아니었다. 그들은 진취적인 기상과 강한 실천력을 가지고 있었다. 그들은 일단 한 가지 목표를 세우면 어떤 노고도 망설이지 않았고, 나아가 목숨까지 걸 만큼 무모했다. 그들은 무엇인가를 이루어야겠다고 마음먹으면 기어코 도전해야만 직성이 풀리는 기질을 지녔다. 기원전 415년 그들의 가슴은 다시 억누를 수 없는 야망으로 일렁거렸다. 아테네인들은 페리클레스가 살아 있을 때부터 시칠리아를 탐내고 있었으며, 페리클레스가 죽은 다음에도 이 욕심을 버리지 않았다. 이런 야망을 부채질하면서 하루빨리 함대를 보내 시칠리아를 손에 넣자고 주장한 사람이 알키비아데스였다. 그는 일을 일으킨다면 일거에 대 함대를 편성해 정복해야 한다고 주장했다. 이 주장은 아테네인들의 야망을 더욱 자극했다.

아테네는 페리클레스 시대에 시칠리아를 지배하고자 하는 야망을 품었으나 거리상 너무 멀어 포기했다. 그들에게 야망의 불씨를 심어준 것은 시칠리아의 조그마한 나라 에게스타였다. 에게스타의 사절은 아테네인들에게 시칠리아에 진출하면 많은 물자를 확보할 수 있고, 지리상 요충지여서 스파르타보다 유리한 위치에 설 것이라고 유혹했다.

알키비아데스는 그곳에 진출할 경우 아테네와 자신이 얻을 수 있는 이득을 면밀히 계산해보았다. 그는 단순히 시칠리아에 대한 아테네의 지배권만을 염두에 두고 있지 않았다. 그는 그곳을 교두보 삼아 이탈리아 반도를 지배하고 더 나아가 카르타고와 이베리아 반도에까지 진출하려는 거대한 야망을 품었다. 훗날 로마가 실현했던 지중해의 패자, 그 꿈을 일찍이 알키비아데스가 꿈꾸었던 것이다. 그에게 멀고 먼 해외 원정은 아가멤논이 주도한 트로이 원정만큼 아주 매력적인 일이 아닐 수 없었다.

알키비아데스의 주도 하에 민회는 원정을 승인했다. 아테네는 원정 준비를 서둘렀다. 그들은 원정군이 시칠리아에 출정하기만 하면 대승할 것처럼 생각했다. 그곳이 아테네의 수중에 떨어지기만 하면 그들은 모두 금방 부자가 되고, 그리스의 패자가 될 것이라고 상상했다. 시장에서나 체육관에서나 신전의 회랑에서나 무도장에서 빵 장수나 신발 장수나 노인이나 청년이나 할 것 없이 곧 펼쳐질 아테네의 새로운 판도에 관해 흥분된 어조로 이야기를 나누었다.

투키디데스는 이때의 민심을 이렇게 기록했다. "장년층은 목적한 도시를 타도하든가, 적어도 대군단이 패배하지는 않으리라 생각해 이 계획에 열중하게 되었고, 청년층은 이국을 견문하고 무사 귀국할 수 있을 것이라고 낙관하여 이 원정에 열중했다. 요컨대 병사도, 일반 시민도 모두 시칠리아 섬에서 조세를 받아 수입이 증가하고 국력이 발전하는 것을 보게 되리라 기대했다. 설령 이 계획에 찬성하지 않는 자가 있을지라도 대다수의 강한 욕망 앞에서 반대 의사를 표명하면 비애국적인 언사인 것처럼 생각되리라 여겨 입을 다물고 말았다.

마침내 아테네군은 배에 올랐다. 사람들은 모두 출정 병사들을 전송했다. 어떤 자는 동향 사람을, 어떤 자는 친구를, 또 어떤 자는 친척을, 그리고 어떤 자는 자식을 전송했던 것이다. 그들은 함께 걸으면서도 정복을 생각하며 희망에 부풀거나, 재회하지 못할지도 모른다는 생각에 슬퍼했다. 사람들은 이 원정을 결정할 때보다 더 강한 공포감에 휩싸였지만 이

내 원정군의 물량을 목격하고 안심이 되었다. 재류 외인 등은 실로 상상을 뛰어넘는 광경을 보기 위해 몰려들었다. 이 원정군의 장비는 어느 원정군보다 사치스럽고 호화로웠기 때문이다."[11]

그러나 출항 전에 벌어진 해괴한 사건이 미래의 비극을 예고했다. 하룻밤 사이 시내 도처에서 헤르메스 신상들이 파괴된 것이다. 신상 파괴는 묵과할 수 없는 불경죄였다. 범죄자는 신성 모독죄로 사형에 처해질 수 있었다. 정부는 현상금을 걸고 범인 색출에 나섰고 얼마 지나지 않아 알키비아데스와 그 친구들이 범인이라고 주장하는 사람이 나타났다. 알키비아데스의 정적들이 꾸민 조작극이었다.

원정대가 떠난 후 알키비아데스의 정적들은 민회를 열어 알키비아데스의 소환령을 통과시켰다. 알키비아데스는 소환에 순순히 응하는가 싶더니 아테네로 돌아오던 중 어디론가 사라져버렸다. 민회는 알키비아데스가 궐석한 가운데 그에게 사형을 선고했고 전 재산을 몰수했다. 알키비아데스는 스파르타로 망명했다. 친구를 적으로 삼는 아테네인들보다 적만을 해치는 스파르타인들이야말로 진정한 친구라고 그는 말했다.

그는 스파르타인들에게 자신의 야심을 토로했다. "우리의 시칠리아 원정의 목적은 첫째로 시칠리아 섬을 수중에 넣고 나서 이탈리아의 도시를 함락시킨 다음 칼케돈인과 그 주권까지 공격하는 것이었습니다. 그리고 만약 이 모든 일이 성공한다면 다음으로 스파르타를 공격하려 했던 것입니다. 마침내는 전 그리스의 패권을 장악하는 것, 이것이 시칠리아 원정의 전략적 목표였던 것입니다."[12]

아테네군의 전략을 손바닥 들여다보듯 꿰뚫고 있던 장군이 스파르타로

part 3 지나치지 말라 · 205

넘어간 상황에서 아테네군의 패전은 명약관화했다. 게다가 전쟁을 이끌 젊음과 용맹을 갖춘 알키비아데스를 잃은 아테네 측은 모험과 도전을 싫어하는 니키아스의 지휘를 받고 있었다. 기원전 480년 페르시아의 대군에 맞서 살라미스 해전을 이끌었던 테미스토클레스의 용맹과 지략은 온데간데없고, 기다림의 지구전밖에 모르는 니키아스를 전신戰神은 외면했다. 살라미스 해전을 통해 위대한 아테네가 탄생했다면 시칠리아 원정을 통해 아테네의 영광은 몰락하기 시작했다.

시칠리아 원정선에 올랐던 모든 아테네군의 가슴속엔 호메로스의 《일리아스》가 떠올랐을 것이다. 아가멤논을 총사령관으로 전 그리스의 용사들이 에게 해를 건넜었다. 그땐 동북쪽으로 항해했다면 이번엔 서북쪽으로 항해한다. 니키아스가 아가멤논이라면 알키비아데스는 아킬레우스일까? 내가 오디세우스라면, 너는 디오메데스. 네가 아이네이아스라면 나는 메넬라오스 하면서 환상 속의 승리에 도취하여 그들은 노를 저었을 것이다. 정신을 차려보니 그들은 스카만드로스 강가에서 무참히 도륙당하는 트로이 병사들이 되어 있었다.[13]

아테네군이 아시나로스 강에 밀려들자 시칠리아의 기병대와 중무장 보병이 일제히 공격하며 에워쌌다. 아테네군은 피로와 갈증 때문에 이 강만 건너면 사태가 호전되지 않을까 하는 착각에 빠져들었다. 아테네군은 깊은 하천 바닥에 다투어 뛰어들면서 극도의 혼란 상태에 빠져들었다. 스파르타군이 강으로 내려와 강물 속에 있는 자들을 베어 쓰러뜨렸다. 니키아스는 살해되었다. 사로잡힌 아테네인들은 채석장으로 끌려갔다. 채석장에 끌려간 포로들은 가혹한 대우를 받았다. 좁은 구덩이 속에 많은 수가 밀집하여 내리쬐는 태양의 열기에 시달리고 병자가 속출했다. 전투에서 입은 상처로 죽어가는 자들의 시체도 첩첩이 쌓였다. 악취가 진동하는 가운데 굶주림과 갈증이 산 자들을 괴롭혔다. 이렇게 70일간 고통을 당한 후 7000여 명의 포로가 노예로 팔려갔다. 이 전투는 펠로폰네소스 전쟁 중 최대의 비극이었다. 아테네는 완패했다. 그 모든 꿈과 고난도 물거품으로 바뀌었다. 귀환한 자는 극소수에 불과했다.

chapter 7

비판자, 소크라테스

아테네를 도발하다

많은 플라톤의 대화집들에 전개되는 소크라테스의 캐물음 논법은 우리를 당혹스럽게 하지만, 《고르기아스》에서 전개되는 소크라테스의 대화는 솔직하고 명쾌하다. 소크라테스는 수사의 대가 고르기아스에게 정면 도전한다. 수사술이란 기껏해야 대중의 기분을 맞추는 아첨에 불과하단다. 소크라테스가 추구하는 정치는 '속인들의 귀에 솔깃한 말만 하려는 아부의 연설'이 아니라 '온 국민의 영혼을 고양시키는 도덕적 논변'이었다. 그에 따르면 참된 수사술을 지닌 변론가는 사람들의 영혼 속에 정의가 소생

되고 부정이 제거되도록 노력하는 사람이다. 소크라테스는 고르기아스의 제자 칼리클레스에게 묻는다. "그럼 자네는 지금까지 시민들 중에서 누구를 훌륭한 인간으로 만든 적이 있는가? 국민이 훌륭한 인간이 되도록 하는 것, 이것이 바로 정치에 참여하는 사람이 할 일이라는 데 대해서는, 우리가 몇 번이나 동의했네. 자네는 아직도 페리클레스나 키몬, 밀티아데스, 테미스토클레스와 같은 사람들이 훌륭한 정치가라고 생각하나?"[1]

《고르기아스》에서 소크라테스는 아테네의 상식에 도발하는 발언을 거침없이 내쏟는다. "아테네인들은 페리클레스 덕분에 전보다 훌륭한 인간이 되었다고 말하고들 있는가, 아니면 반대로 그 사람 때문에 타락했다고 말하고들 있는가? 실은 나는 이런 말을 듣고 있네. 즉 페리클레스라는 사람은 아테네인들을 위해 공무원에게 급료를 지불하는 제도를 처음으로 제정함으로써 아테네인들을 게으르고, 말이 많고, 돈을 탐내는 인간으로 만들어버렸다는 걸세."[2]

키몬과 테미스토클레스와 밀티아데스에 대한 소크라테스의 평가는 아주 혹독하다. "그럼 이번에는 키몬에 대하여 말해주게. 그가 줄곧 다스려온 그 당시의 사람들이 그에게 어떤 처분을 했나? 그의 목소리를 10년 동안 듣지 않게끔 그를 도편추방한 것이 아닌가? 그리고 테미스토클레스에 대해서도 사람들은 그와 같이 했고, 후에 더욱 본격적인 추방형을 내리지 않았나? 또 저 마라톤의 영웅 밀티아데스에게는 굴속에 처넣고 사형에 처하는 판결을 내려, 당시에 정무심의회 의장의 개입이 없었던들, 그는 실제로 굴속에 생매장당하는 신세가 되었을 걸세. 이러한 인물들이 자네의 주장대로 훌륭한 정치가였던들, 결코 이런 변을 당하지는

않았을 걸세."³

그래서 소크라테스는 선포한다. "아테네에는 우리가 알고 있는 한, 훌륭한 정치가는 단 한 사람도 없었네"⁴라고. 정치 지도자들을 향한 이 거침없는 비방을 아테네인들은 용인하기 힘들었을 것이다. 훌륭한 정치가가 단 한 명도 없었다는 소크라테스의 독설, 참으로 듣기 힘들었을 것이다. 하지만 아테네인들이 소크라테스와 화해할 수 없는 장벽을 확인한 것은 그들의 삶의 원리를 부정하는 대목이었을 것이다. 아테네를 이끌어주는 정치적 원리를 정면으로 부정하는 이 사람을 어찌하면 좋은가. "그러나 세상 사람들은 그러한 인물이 나라를 부강하게 만든다고들 말하고 있네. 한편 세상 사람들은 저 옛날의 정치가들 때문에 나라가 부패되고 병마가 침범하여 곪아가고 있다는 사실은 조금도 모르고 있네. 아무튼 저 옛날의 정치가들은, 절제나 정의를 염두에 두는 일 없이 항만이나 성벽, 조공과 같은 여러 가지 어리석기 짝이 없는 것으로 나라의 배만 잔뜩 불렸으니까 그럴 법도 하네."⁵

소크라테스는 자신의 정치적 신념을 아주 명확하게 표현한다. 페리클레스를 비롯하여 아테네의 정치가들에 대해 소크라테스가 비난을 퍼붓는 이유는 그들이 도시의 물질적 번영만 추구했지, 시민들이 올바른 삶을 살도록 이끌지 못했다는 점에 있었다. 그러므로 소크라테스가 보기에 아테네 정치인들의 화려한 수사는 대중의 입맛에 야합하는 일종의 요리술에 불과했다는 것이다. "연설술이란 자네니까 솔직히 말하지만, 나에게는 아무 기술도 아닌 것으로 생각되네. 요리법이 기쁨과 즐거움을 조성하는 경험이듯, 변론술도 일종의 경험이지. 연설술은 주로 아첨을 일삼는 일이라고 생각하네. 화장법이나 소피스트의 기술 같은 것도 마찬가지이지."[6]

소크라테스는 《고르기아스》에서 젊은 소피스트 칼리클레스와 길고 긴 논쟁을 벌였다. 칼리클레스는 플라톤의 대화편에 나오는 소크라테스의 논쟁 상대들 중에서 가장 적대적인 사람이었다. 칼리클레스는 절제와 정의 같은 덕목이야말로 가장 추악한 것이라면서 욕망을 억제할 것이 아니라 최대한 추구해야 한다고 소크라테스를 몰아붙인다. "인간이 올바로 살려면 자기의 욕망을 억제할 것이 아니라 최대한 허용하고 용기가 지혜로 이 욕망에 봉사하게 함으로써 욕망이 원하는 것이면 무엇이든지 충족시킬 만한 힘을 지니고 있어야 합니다. 그러나 이것은 일반 대중들은 절대로 불가능한 일입니다. 그래서 대중은 여기에 열등감을 갖기 때문에 이런 능력이 있는 사람들에게 비난의 화살을 던지지만, 여기에는 결국 자기의 무능을 감추려는 심정이 숨어 있는 것입니다. 그리고 자기들은 쾌락을 충분히 누릴 수 없으므로, 절제나 정의를 찬양하지만, 이것은 요컨대 자기가 그만큼 약하기 때문입니다. 자기의 타고난 소질에 의해 독재 군주의 지위에 오르거나 어떤 지배권을 손에 넣을 만한 힘을 가진 사람들에게는, 솔직히 말해서 절제나 정의처럼 추악한 것이 없을 것입니다."[7]

소크라테스는 몸과 영혼의 이원론자이다. 몸이란 영혼이 잠시 거처하고 있는 여인숙과 같아서 몸의 쾌락을 위해 영혼을 파는 것이야말로 가장 어리석은 짓이다. 소크라테스는 몸의 욕망을 충족시키기 위한 인생을 심지어는 옴에 걸린 환자에 비유한다. "우리가 옴에 걸려 가려움을 참지 못해 한평생 몸을 긁적거리면서 살아야 한다면, 이것 역시 행복한 생활이라고 할 수 있을까?"[8]

소크라테스에게 몸의 쾌락은 옴 환자가 몸을 긁으면서 느끼는 쾌감이다. 긁으면 긁을수록 몸은 더 가렵다. 하여 쾌락을 부르는 몸의 욕망으로부터 자유로워지는 것이 소크라테스가 기도하는 행복의 조건이다. 왜냐하면 소크라테스에게 중요한 것은 영혼의 평화이기 때문이다. 여기에서 소크라테스는 그의 도덕주의를 선언한다. "선과 쾌락은 동일하지 않으며, 또한 악과 고통은 같지 않다."[9]

소크라테스에게 최대한 욕망의 실현을 추구하는 칼리클레스가 '구멍 뚫린 항아리'라면, 거꾸로 칼리클레스에게 소크라테스는 어떤 인간이었을까? 칼리클레스는 소크라테스에게 시민들을 가르치려는 시도를 중단하고 그들의 비위를 적당히 맞추어가며 부귀영화를 추구하라고 충고했다. 그러지 않으면 죽음을 당할지도 모른다는 것이었다.

"철학은 분명히, 소크라테스, 젊어서 알맞게 공부해두는 것은 좋지만, 그것에 필요 이상으로 몰두하여 시간을 낭비한다면 어리석은 일이지요. 뛰어난 소질을 타고나도 철학을 숭상하면 훌륭한 사람이 되기 위해 알아두어야 할 일들을 전혀 모르는 인간이 되니까요. 그런 인간은 법규에도 어둡고 대인 관계에도 서툴며 인간의 쾌락이나 욕망을 모르고 삽니다. 인간의 여러 가지 기쁨과 담을 쌓는 거죠. 철학을 하나의 교양으로 공부하는 것은 무방합니다. 젊어서 철학을 공부하는 것은 부끄러운 일이 아니지요. 그러나 지긋한 나이까지 계속 철학을 하면, 소크라테스, 이건 참 우스운 일입니다. 내 개인적인 심정으로 말하면, 철학을 하는 사람은, 마치 잠꼬대를 하는 사람과 비슷합니다. 어른이 다 된 사람이 잠꼬대를 하는 것을 보면, 이 따위 놈도 사나이냐 싶어 뺨이라도 갈기고 싶어집니다."[10]

칼리클레스가 소크라테스에게 '돈이나 명성이나 그 밖의 여러 가치 있는 것들을 소유하는 자가 되는 법'을 배우라고 하는 것은 속물이 되라는 얼토당토않는 충고가 아닐 것이다. 그것은 아테네인들의 상식적 사고를 존중하여 발언하라는 충고였을 것이다. 칼리클레스와의 마지막 대화는 제국 아테네와 현자 소크라테스 간에 화해할 수 없는 불화가 존재했음을 시사한다.

《고르기아스》에서 소크라테스가 자신의 재판을 예견하는 대목은 매우 인상적이다. 여기서 아테네인은 어린이, 소크라테스는 의사로 비유된다. "나의 재판은 어린아이들로 구성된 배심원 앞에 요리사에 의해 고소된 의사의 재판과 같을 거요. 의사가 이런 법정에 섰을 때 자신을 어떻게 옹호할 것이라 생각하오? 고소자인 요리사는 아이들에게 이렇게 주장할 것이오. '피고는 여러분의 몸을 해치는 수많은 범죄를 저질러왔어요. 이 의사는 여러분들 중 가장 어린 이를 메스로 자르거나 인두로 지져서 몸을 절단냈어요. 나는 달라요. 나는 온갖 맛있는 음식을 여러분들에게 듬뿍 먹여왔지요.'"[11]

정말 소크라테스가 이러한 생각을 갖고 있었다면 아테네는 소크라테스를 포용할 수 없었을 것이다. 아테네는 제국이었다. 300여 도시국가를 델로스 동맹으로 묶어 이들에 대한 지배를 자랑으로 알아온 시민들이었다. 아테네를 관통하는 제국의 원리와 그 장식물들까지 비방하는 사람이 있다면, 그렇다면 아테네를 떠나라. 이것이 유죄를 선고한 배심원들의 판단이 아니었을까?

   소크라테스는 자신의 고백대로 정치에 참여하지 않았다. 정치에 개입하기 위한 당파를 만들지도 않았고, 특정 정치체제에 찬성하지도 않았다. 소크라테스는 아테네 공동체가 추구하는 가치가 잘못 설정되었다고 여겼기 때문에 아테네의 정치를 비판했던 것이다. 니체의 지적대로 아테네와 소크라테스의 불화는 근원적인 것이었다. "니체는《소크라테스의 변론》이 소크라테스와 아테네 사이의 근본적인 갈등을 표현한 책이라고 보았다. '플라톤은 철학자가 사람들 앞에서 어떻게 행동해야 하는지에 대해 소크라테스의 변론에서 결정적인 힌트를 얻은 것 같다. 철학자는 사람들의 의사, 사람의 목에 앉은 쇠파리처럼 굴어야 한다고.'"[12]

동굴 안의 죄수, 태양을 보다

인류가 4대 성현이라 부르는 사람들의 공통점이 있다. 그것은 자신의 손으로 글을 남기지 않았다는 것이다. 그들이 한 편의 글도 남기지 않았는데도《팔만대장경》이 남고 복음서가 남아 2000년 동안 인간 영혼의 젖줄이 되어준 것은 경탄스러운 일이다. 우리의 주인공 소크라테스 역시 한 편의 글도 남기지 않았다. 주지하듯이 소크라테스에 관한 모든 기록은 그의 제자 플라톤과 크세노폰의 저술이었다. 소크라테스가 없었다면 저 위대한 플라톤 사상이 탄생할 수 없었겠지만, 마찬가지로 플라톤이 없었다면 저 심오한 소크라테스 사상 역시 우리에게 전달되지 않았을 것이다.

소크라테스와 플라톤은 결코 분리할 수 없는 사상의 쌍생아이다. 이 운명의 만남에 대해 라에르티오스는 이렇게 기록한다. "소크라테스는 꿈속에서 새끼 백조를 무릎에 안고 있었다. 순간 백조의 깃이 생기더니 날카롭고 아름다운 목소리로 지저귀며 백조는 날아갔다. 다음 날 플라톤이 그에게 제자로 들어왔다. '어젯밤 꿈속에서 본 그 백조가 바로 너였구나.' 소크라테스가 플라톤에게 말했다."[13] 플라톤의 나이 20세 때의 일이다.

소크라테스와 플라톤의 만남에 대해 또 다른 이야기가 전해진다. 플라톤은 비극 경연 대회에 작품을 출품하기 위해 디오니소스 극장으로 가던 중이었다. 디오니소스 극장은 파르테논 신전이 있는 아크로폴리스의 남쪽 언덕에 있었다. 그곳에서 플라톤은 소크라테스를 만났다. 플라톤은 소크라테스의 조언을 듣고 시작詩作에 대한 뜻을 버렸다. 플라톤은 쥐고 있던 작품을 불 속에 던져 넣으며 이렇게 말했다. "헤파이스토스여, 이리로 와주십시오. 플라톤이 지금 당신을 필요로 하고 있습니다."[14] 20세의 플라톤은 그 길로 소크라테스의 제자가 되었다.

플라톤은 기원전 427년에 태어난 것으로 보인다. 만일 플라톤이 소크라테스의 동아리에 입회한 것이 그의 나이 20세 때의 일이었다면 기원전 407년, 그러니까 소크라테스가 62세 때의 일이 된다. 물론 아테네의 시장터에서 청소년들과 대화하는 소크라테스를 소년 플라톤이 모르지는 않았을 것이다. 하지만 본격적으로 소크라테스의 제자가 된 것을 그의 나이 20세의 일로 친다면 사실상 이 둘의 교제는 그다지 길지 않았다는 계산이 나온다.

플라톤의 주저는 《국가》이다. 《국가》의 이야기들 중 어디까지가 소크라테스의 생각이고 어디부터가 플라톤의 생각인지 우리는 분별할 수 없다. 마찬가지로 《국가》 10권을 대표하여 플라톤의 사상을 가장 쉽게 전달해주는 '동굴의 비유'가 과연 소크라테스로부터 빌려온 아이디어였는지, 플라톤 자신의 창안인지 우리는 식별할 수 없다. 단지 '동굴의 비유' 속에 이데아의 개념이 나오는 것으로 보아 이 비유는 다분히 플라톤의 창안일 가능성이 높다. 그런데 플라톤은 동굴의 비유 속에서 스승이 왜 동료 아테네인들에 의해 살해될 수밖에 없었는지, 스승이 펼친 철학적 대결의 필연을 슬쩍 삽입해놓았다.

> 결박된 동료들의 손발을 쇠사슬로부터 풀어주고 동료들을 동굴 밖의 세상으로 안내하고자 하는데, 도리어 동료들은 그 사람을 붙잡아 죽여버리려 하지 않겠는가?[15]

여기에 동굴이 있다. 지하 동굴이다. 저 아래 동굴의 어두컴컴한 곳에 한 사람이 갇혀 있다. 그는 죄수이다. 어려서부터 감금당한 죄수의 두 팔과 두 발 그리고 목엔 쇠사슬이 채워져 있다. 결박당한 이 죄수는 앞만 보도록 시선이 고정되어 있다. 등 뒤로는 저 위에서 횃불이 타오르고 있다. 죄수는 눈앞의 동굴 벽면에 투영된 그림자를 본다. 아니, 그림자만 보고 살아왔다.

죄수와 횃불 사이엔 나지막한 담장이 설치되어 있다. 죄수에겐 이 담장이 인형극의 무대처럼 보일 것이다. 담장 건너에서 사람들이 동물의 모습을 본뜬 인형을 들고 지나간다. 돼지 인형, 염소 인형, 닭 인형과 같은 것들 말이다. 동굴의 벽면에는 돼지와 염소와 닭의 그림자가 비친다. 죄수는 이 그림자를 실물로 인식한다. 때론 사람들이 동물의 울음소리를 흉내 내며 지나간다. 죄수는 지금 들리는 동물의 울음소리를 그림자들이 내는 울음소리로 인지한다. 오랜 세월 죄수의 시각과 청각은 그렇게 길들여져 왔다.

그런데 갑자기 죄수의 몸에서 쇠사슬이 풀린다. 죄수는 오른쪽, 왼쪽 둘러본다. 뒤를 돌아본다. 등 뒤의 횃불을 보는 순간 눈이 부시다. 죄수는 손을 들어 횃불을 가리고 동굴 벽면으로 돌아앉는다. 죄수가 횃불 아래에서 본 인형들은 지금까지 보아왔던 그 돼지, 염소, 닭이 아니었다. 이상한 모습의 돼지, 흡사 괴물 같은 염소, 생전 본 적이 없는 닭. 죄수의 의식은 혼란스럽다. 아니다. 죄수에겐 동굴 벽면에 비쳤던 그림자들이 돼지와 염소와 닭의 실물이고, 돼지와 염소와 닭의 인형은 가짜이다.

빛을 보길 거부하는 죄수의 팔목을 붙들고 죄수를 동굴 밖으로 끌어내자. 그러기 위해선 폭력적 강제도 필요하다. 이곳과 다른 또 다른 곳이 있음을 깨닫게 하기 위해선 동굴 속의 삶을 부정하는, 견디기 힘든 혹독한 시련을 주어야 한다. 동굴 바깥으로 나가는 길은 가파르고 험한 오름길이다.

갑작스러운 빛은 눈앞을 어둡게 한다. 동굴 밖 밝은 세계를 보려면 밝음에 익숙해지는 과정이 필요하다. 처음엔 나무의 그림자나 물속에 투영된 나무의 상像을 본다. 다음에 밤하늘의 별빛과 달빛을 본다. 이후 대낮의 햇빛 속에서 사물의 모습을 본다. 이렇게 동굴 밖의 빛에 온전히 익숙해진 눈은 마침내 태양을 볼 수 있다.

'에우다이몬'은 그리스인들이 추구했던 '행복'이다. 행복은 '좋은Eu 영혼Daimon'을 의미한다. 이곳에서 지극한 '영혼의 좋음'을 체험한 이는 여기 머무를 수 없다. 그의 동료들인 동굴 속 죄수들을 그대로 둘 수 없다. 그는 내려가야 한다.

물론 그의 하강은 환영받지 못한다. 밝은 곳에서 어두운 곳으로 내려온 그의 눈은 동굴 속의 죄수들보다 더 사물을 식별하지 못한다. 오히려 죄수들은 '이상한 사람이 되어버렸다'고 그를 비웃는다. 죄수의 결박당한 몸을 풀어주고 동굴의 어둠에 길들여진 동료 죄수를 동굴 밖으로 안내하려는 시도는 실패한다. 동료 죄수들은 동굴 속의 편안한 삶을 어지럽힌다는 이유로 그를 살해한다.[16]

펠로폰네소스 전쟁이 진행되던 저 27년의 세월은 타락의 시대였다. 플라톤에게 아테네는 동굴이었고, 동료 아테네인들은 동굴 속의 죄수들이었다. 어릴 때부터 손발을 묶이고 감금된 죄수, 고개를 좌우로 돌릴 수도 없어 앞만 보아야 하는 결박당한 죄수 말이다.

'동굴의 비유'는 무엇인가? 철학하는 것은 회의하는 것이다. 이곳의 삶이 진리인가? 이곳에 사는 사람들의 세계관은 참인가? 태어나면서부터 길들여진 상식의 세계에 의문을 품을 때 엄습하는 것은 공포이다. 상식의 세계를 박차고 일어서려 할 때 우리는 엄습하는 두려움으로 인하여 다시 주저앉는다. 여기에서 플라톤은 철인의 역할을 슬며시 들이민다.

플라톤의 눈에 비친 스승의 활동은, 결박당한 죄수들의 쇠사슬을 풀어준 뒤 풀려난 죄수를 오름길을 향해 안내하는 일이었다. 그러니까 "너 자신을 알라"는 주문은 결박당한 동료 아테네인들을 자유롭게 풀어주려는 철인의 첫 주문이었던 것이다. 이어 뺨을 갈겨주고 싶을 만큼 집요하게 질문을 퍼부으며 무지를 자백하도록 유도했던 소크라테스의 문답법은 동굴 밖을 향한 오름길로 동료들을 안내하려는 노력이었다.

만일 '동굴의 비유'가 동굴의 오름길을 올라가 마침내 진리의 태양을 보는 것에서 그쳤다면 그 감동은 반감되었을 것이다. 세상을 버리고 상아탑 속으로 피신한 철학자, 차안의 복잡다단한 현실을 버리고 저 피안의 세계에서 빛나는 이상주의의 왕관을 쓰고 초탈의 옥좌에 앉아 오만한 눈빛으로 현세를 내려다보는 관념적 철학자에 그쳤을 것이다. 역시 플라톤은 큰 철학자였다. "지금까지 철학자들은 세계를 해석해왔다. 이제 중요한 것은 세계를 변화시키는 것이다"라는 금언 그대로 철인은 동굴 속으로 다시 내려간다.

플라톤은 '동굴의 비유'를 공연하기 위해 많은 소품을 준비했다. 동굴, 죄수, 쇠사슬, 횃불, 담장, 오름길. 이 소품들을 준비한 작가의 의도는 어디에 있었던가? 동굴은 빛이 결여된 세계이다. 죄수는 결박되어 있다. 자유를 결여한 인간이다. 여기에서 정작 중요한 것은 죄수의 시선이 고정되어 있다는 것이다. 죄수는 손발을 묶인 채 고개를 좌우로 돌릴 수도 없다. 앞만 보도록 되어 있다. 여기에서 '시각의 전환'을 요구하는 철인과 죄수들 간에 대립과 투쟁이 발생한다.

도대체 동료 아테네인들이 붙들려 있던 시선은 무엇이었던가? 소크라테스가 제기한 시각의 전환은 무엇이었을까? 아테네를 바라보는 소크라테스, 그의 절망의 시선은 깊었다. 제자 알키비아데스는 명예와 쾌락에 눈이 어두워 전쟁과 정치의 소용돌이에서 빠져나오지 못했다. 소크라테스는 시칠리아 정복 전쟁을 감행하는 동료 시민들의 헛된 욕망 앞에서 좌절했을 것이고 끝없이 지속되는 스파르타와의 패권 전쟁에 절망했을 것이다.

플라톤은《국가》에서 스승의 정치 비판을 거침없이 쏟아놓는다.《국가》제9권에는 플라톤의 정치적 견해가 집약적으로 표출되는데 특히 과두정체와 민주정체에 대한 비판이 매우 신랄하다. "그러니까 과두정체에서 민주정체로 바뀌는 것은, 과두정체가 지향하는 최대한 부유해져야만 한다는 '만족할 줄 모르는 욕망' 때문이 아니겠는가?"[17]

만족할 줄 모르는 욕망은 소유에 대한 과도한 집착[18]을 낳고, 무절제와 진리에 대한 무관심을 낳는다는 소크라테스의 진단은 시대를 초월한 보편적 진리이다. 과두정체가 만족할 줄 모르는 욕망을 본질로 한다면, 민주정체는 제멋대로 할 수 있는 방종의 자유를 본질로 한다. 과두정체 하에서 젊은이들은 수고를 하지 않으려 하고 쾌락과 고통에 대해 나약하고 게을러지는 반면 훌륭함에 대해서도 마음을 쓰지 않는다는 것이 소크라테스의 진단이었다. 마찬가지로 민주정체 하에서 젊은이들은 방종의 자유 때문에 오만하고 무례하고 부끄러움을 모른다고 보았다. 방종한 젊은이들을 보는 소크라테스의 시선은 매섭다.

"어떤 때는 술에 취하여 아울로스의 소리를 듣는가 하면, 다시 물을 마시며 살을 빼다가 어떤 때는 다시 신체 단련을 하지. 그런가 하면, 게으름을 피우며 만사에 무관심하다가 때로는 철학에 몰두하기도 하네. 또한 정사政事에 관여하기도 하는데, 벌떡 일어나서는 생각나는 대로 말하고 행하기도 하네. 그의 삶에는 아무런 질서도 필연성도 없는데, 그는 이 삶을 즐겁고 자유로우며 축복받은 것이라 부르며 평생토록 이런 삶을 살아가네."[19]

part 4

소크라테스의 최후

너의 영혼을 돌보라

● chapter 1　　　　　　　　　물러설 수 없는 법정 대결

소크라테스를 고발한 사람들

지금으로부터 2400여 년 전 그리스의 한 법정에서는 이상한 재판이 열리고 있었다. 죽음을 앞둔 70세의 노인이 재판정에 끌려나온 것도 이례적인 일이었으나 노인이 법정에 끌려나온 이유도 범상치 않았다. 신을 믿지 않고 청소년을 타락시켰다는 것이다. 재판이 열리고 있는 이 나라의 정치제도 또한 희한했다. 이곳엔 왕이 없다. 모든 시민이 나라의 주인이었다. 법정에는 판사도 검사도 따로 없어서 모든 시민이 판사도 검사도 될 수 있었다. 그 유명한 직접민주주의의 나라 아테네였다.

이 노인을 고소한 이는 멜레토스와 리콘과 아니토스였다. 이들은 아테네의 유력 인사들로, 멜레토스는 문학계를 대표했고, 리콘은 논술계를 대표했으며, 아니토스는 정계를 대표했다. 이들이 노인을 고소한 죄목은 두 가지였다. 하나는 신을 믿지 않는 불경죄요, 다른 하나는 청소년을 타락시킨 죄였다. 그러면 법정의 한구석에 자리를 잡아보자.

파보리노스가 작성한 선서 구술서는 지금도 키벨레 신전의 공문서 보관소에 보존되어 있다. 그 내용은 다음과 같았다. "피토스구에 사는 멜레토스의 아들 멜레토스는 소프로니스코스의 아들 소크라테스를 다음과 같이 기소한다. 소크라테스는 국가가 인정하는 신들을 인정하지 않고, 다른 새롭고 기묘한 신령 따위를 들여오는 죄를 저지르고 있다. 또 청년들을 타락시키는 죄도 저지르고 있다. 이리하여 사형을 구형한다."[1]

보통의 법정에서 피고는 으레 재판관들 앞에서 굽실거리며 선처를 호소하기 마련이다. 그러면 재판관들은 '나이도 지긋하고, 개전의 정이 충분하다'는 이유로 무죄 방면의 판결을 할 수도 있었는데, 이 재판은 그 반대였다. 피고는 500명의 배심원들을 향하여 독설을 퍼붓고 있었다. 누가 피고이고 누가 원고인지 분별하기 힘든 법정이었다. 이 노인의 이름은 소크라테스. 키는 작고 코는 들창코였는데, 목소리는 웅장했고 논변은 치밀했다. 고집은 있어 보이나 착하게 생긴 이 노인이 사형 판결을 받게 되는 운명의 하루였다.

"아테네인 여러분, 나는 미사여구를 쓰지 않을 것입니다. 늘 하던 그대로 생각나는 대로 일상어로 말하겠습니다."[2] 법정에 들어선 소크라테스는 먼저 늙은이의 공손하지 못한 말투에 대한 이해를 구한 다음 재판관의 바람직한 자세에 대해 충고한다. '존경하는 재판장님'과 같은 호칭을 생략하겠다는 것이며, '본 피고인'과 같은 의례적인 법정 용어를 쓰지 않겠다는 것이다. 초장부터 긴장이 감도는 말투였다. 소크라테스는 '진실과 허위를 구별하는 것이 재판하는 사람의 덕목'이라고 말했다. 맞는 말이긴 하되, 재판관들의 심기를 건드리는 건방진 말투였다.

다음으로 아테네 시민에게 자신에 대한 몇 가지 오해를 정정해달라고 요청한다. '소크라테스는 천상천하의 일을 골똘히 생각하여 엉터리 논리를 유포하는 사람이요, 신마저 부정하는 사람'이라는 선입견을 버려달라는 것이다. 아리스토파네스가 희극 《구름》에서 묘사하듯이, 자신을 소피스트의 괴수로 단정하는 것은 진실과 아무 관계없는 흑색선전임을 주장한다. 무신론자였던 소피스트들과 달리 소크라테스 자신은 '누구보다 신의 목소리를 중요하게 여기는 사람'임을 거듭 말한다. 그렇다. 소크라테스, 그는 진리를 탐구한 사람이었다. 그런데 어이하여 법정에까지 끌려 나오게 되었는가? 소크라테스는 자신이 알고 있는 사태의 경위를 이렇게 해명한다.

> "하루는 친구 카이레폰이 와서 그러더군요. '어이, 소크라테스, 델포이의 여사제 있잖아, 피티아 말이야. 그녀의 신탁에 의하면, 아테네에서 가장 현명한 자는 소크라테스, 자네라는구먼.' 나는 과연 신탁이 올바른 것인지 확인하고 싶었지요. 누가 아테네에서 가장 현명한 사람인지, 나보다 현명한 분이 분명히 있을 것으로 믿고 아테네의 지도층 인사들을 만나보았던 것입니다."[3]

말하는 소크라테스는 청산유수지만 듣는 아테네 시민들에겐 화를 돋우는 발언이었다. 델포이 신전은 신성한 아폴론 신전이다. 피티아의 말은 곧바로 아폴론의 말이다. 만일 아폴론의 말이 옳다면 소크라테스는 아테네의 현자가 된다. 거꾸로, "오직 내가 알고 있는 것은 내가 모른다는 것이다"라는 소크라테스의 생각이 진실이라면 아폴론의 판단이 잘못이 된다. 사람 잘못 본 것이다. 어쩌자는 건가? 만일 아폴론의 말이 옳다면 아테네 시민들은 신이 인정한 현자를 불경한 놈 취급하는 셈이 되고, 만일 소크라테스의 말 그대로 진실로 현명한 이가 따로 있다면 신탁을 전하는 피티아의 약발이 끝났다는 의미이다. 허, 아테네인들은 자신들의 정신적 거점이자 삶의 토대인 '신'을 지금 시험받고 있다. 이 오만방자한 늙은이 때문에…….

"나는 신탁을 반박하기 위해 먼저 정치인을 만났습니다. 그가 누구인지 이름을 댈 필요는 없겠지요. 대화를 해보니 정치인이란 지혜로워 보이지만 사실은 지혜롭지 않다는 걸 알았습니다."[4] 소크라테스가 이렇게 말하며 굳이 거명하길 회피하는 그 정치인은 바로 아니토스였다. 아니토스와 소크라테스 사이엔 악연이 있었다. 풍문에 의하면 아니토스는 자식 교육 문제를 놓고 소크라테스와 입씨름을 벌인 적이 있다고 한다. 아니토스는 가죽 공장으로 출세한 정치인으로, 아들을 가죽 공장에서 일하게 한다는 이유로 소크라테스에게 호된 질책을 당했던 적이 있다. "아이에게 무두질을 시키는 것은 아이의 미래를 망치는 것이오!"

아니토스는 아테네 민주주의를 이끌어가는 중견 정치인이었다. 기원전 403년 돌아온 민주정이 공포한 사면령은 아테네의 평화를 갈망하는 민주파의 고심에 찬 선택이었다. 이 사면령이 아니토스의 주도 하에 내려진 결정이었다고 한다. 아니토스는 나름대로 공익을 위해 사익을 포기할 줄 아는 정치인이었다. 그런데 그런 아니토스가 메논이 동석한 자리에서 아테네엔 탁월함을 가르칠 교사가 없다는 소크라테스의 발언을 듣고 "충고 드리는데, 조심하셔야 합니다"[5]라고 소크라테스를 협박했다.

소크라테스는 정치인들에게 물었을 것이다. 정의가 뭐냐, 덕이 뭐냐, 그리고 인간이 추구해야 할 삶의 궁극적 가치는 뭐냐? 그러나 실망스럽게도 민중을 행복한 삶으로 이끌겠다고 호언하던 정치 지도자라는 양반들은 정작 행복한 삶이 무엇인지, 정의가 무엇인지 모르고 있었고, 인간이 추구해야 할 궁극적 가치에 대해서는 고민조차 하지 않았다.

"나는 다음으로 시인들을 만나, 그들의 유명한 시에 담긴 의미를 물었습니다. 하지만 그들은 자신의 시임에도 다른 사람보다도 알지 못하는 것 같았죠. 나는 시인들이 지혜롭지 못하다고 느꼈습니다. 그런데 시인들은 정치가들처럼 자신이 모르는 일도 잘 안다고 여겼습니다.[6] 나는 마지막으로 장인들을 만났습니다. 다행히 이들은 자신의 영역에 대해서는 풍부한 지식을 갖고 있었어요. 그러나 거기까지였습니다. 문제는 이들 역시 자신이 모르는 일조차 잘 안다고 착각한다는 것이죠."[7]

소크라테스가 사용한 방법은 이른바 반박elenchus이었다. 그는 상대와 대화하면서 용기나 정의 같은 윤리적 개념들을 주제로 끌어들였다. 그는 자신의 무지를 전제하면서 상대에게 이 개념들을 정의해주길 요구했다. 상대방은 별 깊은 생각 없이 정의했으므로 모순점을 드러내기는 어려운 일이 아니었다. 소크라테스는 질문을 퍼부었고, 상대는 좌절감에 빠졌다.

소크라테스는 많은 구경꾼들이 보는 앞에서 사람들의 지식이 피상적이었음을 폭로했다. 플라톤의 《향연》에서 알키비아데스는 소크라테스의 말을 들을 때마다 "내 안의 심장이 세차게 뛰고 눈에서는 눈물의 비가 내린다"고 했고, 메논은 소크라테스를 전기가오리에 비유하면서 "나의 영혼과 혀가 마비되어 어떻게 대답할지 모르겠습니다"[8]라고 밝힌 바 있다.

"이렇게 아테네 사회에서 유명하다는 사람들을 만나 꼬치꼬치 캐물으니, 원성을 살 수밖에요." 소크라테스는 지난날을 떠올리며 자신에게 돌아온 모함의 시작점을 말했다. 어쩌면 당연한 결과일지도 모른다. 나름 그 분야의 최고라고 존경받던 사람들이 소크라테스의 질문에 미처 답하지 못하고는 얼마나 당혹스러웠겠는가?

멜레토스와의 논쟁

소크라테스는 무서운 철학자였다. 오죽하면 알키비아데스는 소크라테스와 대화하다 보면 '독사에게 물린 듯한 고통'을 느꼈다고 했겠는가. 그런 소크라테스를 고소하다니 멜레토스는 무모한 것일까, 아니면 자신이 충분히 이길 수 있다고 자만한 것일까?

플라톤의 《제7서한》 그대로, 소크라테스의 유죄 판결은 불경죄로 인한 것이었다. 도대체 소크라테스의 어떤 언행이 불경했는지 물으면 그 답은 쉽게 찾아지지 않는다. 불경죄에 관한 멜레토스의 고소가 자가당착적이기 때문이다. 불경죄에 관한 고소가 명확한 일관성을 가지려면 먼저 멜레토스는 소크라테스가 무신론자인지, 유신론자인지 분명히 밝혔어야 했다. 만일 소크라테스가 무신론자였다면 여러 배심원들 앞에서 소크라테스가 언제 어디에서 누구에게 무신론을 설파했는지 증언하는 것으로 소크라테스의 법정은 간단하게 끝났을 것이다.

다음으로 소크라테스가 신을 믿기는 믿되, 멜레토스의 고소장 그대로, 국가가 인정하는 신을 부정하고 새로운 신을 도입했다면, 언제 어디에서 누구에게 국가가 인정하는 신을 부정했던 것인지, 그가 도입하는 새로운 신은 무엇이었던지 증언했어야 옳다. 만일 멜레토스가 소크라테스의 다이몬을 겨냥하여 아테네가 인정하는 신과 다른 신을 도입한 자라고 발언했다면 소크라테스는 이 점만큼은 사실이라고 인정했을 것이다. 이후 다이몬의 신앙이 과연 불경죄에 저촉되는 것인지를 둘러싸고 논변이 전개되었을 것이다. 또 아테네가 인정하는 신들에 대한 전통적인 견해와 다른 견해를 소크라테스가 지니고 있다고 말했다면[9] 이어지는 소크라테스 재판은 전통적인 견해와 다른 견해를 갖는 것이 불경죄에 해당하는가를 둘러싸고 긴 설전이 오고 갔을 것이다.

> 에우티프론: 왜냐하면 사람들 자신이 제우스가 신들 중에서도 가장 훌륭하고 가장 올바르다고 믿고 있거니와, 이 제우스가 부당하게 아들들을 삼켜버린 자신의 아버지를 결박했다는 데 대해 동의하고 있으며, 또한 이 아버지는 자기대로 그런 류의 또 다른 이유들로 제 아버지의 생식기를 절단한 데 대해서도 동의하고 있기 때문입니다. 그러면서도 사람들은 제가 올바르지 못한 일을 하신 아버지를 기소한다는 데 대해 화를 내고 있

거니와, 이처럼 이들은 신들의 경우와 저의 경우를 두고 자가당착적인 말을 하고 있습니다.

소크라테스 : 에우티프론! 내가 기소를 당하고 있는 것은 실은 이 때문인가요? 즉 누군가가 신들과 관련해서 이와 같은 이야기를 할 때, 내가 아무래도 받아들이길 꺼리는 탓으로 말이오. 바로 이 때문에 내가 잘못을 저지르는 것으로 사람들이 말하게 되는 것 같구려.[10]

에우티프론에게 밝혔듯이, 사실 소크라테스는 제우스와 헤라, 아폴론과 포세이돈 등 아테네인들이 사랑하는 신들에 대해 사뭇 다른 견해를 갖고 있었다.[11] 플라톤의 여러 대화편에 의하면 소크라테스의 신은 도덕적으로 완전무결한 존재여서 호메로스의 서사시에 등장하는 제우스처럼 바람을 피우지 않고, 헤라처럼 질투하지 않으며, 포세이돈처럼 복수하지 않고, 아테나처럼 살육을 즐기지도 않아야 한다. 아테네인들의 전통적 사고에 의하면 친구에겐 도움을 주고, 적에겐 해악을 끼치는 것이 정당한 행위이듯, 아테네인들의 신 역시 마찬가지의 행동윤리를 따른다. 반면 소크라테스의 도덕에 의하면 상대방의 행위와 무관하게 선한 행위가 올바른 행위이며, 신 역시 인간의 행동과 무관하게 일관되게 도덕적 선행을 해야 한다.[12]

그런데 "나라가 믿는 신들과 다른 신들을 믿는다고 기소를 한 것인지, 신들을 전적으로 믿지 않는다고 기소를 한 것인지"[13] 분명히 해달라는 소크라테스의 주문에 대해 의외로 멜레토스는 소크라테스가 무신론자이기 때문에 기소했다고 말해버린다.

"선생께선 전혀 신들을 믿지 않습니다."[14]

혼자 기소한 것이 아니라 리콘, 아니토스와 연합하여 고소했기 때문에 사전에 충분한 작전 회의를 했을 것으로 추정되는 바, 과연 소크라테스의 불경에 대해 그들은 어떤 정보와 의도를 갖고 있었던 것인지, 의아한 대목이다.

소크라테스는 아테네인들의 전통적 견해를 부정하는 신 개념을 갖고 있었기 때문에 멜레토스의 불경죄는 충분히 다툼의 여지가 있었다. 만일 멜레토스가 소크라테스의 캐물음에 대해 이런 관점에서 답변했다면 그날의 법정 진술은 한층 진지하게 오고 갔을 것이며, 아울러 불경죄에 관한 소크라테스의 변론도 한층 심오하게 전개되었을 것이다. 하지만 한평생 철학적 대화에 몰두한 소크라테스, 철학적 논쟁에서 한 시대를 풍미한 프로타고라스와 고르기아스마저 제압한 소크라테스의 대화 상대로 멜레토스는 함량 미달이었다. 에우티프론을 만난 자리에서 소크라테스가 내뱉은 말에서 우리는 2400년 전의 진실을 엿볼 수 있다.

> 에우티프론: 소크라테스 님! 그가 무슨 죄목으로 선생님을 기소했습니까?
> 소크라테스: 무슨 죄목으로? 내 생각으로는 그게 예사로운 게 아닌 것 같소. 젊은이가 그처럼 중요한 문제에 대해 뭘 알겠소?[15]

정녕 소크라테스가 무신론자였다면 과거의 관행에 따라 진즉 아테네에서 추방되었을 것이다. 정녕 소크라테스가 무신론자였다면, 시장터나 체육관 근처나 공공회관 앞에서 공개적으로 아테네의 청소년들과 대화를 나누지 못했을 것이다. 정녕 소크라테스가 무신론자였다면, 델포이의 신탁을 구하지도 않았을 것이고 "너 자신을 알라"는 경구로 사유의 대전환을 맞이하지도 못했을 것이다. 따라서 멜레토스가 제기한 무신론은 진실을 밝히고 공정한 판단을 내려야 할 아테네 법정을 완전히 이상한 방향으로 끌고 갔다. 그래서 소크라테스의 변론은 아주 간결하다.

> "보시오, 멜레토스! 그대는 자신이 아낙사고라스를 고소한 것으로 생각하고 있소? 그대는 그래 여기 이분들을 그처럼 무시하여, 클라조메나이 사람인 아낙사고라스의 책이 그런 주장들로 꽉 차 있다는 것도 모를 정도로 문맹자들이라고 생각하오? 더군다나 젊은이들이, 기껏해야 1드라크마를 주고서 가끔 오르케스트라에서 그걸 산 사람들이면, 그것들을 소크라테스가 자신의 것들인 체하는 경우에는, 특히 그것들이 그처럼 이상한 것들일 경우에는, 그를 비웃어줄 수 있는 그런 내용들을 내게서 배운단 말이오? 그런데도 그대에게는 단연코 그렇게 생각되오? 내가 그 어느 신도 있는 것으로 믿지 않는다고 말이오?"[16]

이어 소크라테스는 멜레토스의 주장이 안고 있는 자기모순을 폭로한다. 멜레토스는 고소장에서 "국가가 인정하는 신을 인정하지 않고, 새로운 신을 도입했다"고 소크라테스를 고발해놓고선 정작 소크라테스의 물음 앞에선 소크라테스가 무신론자라고 못 박지 않는가? 다시 말해 소크라테스는 '신을 믿지 않으면서 새로운 신을 도입한' 이상한 사람이라는 것이다. 한 사람의 삶과 죽음을 좌우하는 송사의 한 당사자로서 의당 견지해야 할 일말의 진정성도 찾아볼 수 없는 불성실을 확인해주는 대목이다. 그리하여 소크라테스는 되물었다. "멜레토스여, 도대체 사람치고 인간사는 있다고 믿으면서도 사람들이 있다고는 믿지 않는 사람이 있소? 영적인 것들이 있다고 믿으면서 영들이 있다고는 믿지 않는 사람이 있소?"[17]

플라톤에 의하면, 해와 달이 신이 아니라는 무신론자의 견해를 소크라테스는 결코 보유하고 있지 않았다. 소크라테스 자신은 누구보다도 명확하게 신의 뜻을 따르는 사람이었다. "아테네인 여러분! 나는 여러분을 반기며 사랑합니다. 그러나 나는 여러분보다는 신께 복종할 것입니다."[18] 플라톤의 증언에 의하면 소크라테스는 신의 존재를 믿는 유신론자였다. 또 그렇게 배심원들 앞에서 소크라테스는 공언했다. 따라서 소크라테스는 무죄이다. 만일 멜레토스가 소크라테스를 계속 궁지에 몰아넣으려면, 소크라테스의 무신론적 발언을 청취한 증인을 출석시키거나 소크라테스의 신성모독 행위에 대한 목격자를 불러야 했다. 하지만 플라톤의 기록에 의하면 아무런 증거 제시가 없었다.

소크라테스가 무신론자였다면 당시로서는 사형 판결이 내려질 만한 불경죄를 저지른 것이다. 그런데 소크라테스가 무신론자였다면 그는 자신의 성품대로 끝까지 '신은 존재하지 않음'을 주장했을 것이다. 소크라테스는 이성적 사유의 가르침대로 살아간 철학자였다. 신을 믿지 않으면서 목숨을 구하기 위해 유신론자인 척하는 인물이 아니었다. 진실로 소크라테스는 유신론자였다. 그의 입으로도 "신은 나에게 지혜를 탐구하는 철학자로 살라고 신탁을 내리셨다"고 말했다. 재판을 끝내야 할 시간이 오자 소크라테스는 당부이자 조언의 말로 변론을 마무리한다.

"내 자식들이 어른이 되어 덕을 추구하기보다 재물이나 다른 속물적인 것에 몰두한다면, 지혜롭지 못하면서 잘난 척을 한다면 내가 그동안 여러분을 괴롭혔던 방식으로 그 아이들을 괴롭혀주십시오. 이제 나는 죽기 위해, 여러분은 살기 위해 헤어져야 할 시간입니다. 우리 중에 누가 행복할지는 신만이 알고 계십니다."[19]

● chapter 2   30인 과두정의 실체는?

아테네, 성벽을 허물다

지금 소크라테스를 호출한 법정은 아테네가 다시 민주정체로 복귀한 후 열린 법정이었다. 고대 아테네의 역사에 무지한 우리들은 민주정이 끝나고 과두정이 실시되고 다시 민주정이 부활되는 일련의 역사적 사건들로 머리에 쥐가 날 지경이다. 과두정이 뭐지? 왜 복귀된 민주정에서 소크라테스가 사형 선고를 받은 거지? 라디오 채널을 기원전 405년에서 402년 사이에 발생한 '격동의 역사 드라마'에 맞추고 귀 기울여보자.

 천하무적을 자랑했던 아테네가 마침내 무릎을 꿇었다. 스파르타의 리산드로스(Lysandros, BC ?~395) 앞에서. 기원전 405년 스파르타의 리산드로스는 아이고스포타미를 기습 공격했고 아테네군은 무방비 상태에서 궤멸당했다. 군사들은 대부분 죽었고, 배들은 불탔다. 27년 전쟁 그 마지막 해전이었다. 패전의 소식이 들려오자 본국의 아테네인들은 더 이상 버틸 수 없음을 알았다. 특히 부자들은 더 이상의 저항을 포기하고 평화를 구하자고 주장했다. 전쟁도 민주주의도 지긋지긋했다. 민회는 스파르타에 평화 조건을 타진했다.

스파르타의 평화안은 간결했다. 첫째, 아테네와 피레우스로 이어진 성벽을 철거한다. 둘째, 아테네는 군선을 12척 이하로만 유지한다. 셋째, 아테네는 펠로폰네소스 동맹의 일원이 된다. 넷째, 아테네에 스파르타군의 주둔을 허용한다. 기원전 404년 4월 평화조약이 체결되었다. 마침내 평화가 찾아왔다. 스파르타는 리산드로스를 아테네 주둔군 책임자로 파견했고, 아테네는 서둘러 성벽을 허물었다. 소크라테스 나이 65세의 일이다.

아테네의 성벽은 무적의 상징이었다. 페리클레스는 이 장벽에 의지하여 스파르타와의 결전을 선포했던 것이다. 아테네에서 피레우스 항구까지 이어지는 이 긴 장벽을 자신의 손으로 허물어야 했던 아테네인들의 비통함을 무엇으로 표현할 것인가?

평화조약이 체결되자 민주정을 타도하고 과두정을 수립하려는 인사들이 신속하게 움직였다. 그동안의 민주정에서는 아테네 시민 2만 명이 광장에 모여 토론하고 표결한 결과에 따라 정치적 결정이 이뤄졌다. 그러나 과두정 아래에서는 특정 정치 경향에 동의하는 일부 시민들에게만 제한적으로 의사 결정권을 주기 때문에 통상 과두정은 시민의 의견이 묵살되고 소수의 독재가 자행되는 정치를 지칭한다. 펠로폰네소스 전쟁에서 아테네가 스파르타에 항복하자 아테네 민주정이 무너지고 스파르타의 지원을 받는 과두정이 들어섰다. 이 과두정을 대표하는 두 인물이 크리티아스와 테라메네스였다. 크리티아스는 프랑스혁명기의 로베스피에르처럼 과격파를 대표했고, 테라메네스는 역시 프랑스혁명기의 미라보처럼 온건파를 대표했다. 크리티아스는 민주정을 혐오해 외국에 망명한 전력이 있는데, 젊은 시절 소크라테스와 대화를 나누기도 했다.

온건파든 과격파든 이제 아테네 정계는 모두 스파르타에 우호적이었다. 과두정을 구성한 30인의 지도자는 그해 9월 민회를 열어 스파르타의 장군 리산드로스가 위압적인 자세로 지켜보는 가운데 만장일치로 30명 전원의 위원 임명을 승인받았다. 이로써 아테네에는 본격적인 과두정체가 출범했다.

30인 과두정권은 스파르타와의 강화조약에 따라 곧바로 성벽을 허물었다. 독재자들은 시민들 중에서 과두정 지지자 3000명을 선발해 그들만이 법의 보호를 받을 수 있다고 선포했다. 과두정은 그 외 시민들의 안전을 책임지지 않는다는 것이었다. 과두정의 지도자들은 정권에 대해 비판적인 시민들을 아무런 법적 절차 없이 처형하는 독재자들이었다. 과두정은 숙청의 실무자로 11명의 특수 경찰을 뒀는데, 시민들에게 이들은 공포 자체였다.

처음에는 크리티아스와 테라메네스의 사이가 나쁘지 않았다. 그런데 자신들에게 비판적인 사람들을 처리하는 과정에서 둘 사이의 의견 대립이 노출되기 시작했다. 테라메네스는 닥치는 대로 사람을 죽이는 것은 옳지 않다고 비판하면서 반대자를 무자비하게 제거하려는 크리티아스의 강경 노선을 저지했다. 반대로 권력을 유지하려면 장애물들을 가차 없이 제거해야 한다는 것이 크리티아스의 입장이었다. 민주정 인사들은 처형을 피하기 위해 외국으로 피신해야 했다.

온건파와 과격파의 대립

아테네에 남아 있던 민주 인사들이 죽어나가자 사람들은 나라의 앞날을 걱정했다. 30인의 과두정은 지지자 3000명을 광장에 집결시킨 다음 사람들의 무기를 압수했다. 또한 수비대에 수당을 주기 위해 아테네에 거주하는 외국인 부자들을 체포하여 죽이고 재산을 몰수했다. 테라메네스에게도 사람을 잡아 오라고 명령했다. 그러나 테라메네스가 불복하자 몇몇 청년들에게 단검을 소매에 숨기고 의사당에 모이라고 지시했다. 크리티아스가 일어서서 말했다. "의원 여러분, 정치체제가 변화하는 곳에서는 많은 사람이 죽게 마련입니다. 과두정을 확립하는 것은 우리의 사명이며, 이 과정에서 많은 반대자가 나타날 수밖에 없습니다. 민주정은 나쁜 정치체제입니다. 민중은 스파르타인의 친구가 될 수 없습니다. 따라서 과두정에 반대하는 자들을 제거해야 합니다. 그런데 우리가 민중의 마수에서 벗어나려 할 때 테라메네스보다 더 많이 반대한 이는 없습니다. 배신은 적보다 더 위험합니다. 적은 강화를 맺고 나면 다시 믿을 수 있으나 배신자는 영원히 믿을 수 없습니다. 삶을 누릴 가치가 있는 자는 동료에게 순풍

이 불어올 때까지 꾸준히 노를 젓는 자입니다. 체제가 바뀔 때마다 사람들이 죽는 것은 불가피합니다. 테라메네스가 살아남으면 반대자들의 목소리는 커질 것이고, 만일 그가 사라진다면 반대자들의 희망도 사라질 것입니다."[1]

크리티아스는 이렇게 말하고 자리에 앉았다. 그러자 테라메네스가 일어나 말했다. "여러분, 의회의 결정권을 장악하고 장관들을 임명할 때까지 우리는 한마음이었습니다. 그러나 훌륭한 시민들을 체포하기 시작했을 때 나는 반대하기 시작했습니다. 누가 보아도 고귀한 사람인 살라미스의 레온이 아무 잘못 없이 죽었을 때, 한 번도 선동 정치에 가담한 적이 없는 니키아스의 아들 니케라토스가 체포되었을 때, 나는 시민들이 우리를 혐오할 것이라고 판단했습니다. 아테네에 거주하는 외국인을 체포해야 한다고 말했을 때도, 민중으로부터 무기를 빼앗을 때도 나는 반대했습니다. 그렇습니다. 부당하게 재산을 몰수하는 일, 또 아무 잘못이 없는 사람을 죽이는 것은 명백한 이적행위입니다. 나는 예전부터 말과 방패로 도시에 봉사할 수 있는 사람들이 도시를 통치하는 것이 최선이라고 생각해왔고 지금도 그 생각에는 변함이 없습니다. 크리티아스여, 당신은 내가 민주정치를 두둔하고 있다고 생각하나요? 대답해보시오. 만일 그러한 행위가 입증된다면 어떤 처벌도 달게 받겠소."[2]

테라메네스가 말을 그치자 그의 말에 동의하는 사람들은 웅성거렸다. 크리티아스는 표결로 테라메네스를 제거할 수 없다는 것을 감지하고 칼로 무장한 청년들을 의사당 안으로 들여보냈다. 청년들은 의원들 앞에 위압적으로 도열했다. 그리고 크리티아스는 이렇게 말했다. "과두정부를 어지럽히는 자는 살려두지 않을 것이오. 새로운 법에 따르면 3000인에 속하는 사람은 아무도 여러분의 표결 없이 처형할 수 없소. 하지만 3000인에 속하지 않는 사람은 30인이 처형할 수가 있소. 나는 우리 모두의 동의에 의해 테라메네스를 3000인 명단에서 제외하겠소. 30인은 그에게 사형을 언도하는 바이오."[3] 이 말을 듣고 테라메네스는 제단으로 뛰어올랐다. 그때 30인의 지도자는 테라메네스를 체포하라고 명령했고, 의원들은 침묵했다. 의사당 앞에는 칼을 품은 수비병이 가득했다.

이처럼 30인 과두정은 출범 몇 달 만에 과격파와 온건파 간의 내분에 휩싸였다. 온건파의 수장 테라메네스는 과두정권이 너무 과격하게 나가는 것을 처음부터 우려하고 있었기에 양측의 의견 대립은 결국 권력투쟁으로 확대되었다. 격심한 대립 끝에 테라메네스는 크리티아스의 수하들에게 살해되고 말았다.

압제의 광풍

과격파 크리티아스의 승리로 아테네는 더욱 거센 압제의 광풍에 휩쓸렸다. 과두정 출범 당시부터 무고한 시민들이 처형되거나 외국으로 피신하는 경우가 속출했지만 보수적 민주주의자, 온건 과두주의자들은 그래도 아테네를 안전한 곳으로 생각했다. 그러나 테라메네스가 살해되자 아테네는 더 이상 안전한 곳이 아니었다. 시시각각으로 조여오는 살해 위협에서 벗어나고자 시민들은 망명의 대열에 합류했다. 그 대열에는 소크라테스보다 더 현명한 사람은 없다는 신탁을 받은 카이레폰도, 소크라테스를 고발할 아니토스도 끼여 있었다.

한편 과두정권이 무자비해질수록 망명자를 중심으로 하는 저항 세력의 증오심은 더욱 커졌고, 이는 과두정권의 몰락을 재촉했다. 과두정권은 처음부터 스파르타의 도움 없이는 유지될 수 없었기에 스파르타에 지원을 요청했지만 스파르타는 거절했다.

아테네는 다시 민주정을 회복했다. 스파르타군이 주둔하고 있었지만 내정에는 관여하지 않았다. 아테네인들은 폐허가 된 삶의 터전을 일구는 데 전념할 수 있었다. 그들은 내전으로 시민들 사이에 형성된 깊은 불신을 치유하자는 의미에서 과거의 원한을 거론하지 말자는 취지의 법을 제정했다. 누구라도 다른 누구의 과거 정치적 행적에 대해 시비를 가리려 들면 그 법에 따라 처벌받도록 했다. 그리고 내전 중에 있었던 재산 상실과 취득에 관해서도 일절 따지지 말기로 합의했다. 이는 그 길고도 험한 고난을 겪은 후일지라도 명예와 존엄을 잃지 않으려는 모습이었고, 이런 정신은 아테네가 쓰라린 패배를 딛고 조속히 재기에 성공할 수 있는 밑거름이 되었다.

"그런데 얼마 지나지 않아 이 30인 정권과 당시의 정치체제가 완전히 전복되었습니다. 그리고 공적인 정치활동에 대한 욕구가 다시금 나를 끌어당겼습니다. 그런데 그때도 상황은 아주 혼란스러웠기 때문에 도저히 분노를 금할 수 없는 일들이 많이 일어났습니다. 혁명기 동안 적대시했던 사람들이 서로에게 보복을 가하는 일은 놀랄 일도 못 되었습니다. 그럼에도 당시 망명했다가 돌아온 사람들은 대체로 온건했습니다. 그런데 무슨

part 4 너의 영혼을 돌보라 · 243

운명에서인지 또다시 몇 사람의 권력자들이 우리의 친구 소크라테스를 법정에 세웠습니다. 그것도 가장 불경한, 그리고 누구보다도 소크라테스에게 어울리지 않는 죄목을 씌워서 말입니다. 그들은 소크라테스를 불경죄로 고발했는가 하면, 어떤 이들은 유죄 표를 던져 사형에 처하게 했던 것입니다"[4]라며 플라톤은 《제7서한》에서 소크라테스의 유죄 판결은 불경죄로 인한 것이었다고 기술했다.

도대체 소크라테스의 어떤 언행이 불경죄에 해당하는지, 그 물음에 대한 답을 쉽게 찾을 수가 없는 우리에게 이 문장들의 행간이 주는 의미는 무엇일까?

● chapter 3   청소년 타락죄, 그 불편한 진실

재판에 숨은 두 가지 의미

불후의 고전 《소크라테스의 변론》은 우리에게 충분한 감동을 주지만 일방적으로 소크라테스에게 동정심을 보내고, 아테네 시민들에게 적개심을 품는 것은 위험하다. 어느 한편의 이야기만 듣고 사태를 단정하는 것은 위험하다. 소크라테스의 재판에 관련된 진실을 온당하게 알기 위해선 플라톤의 입장을 넘어야 한다. 소크라테스의 재판을 소크라테스의 입장에서만 바라보아서는 안 된다는 제임스 A. 콜라이아코의 주장은 정당하다. "지난 수백 년 동안 대부분의 독자들은 소크라테스의 관점에서 《소크라

테스의 변론》과 《크리톤》을 읽었다. 아테네인들의 입장은 소크라테스의 영웅적 면모를 강조하는 도구로 이용되었을 뿐이다. 그러나 이 두 작품을 순전히 소크라테스의 시각에서만 해석하는 것은 아테네인들의 입장을 경시하는 행위일 뿐만 아니라 복잡하게 뒤얽힌 갈등을 지나치게 단순화하는 행위이기도 하다."[1]

플라톤을 통해 소크라테스를 바라볼 때 소크라테스 이해는 일면적일 수밖에 없다.[2] 플라톤을 떠나자. 그리고 아테네 시민의 가슴속으로 들어가자. 소크라테스를 죽인 아테네 시민들에게 다가가야 소크라테스를 이해하는 객관적 계기를 붙들 수 있다. 우리가 소크라테스의 재판을 이해하는 데 결정적인 난관으로 작용하는 것은 고발자들의 고소장이 전승되지 않는다는 점이다.

소크라테스의 재판에는 두 가지 숨은 의미가 있었다. 하나는 정치적인 것이었고, 다른 하나는 종교적인 것이었다. 개성이 강한 인물들에 대해 아테네인들은 두려움을 품었다. 소크라테스 동아리에 소속된 사람은 오래전부터 아테네인들에게 친스파르타적이고 과두제적인 인물로 지목되었다. 뿐만 아니라 크리티아스와 알키비아데스는 소크라테스 동아리의 구성원들이었다. 바로 기원전 404~403년의 가공할 과두제의 주동자가 크리티아스였고, 알키비아데스로 말하자면 아테네인들은 그에 대해 깊은 애증 관계를 가졌다. "아테네인들은 전쟁에서 승리를 거두려면 알키비아데스의 비범한 능력에 의지해야 한다고 생각했다. 그러면서도 그의 카리스마와 독선이 독재를 이끌지 않을까 두려워했다."[3]

펠로폰네소스 전쟁의 패배는 사실상 기원전 415년의 무모한 시칠리아 원정에서 비롯되었다. 함대 100여 척이 침몰되었고, 아테네 해군 1만여 명이 고스란히 전사한 시칠리아 원정을 부추긴 이가 누구였던가? 알키비아데스였다. 사건의 본말이 밝혀지지 않았지만 시칠리아 원정 직전 발생한 헤르메스 신상 파괴와 신성모독 사건에 연루된 이가 누구였던가? 알키비아데스였다. 그렇다면 알키비아데스가 소년일 때부터 따르던 이, 그와 오랫동안 철학적 담론을 지속한 이가 누구였던가? 소크라테스였다. 그런데 알키비아데스는 아테네 민회의 소환에 불응해 스파르타로 도주한 뒤 아테네의 전략을 누설했다. 알키비아데스는 비극적인 시칠리아 원정의 대파국을 초래한 아테네의 배신자였다. 그렇다면 그의 스승 소크라테스를 어떻게 보아야 하는가?

다음으로 기원전 404년의 과두정을 주도한 크리티아스는 누구였던가? 아테네의 명문 귀족으로, 소크라테스의 제자라고 알려진 자였다. 그러니까 알키비아데스와 크리티아스는 소크라테스의 영향 하에 성장한, 친스파르타적이고 과두제적인 성향의 인물들이었다.

특히 과격파인 크리티아스는 테라메네스를 제거한 뒤 아테네를 공포의 도시로 몰고 간 폭정의 장본인이다. 그는 과두정에 참여할 권리를 갖는 3000명의 명단에서 제외된 시민들은 아무런 법적 절차 없이 마구 죽였다. 저 공포의 시기인 기원전 404년에서 403년 사이에 목숨을 잃은 시민의 수가 무려 1500명에 달했다고 한다. 훗날 "연설가 아이스키네스는 크리티아스를 가르쳤다는 사실 때문에 소크라테스가 죽게 되었다고 말했다."[4]

part 4 너의 영혼을 돌보라 • 247

아니토스의 고소장을 상상하다

소크라테스 재판은 고소장의 망실로 인하여 결정적 제약을 가질 수밖에 없다. 따라서 우리는 불가피하게 역사적 상상력으로 끊어진 다리를 건너 뛰어야 하는 위험을 감수해야 한다. 이런 맥락에서 워터필드가 재구성한 아니토스의 고소장은 그 의미가 크다.(이 고소장은 뒤에 자세히 설명할 '대사면령'과 대치되기에 사실적 적합성이 떨어진다. 그래도 우리는 이 글을 통해 소크라테스를 고소한 아니토스의 본심을 알 수 있다.)

"저는 여러분의 시간을 많이 빼앗고 싶지 않습니다. 제 친구 리콘은 아직 연설을 하지 않고 있습니다. 여러분은 이 사람, 소크라테스가 형편없는 무신론자임을 멜레토스가 입증하는 것을 방금 들었습니다. 소크라테스는 젊은이들에게 타락하고 체제전복적인 기술들을 가르치는 소피스트요, 기괴한 무리의 괴수입니다. 소크라테스는 자신이 새로 고안한 불경스럽고 부도덕한 생각들을 앞세워 젊은이들의 아버지와 친지들의 낡은 생각을 전복하라고 젊은이들에게 가르치는 자입니다. 그는 참된 시민이 아닙니다. 그는 국가에 의해 인정되지 않은 신의 시종입니다. 하지만 불경죄의 고소에 관해선, 나의 동료가 충분히 언급했기 때문에 더 이상 말하지 않을 것입니다. 나는 청소년 타락죄에 대해 말하고자 합니다.
여러분은 시장터에서, 한 떼의 계집애 같은 말더듬이 젊은이들과 여남은 명의 수척한 노인들에게 둘러싸인 소크라테스를 보아왔습니다. 또 소크라테스는 소년들의 몸을 훔쳐보기 위해 늘 체육관 근처를 배회합니다만 할 일이 많은 여러분으로서는 그곳에서 소크라테스를 목격하지 못했을 겁니다. 그런데 소크라테스는 그의 청중에게 무슨 볼거리를 보여주던가요?

소크라테스는 여러분들 한 사람에게 착 달라붙어 자신의 질문 공세에 굴복하도록 강요합니다. 그런데 이 질문들은 순수한 질문이 아닙니다. 그는 여러분에게 하루의 때를 묻는 것도 아니고 타우레아 레슬링장으로 가는 길을 묻는 것도 아닙니다. 그의 제자들에겐 대단한 즐거움이 되겠지만, 소크라테스는 여러분을 괴상한 물음들로 묶어두고선 창피를 줍니다. 우리 중 누구도 무엇이 훌륭함인지 모른다는 것이 입증되었다고 주장하면서 말입니다. 비록 아무도 훌륭함이 무엇인지에 대해 그가 말하는 것을 들어본 적이 없지만, 자신만이 그런 지식을 갖고 있다는 인상을 교묘하게 줍니다.

 참된 친구와 참된 부모는 무엇이 올바른 것인가를 아는 사람이라고 소크라테스는 말합니다. 물론 이 올바름은 그의 사적 기준에 입각한 올바름입니다. 어떻게 아이들에게 생명의 선물을 준 아버지의 지위를 대신할 수 있습니까? 이 사람이야말로 우리의 도시를 괴롭힌 세대 간 갈등의 장본인입니다. 지금은 회복 중입니다만, 도시를 위기로 빠뜨린 이가 바로 소크라테스입니다. 그는 다만 이 회복을 저해하는 인물입니다. 민주주의의 기초이자 경건의 표징인 추첨을 소크라테스는 조롱합니다. 추첨이 나라에 해악을 끼치고 있다고 그는 말합니다. 소크라테스는 이 도시를 책임지는 소수의 지식인들을 원합니다. 그것이 과두정이 아니라면 무엇이라고 부를까요? 소크라테스는 오랫동안 스파르타를 두둔했습니다.

지금까지 나는 소크라테스의 제자들 일반에 대해 언급했습니다. 이제 좀 더 구체적으로 말하겠습니다. 소크라테스는 알키비아데스와 크리티아스의 스승이었습니다. 제가 굳이 여러분에게 알키비아데스의 비행을 상기시켜드릴 필요는 없을 것입니다. 이자는 스스로 참주가 되길 열망했고, 우리의 신성한 신들을 모독하여 헤르메스 신상을 훼손한 인물입니다. 이자가 갖고 있던 기량의 출중함은 부인할 수 없습니다. 그런데 그런 기량을 가지고 스파르타와 페르시아의 군사적 활동을 도왔습니다. 알키비아데스는 우리 도시가 겪었던 전란 등 모든 끔찍한 일들의 장본인이었습니다.

크리티아스에 관해 말하자면 그가 주도한 끔찍한 사건들에 대해 별도로 상기시킬 필요조차 없을 것입니다. 그는 우리를 스파르타의 지배 아래로 전락시켰습니다. 크리티아스는 1500명의 시민을 무자비하게 죽였고 많은 사람의 재산을 강탈했습니다. 우리는 크리티아스를 몰아내기 위해 떨쳐 일어났습니다. 그때 소크라테스는 무엇을 했던가요? 그는 아테네에 머물렀습니다. 왜 머물렀을까요? 크리티아스는 소크라테스의 제자였습니다. 크리티아스가 갖고 있던 여러 사상이 그의 선생으로부터 나왔다는 사실은 그리 놀랄 일이 아닙니다.

이 문제로 저는 여러분을 괴롭히고 싶지 않습니다. 그런데 알키비아데스와 크리티아스가 그들의 선생인 소크라테스와 그렇게도 비슷한 견해를 가진 것은 우연의 일치인가요? 그들은 자신의 견해를 희박한 대기에서 끌어낸 건가요? 자신의 견해를 가르치는 선생이라면 학생들의 견해에 책임을 져야 한다고 많은 사람이 믿습니다. 소크라테스가 이를 부인한다면, 그가 우리 평범한 사람들이 믿고 있는 우리의 관습을 경멸하는 또 하나의 사례일 따름입니다.

살아남은 3000명을 따라서 소크라테스는 엘레우시스로 퇴각할 기회를 얻었고, 그랬더라면 더 이상 그의 악행에 대한 보복은 없었을 것입니다. 소크라테스가 함께 퇴각했더라면 본 재판을 피할 수 있었을 겁니다. 하지만 그는 남아 있기를 선택했고 이제 법정에 섰습니다. 그는 사형을 받아야 합니다. 만일 여러분이 이 사람을 죽이지 않는다면, 우리의 아름다운 도시를 빼앗아간 도덕적 질병, 지금 우리가 최선을 다해 싸우고자 하는 그 질병을 여러분은 방조하는 셈입니다. 그렇다면 여러분은 소크라테스나 그의 동아리 구성원들에 의해 조만간 일어날 과두파의 혁명을 막지 않는 것입니다. 지금도 소크라테스는 크리티아스의 친척인 젊은 플라톤을 키우고 있습니다. 소크라테스에게 사형을 선고하는 것만이 나라의 미래인 우리의 젊은이들을 보호하는 길입니다."[5]

아테네 민주정의 대사면령

스파르타의 후원을 받는 30인의 과두정권이 아테네 시민들을 괴롭혔던 것은 주지하는 바이다. 30인 폭정이 "채찍을 들고 다니는 300명의 사병을 모집함으로써 국가를 장악했다"[6]고 말한 아리스토텔레스의 증언에 비춰볼 때 독재정권의 젊은 하수인들이 얼마나 아테네인들을 위압적으로 괴롭혔을지 상상이 가고도 남는다. 이 젊은 사병들은 많은 아테네인에게 스파르타에 미친 젊은이들을 생각나게 했다고 한다. 아니토스의 고소장에 기술된, 아테네인들의 소크라테스를 향한 힐난은 나름 이유가 있는 것이다.

　소크라테스 재판에서 불경죄를 비롯해 청소년 타락죄와 관련된 여러 쟁점은 찬반양론 다툼의 소지를 갖는다. 하지만 소크라테스의 친스파르타 경향만큼은 모든 학자가 만장일치의 동의를 보인다. 그렇다면 소크라테스의 친스파르타 경향을 토대로 소크라테스의 배신 혹은 아테네 공동체에 대한 불충을 따져 물었다면 멜레토스를 비롯한 고소자들은 한결 가볍게 완승을 거뒀을 것이다. 그들은 왜 고소장에 소크라테스의 정치적 성향, 정치적 언행의 유무죄를 따져 묻지 않았던가? 역사적 사건들의 시간적 구성 측면에서 보더라도 소크라테스의 재판은 기원전 404년에서 400년 사이에 조성된 정세와 긴밀하게 연관되어 있다. 그런데 멜레토스의 고소나 피고의 변론이나 모두 이 정치적 쟁점에 대해 침묵하는 까닭은 무엇인가?

　이 모든 침묵은 기원전 403년에 복귀한 민주정의 사면령 때문이라고 봐야 한다. 크리티아스의 폭정 하에서 죽어간 아테네 시민들이 자그마치 1500명. 살아남기 위해서는 국외로 탈출해야 했고, 이 망명 대열의 한가운데 아니토스가 있었다. 소크라테스는 이 망명자들 가운데 자신의 동료인 카이레폰도 섞여 있었음을 법정에서 언급한 바 있다. 크리티아스 일파가 분쇄되고, 아테네에 다시 민주정이 복귀되었다. 평소 민주정에 대해 회의적이었던 플라톤마저도 30인 과두정에 대해 얼마나 몸서리쳤는지, 아테네인들이 얼마나 민주정의 복귀를 열망했는지, 《제7서한》은 이렇게 기록하고 있다. "그런데 그들을 지켜보는 동안 실로 얼마 되지도 않아 이

전의 정치체제가 황금으로 보였습니다."[7] 그런데 돌아온 망명자들은 일체의 정치 보복을 거부했다. 도리어 과거의 사건을 거론하면서 소송을 거는 사람이 있으면 그 사람부터 처벌하기로 공표했다. 이른바 대사면령이 발효되면서 아테네인들은 피의 악순환을 거절했다. 역시 민주정에 대해 회의적이었던 아리스토텔레스조차도 이때의 사면령에 대해 찬사를 아끼지 않았다. "아테네인들은 어느 누구보다 과거의 불행에 대처함에 있어 사적으로나 공적으로 가장 고귀하고 가장 정치가다웠던 것으로 보인다."[8]

사면령은 민주파와 과두파 간에 벌어진 내전의 상처를 치유하기 위한 것이었다. 사면령에 의하면 30인 참주를 지지했던 정적들을 고발할 수 없었다. 이는 아테네에서 더 이상의 유혈 사태를 막을 수 있는 가장 효과적인 방법으로 평가되었다.

이제 과두정에 연루되었다는 혐의로 소크라테스를 고소할 수 없게 되었다. 이것이 기원전 399년 아테네인들이 처한 미묘한 정황이었다. 그들은 소크라테스의 제자였던 크리티아스가 30인 과두정의 일원이었음을 강조하고 싶었을 것이다. 하지만 기원전 403년 민주정이 복귀한 이후의 죄에 대해서만 법적 책임을 물을 수 있었다. 그래서 아니토스와 멜레토스는 소크라테스가 신에 대한 불경죄를 저지르고 젊은이들을 타락시켰다는 포괄적 고소에 머물 뿐, 구체적인 행위를 적시하지 못했다.[9]

토머스 R. 마틴은 사면령 때문에 소크라테스를 불경죄로 고소했다는 견해를 취한다. "30인 과두정의 독재 이후 일부 아테네 사람들은 소크라테스에게 반감을 품게 되었다. 그리하여 독재 시절 개인적으로 고통을 받았던 저명한 아테네인 아니토스는 기원전 399년 소크라테스를 고소했다.

대사면령은 기원전 404년에서 403년의 독재 시대에 벌어진 사건에 대해서 고소를 하지 못하도록 못 박았다. 그래서 그들은 소크라테스를 불경죄로 고소했다."[10]

chapter 4 　　　　　　　　　　불경죄, 그 불편한 진실

도편제도가 사라지다

고대 아테네의 민주정 시대에 있었던 도편추방제도는 나라를 다스리고 자 욕심내는 위험 인물을 제거하는 전 시민의 비밀 투표로서 '오스트라키스모스ostrakismos'라고도 한다. 이 제도는 원래 참주의 재현을 막기 위해 마련된 것으로서 제1차 페르시아 전쟁 직후인 기원전 487~485년에 처음으로 실시되었다. 도편추방은 절대 권력을 방지하는 민중의 지혜로, 피를 부르지 않는다. 그 방식은 민회에서 도편 표결의 시행 여부를 거수로 결정한 다음 공동체에 해를 끼칠 위험한 인물로 지목된 자의 이름을 도자기 조각에 비밀리에 기입하는 것이다. 이름이 적힌 도자기 조각이 많으면, 그 사람은 민중의 이름으로 조국을 떠나야 한다. 단 도편추방을 당한 사람은 사유재산이 보호되고, 시효만 지나면 아테네로 돌아올 수 있었다. 왕의 자의에 의존했던 조선시대의 유배보다 훨씬 합리적인 제도임이 분명하다.

페르시아 전쟁을 겪으면서 아테네 민주주의는 더욱 굳건해졌고, 민중은 절대적인 권한을 갖게 되었다. 이 점은 전쟁 영웅들의 후일담을 보면 명백해진다. 마라톤 전투의 영웅 밀티아데스는 승리에 도취되어 오만하게 굴다가 시민들로부터 중죄를 지었다는 판결을 받았다. 정의로운 사람이라 불리던 아리스티데스도 도편추방을 당한 적이 있었다.

《플루타르크 영웅전》에는 아리스티데스의 도편추방이 결정되던 당시의 이야기 한 토막이 담겨 있다.

> 많은 사람이 모여 추방되어야 한다고 생각하는 사람의 이름을 각자 도편에 쓰고 있었다. 그중 글을 쓸 줄 모르는 농부가 자신의 옆으로 지나가는 사람에게 도와달라고 부탁했다.
> "내 도자기에다 아리스티데스라는 이름을 써주시오. 나는 그자가 추방되길 바라오."
> 도움을 요청받은 사람이 물었다.
> "아리스티데스가 당신에게 피해라도 입혔소?"
> 그 농부가 대답했다.
> "그런 일은 없소. 나는 개인적으로 그를 알지도 못하오. 하지만 사람들이

그를 정의로운 사람이라고 불러대는 소리를 들으면 괜히 짜증이 난단 말이오."

그는 더 묻지 않고 농부가 원하는 대로 도자기 조각에 아리스티데스라 쓰고는 사라졌다. 그가 떠난 뒤 그 농부는 다른 농부와 대화하게 되었다.

"방금 당신을 도와준 사람이 누구인지 아시오?"

"내가 알 게 뭐요."

"저런, 그가 바로 아리스티데스라오."[1]

그런데 도편추방은 민주적 개혁의 하나로 시작되었지만 시대의 흐름에 따라 유력한 정치가를 추방하기 위한 정쟁政爭의 도구로 전락했다. 페르시아 전쟁을 승리로 이끈 유명한 장군 아리스티데스, 테미스토클레스 등도 그 희생자가 되었다. 기원전 417년 히페르볼루스를 마지막으로 이 제도는 사라졌다.

기원전 417년 니키아스와 알키비아데스의 불화가 절정에 이르렀다. 둘 중 한 사람을 도편추방시켜야 정치적 안정을 도모할 수 있는 상황이 되자 결국 두 사람에 대한 재판이 결정되었다. 시민들은 알키비아데스의 방자한 생활 태도를 못마땅하게 여기고 그의 대담함과 과감성을 두려워했던 한편, 니키아스의 재산을 질투하고 그의 고압적이고 독선적인 태도를 싫어했다. 전쟁을 원하는 젊은이들은 니키아스를 추방하려 했고, 평화를 원하는 노인들은 알키비아데스를 추방하려 했다.

세상이 어지러워지면 악인이 설치는 법. 당시 히페르볼루스 같은 천박한 인물이 출현해 아테네의 명예를 더럽히고 있었다. 그는 아무 권세가 없는 자였으나 수단과 방법을 가리지 않고 세력을 키워나갔다. 그는 니키아스와 알키비아데스 중 한 사람이 추방되면 정치적 공백을 틈타 자신의 정치세력을 확장할 생각에만 골몰했다. 그때 알키비아데스가 니키아스와 몰래 손을 잡았다. 알키비아데스와 니키아스는 히페르볼루스를 공동의 적으로 간주하고 그를 도편추방하는 데 합의했다. 본디 도편추방은 거물 정치인들에게 적용되는 일종의 '명예로운 처벌'이었지만 무명의 히페르볼루스가 그 대상이 되면서 도편추방은 빛을 잃었다.

불경죄가 의미하는 것

고대 아테네의 문헌에 의하면 여러 사상가나 작가 등이 불경죄에 연루되어 재판을 받고 아테네를 떠났다. 그중 우리에게 가장 낯익은 인물은 페리클레스의 스승인 아낙사고라스이다. 플루타르코스의 기록에 의하면 아낙사고라스는 클라조메나이에서 아테네로 초빙된 페리클레스의 교사였다. 자연현상을 신의 뜻으로 풀이하던 고대 아테네인의 신화적 사고에 반하여, 아낙사고라스는 과학적 탐구정신으로 자연현상을 분석했다. 페리클레스는 동시대인들의 미신, 점, 신화적 사고보다 아낙사고라스의 과학적 사고를 좋아했다. 하지만 아낙사고라스의 과학적 사유가 아테네인들의 신화적 사고와 충돌하는 것은 불가피했다.

디오페이테스는 아낙사고라스를 징벌하기 위해 불경죄를 신설했다. 아마도 디오페이테스와 페리클레스 사이에는 우리가 헤아리지 못하는 복잡한 갈등 관계가 깔려 있었을 것이다. 아낙사고라스는 결국 법정에 소환되었고, 불경죄 판결을 받아 죽음을 기다리는 신세가 되었다. 그가 고향에 돌아갈 수 있었던 것은 전적으로 페리클레스의 배려 덕분이었다.

프로타고라스 역시 언제인지 정확한 연도는 불분명하지만 불경죄에 연루되어 아테네에서 추방되었다. 그와 같은 대표적인 소피스트가 불경죄로 추방당했다는 것은 당시 소피스트가 아테네인들에게 어떤 대접을 받았는가를 보여주는 상징적 사건이다. 프로타고라스가 "인간은 만물의 척도"라고 선포한 것은 확실히 아테네인의 신앙과 적대적이었다. 그들에게 '만물의 척도는 신'[2]이었다. 프로타고라스는 신중심주의를 인간중심주의로 대체하고, 신의 절대적 가치 대신 인간의 상대적 가치를 중시한 사상가였다.

페리클레스의 여인 아스파시아 역시 불경죄로 고발되었고, 애첩을 구제하기 위해 페리클레스가 몸소 법정에 나와 아테네인들에게 눈물로 호소했다는 것 또한 흥미로운 일이다. 밀레토스 출신의 아스파시아는 당대의 유명 소피스트 뺨치는 여성 지성인이었다. 탁월한 화술과 출중한 미모의 소유자였던 그녀가 페리클레스의 마음을 휘어잡고 급기야는 페리클레스가 첫째 부인과 이혼하게 만들었다고 한다. 소크라테스도 아스파시아의 지성을 높이 평가해서 페리클레스와 아스파시아의 만남을 어울리는 결합으로 보았다고 한다. 어떤 이유에서였는지, 아테네인들은 아스파시아를 질시했고 결국 불경죄로 기소[3]했다.

그러고 보면 아낙사고라스와 프로타고라스 그리고 아스파시아 모두 페리클레스의 지인들이었다는 점에서 불경죄란 정치적 성격이 짙은 죄목임을 눈치챌 수 있다. 아테네인들이 자신들의 종교적 관습[4]을 지키기 위한 순수한 의도에서 불경죄를 사용했다기보다 특정인을 몰아붙이기 위한 정치적 수단으로 불경죄를 사용했을 가능성을 배제할 수 없다.

가장 노골적으로 정치적 의도를 드러낸 불경죄의 사례는 다름 아닌 알키비아데스[5]의 경우이다. 기원전 415년 아테네는 시칠리아를 정복하기 위한 원정을 결정한다. 니키아스가 시칠리아 원정에 반대한 온건파의 영수였다면, 시칠리아 원정을 재촉한 과격파의 대표는 알키비아데스였다. 격론 끝에 아테네인들은 알키비아데스의 손을 들어주었다. 알키비아데스만이 원정에 대한 야심을 품은 것이 아니라 전 아테네인이 똑같은 야망에 부풀어 있었던 것이다. 그런데 앞서 말했듯이 출전 준비를 모두 갖추었을 때 이상한 징조가 나타났다. 하룻밤 사이에 시내의 요소요소에 설치된 헤르메스 신상이 파괴된 것이다. 아테네 민회는 신상 파괴자를 공개 수배했고, 알키비아데스가 연루되었다는 보고가 올라왔다.

살라미스 해전이 페르시아 대군에 대항한 아테네인들의 기적적인 승리였다면, 시칠리아 원정은 아테네인들의 대파국의 시작이었다. 전자가 지중해의 패자로 등극하는 아테네의 신고식이었다면 후자는 아테네의 몰락을 예고하는 분수령이었다. 영원할 것 같았던 아테네의 영광이 몰락하기 시작할 때 아테네 시민들 사이엔 치열한 암투가 전개되었고, 알키비아데스를 제거하려는 음모가 진행되었으며, 이 음모가 헤르메스 신상 파괴로 나타났다. 시칠리아의 바다 위에서 소환령을 받은 알키비아데스는 아테네로 돌아오는 길에 도주하여 스파르타로 피신했고, 민회는 사건의 장본인이 궐석한 법정에서 사형을 선고한다. 불경죄란 그런 것이었다.

소크라테스 사형의 진실

만일 기원전 399년에도 도편추방이 유효했다면 소크라테스에게 적용되었을 가능성이 높다. 비록 소크라테스가 정치인은 아니었다 할지라도 그의 영향력은 자못 지대했다. 이미 기원전 432년 그의 나이 37세에 저 유명한 프로타고라스를 격파한 변론의 대가로 등극했고, 기원전 423년 그의 나이 46세에 아리스토파네스가《구름》에서 소피스트의 대표로 지목했을 만큼 소크라테스는 유명했다. 더구나 소크라테스 동아리의 구성원들은 아테네를 주름잡던 유력 정치인들이었지 않은가?

소크라테스는 정치를 일부러 기피했다. 어찌 보면 철학은 불의한 정치에 대항해 투쟁하기 위한 현자의 안전지대였는지도 모른다. 그렇다. 만일 소크라테스 같은 인물이 정치적 영역에 곧장 뛰어들었다면 10년을 못 넘기고 정적들의 희생물이 되었을 것이다.《소크라테스의 변론》에는 이에 대한 소크라테스 자신의 증언이 나온다. "나는 어려서부터 신의 목소리를 들었는데, 신은 내게 무슨 일을 하라고 권유한 것이 아니라 무슨 일을 하지 말라고 알려주셨습니다. 신은 내가 정치에 뛰어드는 것을 막았고, 돌이켜보면 그 뜻에 따른 것은 잘한 일이었습니다. 아테네인 여러분, 내가 만일 정치에 뛰어들었다면 오래전에 죽었을 겁니다. 부정과 불법에 맞서 싸우는 사람은 오래 살아남기 힘든 법이니까요. 진실로 정의를 위해 싸우는 사람은 공적으로가 아니라 사적으로 살아야 합니다."[6]

소크라테스가 정치인의 길을 버리고 개인적인 대화의 장에서 젊은이들을 만났던 것은 매우 현명한 선택이었다. 현명한 사람들 중에는 정치적 암살을 피하기 위해 일부러 감옥에 들어가는 사람이 있다. 소크라테스에게 대화는 안전을 보장받기 위해 선택한 감옥이었을지도 모른다.

하지만 보복은 피해 가지 않았다. 아테네인들은 허구한 날 자신들을 괴롭히고 망신 주는 소크라테스를 더 이상 놓아둘 수 없었다. 도편추방이 유명무실해진 상황에서 그들이 선택할 수 있는 유력한 무기는 불경죄였다. 아낙사고라스와 프로타고라스의 선례가 보여주듯, 불경죄의 선포는 공동체로부터의 추방을 의미했다. 소크라테스의 경우 사태를 심각하게 몰고 간 것은 아니토스의 고소가 아니라 소크라테스의 자살적 변론이었다. 그는 추방형을 요청하지 않았다. 아테네인들이 소크라테스의 몸에 박해를 가했다면, 소크라테스는 아테네인들의 영혼에 지울 수 없는 고통을 가했다. 죽는 그 순간까지 그는 아테네인들의 영혼에 달라붙어 괴롭히는 한 마리 쇠파리였다. "만약 여러분이 나를 죽이면 나를 대신할 사람을 찾기가 쉽지 않을 것입니다. 알기 쉽게 말해 나는 덩치가 크고 혈통이 좋긴 하지만 그 덩치 때문에 굼뜬 편이어서 쇠파리의 자극이 필요한 말에게 배정되듯, 신에 의해 이 도시에 배정된 것입니다. 그런 쇠파리 구실을 하라고 신께서 나를 이 도시에 배정하신 것 같단 말입니다."[7]

chapter 5

악법은 법이 아니다

소크라테스가 지키고자 한 법의 정체

오랫동안 우리의 교과서는 법의 안정성을 강조하고 체제의 전복을 막기 위해 '악법도 법'이라고 주장해왔다. 그런데 이 악법 준수의 신화를 만드는 데 죄 없는 소크라테스가 이용되었다. 권력의 부당한 명령에 항의하지 못하는 비겁함을 무마하기 위해 "소크라테스도 말했잖아. 악법도 법이라고 말이야. 그냥 따라"라고 말하는 것이다. 최고의 가치를 추구해 최고의 삶을 살기 위해 최고의 이성적 태도를 견지한 소크라테스가 불의를 보고도 저항하지 못하는 묵종의 삶을 두둔했을까? 과연 소크라테스는 "악법도 법이다"라고 말했을까?

플라톤의 《크리톤》은 소크라테스가 죽기 전 감옥에서 친구와 제자들과 나눴던 대화를 전한다. 크리톤은 어릴 때부터 소크라테스를 도와준, 그야말로 헌신적인 후원자였다. 크리톤에게 소크라테스는 죽마고우이자 자신의 아들을 가르쳐준 고마운 선생이기도 했다. 그렇기에 크리톤은 소크라테스에게 제발 탈옥할 것을 종용하러 감옥에 찾아갔다. 친구를 잃기 싫은 크리톤은 갖가지 이유를 들어가며 설득하고 애원한다.

당시 아테네에서는 사형이 확정되면 보통은 그날 오후 늦게 형을 집행했다. 그러나 소크라테스는 사형을 선고받은 당일에 죽지 않았다. 바로 전날 제사선이 델로스 섬으로 떠날 준비를 했기 때문이다. 아테네에서는 매년 이른 봄에 아폴론 신에게 제사를 지내기 위해 델로스 섬에 사제 일행을 태운 제사선을 보냈다. 일단 제사선이 떠나고 나면 그 배가 돌아올 때까지는 사형 집행을 미루는 것이 관례였다.

소크라테스는 독방에 수감되었다. 그의 발에는 쇠고랑이 채워졌고, 그 쇠고랑은 방 한쪽에 놓인 커다란 침대에 묶여 있었다. 쇠고랑은 그가 방 안을 여기저기 거닐 수 있을 만큼 길었다. 그런데 그의 수감 생활에는 색다른 점이 한 가지 있었다. 크리톤을 비롯한 아폴로도로스, 글라우콘, 헤르모게네스, 심미아스, 케베스 등 소크라테스의 친구들과 제자들이 끊임없이 그의 감방을 드나들었던 점이다. 그들이 그렇게 열심히 감방을 출입하는 데는 사실 중대한 목적이 있었다.

그들은 초조했다. 소크라테스를 그냥 죽게 내버려둘 수 없었기 때문이다. 소크라테스를 살릴 유일한 방법은 그를 외국으로 탈출시키는 것이었다. 충분히 가능한 일이었다. 간수를 매수해 소크라테스를 탈출시키는 것도, 소크라테스를 아테네 밖으로 빠져나가게 하는 것도 어려운 일이 아니었다.

그런데 문제가 하나 있었다. 소크라테스 본인이 그 계획에 동조하지 않는다는 것이었다. 소크라테스는 요지부동이었고, 시간은 촉박했다. 제사선이 아테네로 돌아오면 모든 것이 끝이다.

이제 제사선이 돌아온다고 한다. 오늘이 소크라테스를 설득할 수 있는 마지막 날일지도 모른다. 크리톤이 감방을 찾아간 그날 아침 소크라테스는 곤히 자고 있었기에 크리톤은 친구가 깰 때까지 한참을 기다렸다. 잠에서 깬 소크라테스는 크리톤의 이른 방문에 깜짝 놀랐다. 그리고 제사선이 돌아오고 있음을 알게 된다. 크리톤은 오늘도 설득에 전력을 기울인다.

크리톤: 여보게, 소크라테스! 지금이라도 목숨을 구하게나. 자네가 이대로 죽으면 나는 친구를 잃는 동시에 사람들에게 욕을 먹을 걸세. 돈을 썼더라면 구할 수 있었을 터인데, 친구보다 돈을 소중히 여겼다고 말이야.

소크라테스: 여보게, 크리톤. 대중의 평판에 그토록 신경 써야 할까?

크리톤: 일단 이곳을 탈출하세. 자네를 위해 나는 돈을 준비해놓았네. 소크라테스, 무엇보다도 먼저 자식들을 생각해보게. 그 어린 것들을 고아로 남겨두고 가서야 쓰겠나? 애당초 자식을 낳지 말든지, 일단 낳았으면 끝까지 책임져야 할 것 아닌가? 머뭇거릴 시간이 없네.

소크라테스: 친애하는 크리톤, 자네의 조언을 따라야 할지 말아야 할지 고민해보세. 나는 언제나 가장 훌륭하다고 생각되는 원칙 말고는 그 어떤

것도 따르지 않았잖은가. 나는 그 원칙을 버릴 수 없네.'

이어 소크라테스는 "중요한 것은 사는 것이 아니라 잘 사는 것이오, 잘 사는 것은 올바르게 사는 것"²이라면서 어떤 경우에도 불의한 짓을 저질러서는 안 된다고 말한다.

소크라테스 : 남에게 해를 입었다고 앙갚음하는 것은 옳은가, 옳지 않은가? 그렇네. 불의한 짓을 저질러서도 안 되고, 불의한 짓을 당했다고 앙갚음해서도 안 되네. 우리의 이 전제를 논의의 출발점으로 삼아도 되겠는가?
크리톤 : 동의하지. 계속하게.
소크라테스 : 그렇다면 우리가 국가의 허가를 받지 않고, 국가와 맺은 약속을 어기고 이곳을 떠나는 것은 올바른 행위일까? 국가와 맺은 약속을 어겨도 좋은 것인가? "소크라테스, 지금 그대는 무슨 행동을 하려는가? 그대의 탈옥 기도는 국법을 침범하고 훼손하는 행동이오. 그대는 도대체 무슨 불만이 있기에 국법을 파괴하려 하오? 그대는 아테네에서 태어나 자라고 교육을 받았소. 그러니 그대는 아테네의 자녀인 셈이오. 조국이 전쟁터로 부르면 그대는 달려가야 하오. 전쟁터에서나 법정에서나 조국의 명령에 복종해야 하오"라고 국법이 말하면 나는 뭐라고 답해야 할까? 국법의 말이 진실인가, 거짓인가?
크리톤 : 진실일 것 같네.
소크라테스 : 국법은 또 우리에게 이렇게 물을 걸세. "소크라테스, 그럼에도 국법이 마음에 들지 않으면 원하는 어디로든지 떠날 수 있는 이주의 자

유를 국법은 시민들에게 보장해주었소. 그런데 지금까지 그대는 이곳을 떠나지 않았지. 그렇다면 그대의 머무름은 우리의 어떤 명령에도 복종할 것을 사실상 합의한 것이오. 만일 국법에게 잘못이 있다면 국법을 설득해야 했소. 그대는 법정에서 추방형을 제의할 수 있었음에도 죽어도 여한이 없다며 추방형을 거부하지 않았소? 그래 놓고 이제 와 탈옥을 기도해 국법을 파기하는 것은 자유인이 할 만한 행동이 아니오." 크리톤, 우리는 뭐라고 대답해야 하지?

크리톤: 할 말이 없네.

소크라테스: 국법은 또 우리에게 물을 것이네. "아테네를 탈출한 그대가 외국에 나가 그곳 젊은이들과 무슨 대화를 나눌 수 있겠소? 그곳 젊은이들에게도 훌륭함과 정의야말로 인류의 값진 재산이라고 말할 수 있겠소? 소크라테스, 그대의 체면이 말이 아니지 않겠소? 살날이 얼마 남지 않은 노인네가 탐욕스럽게 삶에 집착해 국법을 어겼다고 사람들이 수군대지 않겠소?" 크리톤, 우리는 뭐라고 대답하지? 사랑하는 친구여, 내 귀에는 국법의 목소리가 쟁쟁하게 울리네. 크리톤, 국법이 권하는 대로 하세. 신께서 우리를 그쪽으로 인도하시네.[3]

사람들은 대부분 소크라테스가 "악법도 법"이라고 말했다고 알고 있다. 하지만 방금의 대화에서 "잘못된 법도 법이니까 따라야지, 뭐!"라고 말하는 소크라테스의 모습은 볼 수 없다. 소크라테스가 말하는 것은 '악법 준수의 의무'가 아니다. 그는 자신을 낳고 키워준 조국을 배신하지 않기 위해, 젊은이들에게 올바름의 실천을 보여주기 위해, 철학을 그만둘

바에는 사형도 불사하겠다는 약속을 지키기 위해, 즉 '어떤 경우에도 정의를 실천'하기 위해 죽음을 받아들인다. 소크라테스적 신념에 의하면 악법은 법이 아니다. 소크라테스에게 악은 지혜에 대한 무지의 산물이므로 무지에 입각해 제정된 악법은 당연히 앎에 입각한 정의의 법으로 대체되어야 한다. 법과 정의의 편에 서서 죽음을 무릅쓰고라도 부당한 결정[4]에 대해서는 맞서 싸워야 한다는 것이 법정에서 밝힌 소크라테스의 정치적 태도였다. 플라톤도《소크라테스의 변론》에서 저 30인 독재에 대항해 소크라테스가 어떻게 투쟁했는지 말하지 않았던가. 레온을 체포해 오라는 과두정의 부당한 명령에 대해 소크라테스가 어떻게 답했는지, 과두정의 언론 탄압에 대해 어떻게 대항했는지 살펴보자.

과두정의 체포령을 거부하다

과두정은 반대파 명단에 든 사람들을 체포하고 처형하는 일을 자행했다. 거기에는 정치적인 이유 외에 경제적인 이유도 있었다. 과두정은 스파르타 수비대 600명에게 봉급을 주어야 했기에 막대한 돈이 필요했다. 그러나 전쟁으로 황폐해진 아테네에서는 돈 나올 곳이 없었다. 과두정에 협조적인 부유한 시민들이 자진해서 돈을 내놓으면 좋으련만 그것은 희망사항에 불과했다. 그리하여 독재자들은 부유한 반대파, 특히 부유한 거류 외국인들에게서 돈을 빼앗았다.

　레온은 살라미스 섬에 거주하는 부유한 외국인이었는데, 독재정권은 그의 재산을 빼앗기 위해 체포령을 내렸다. 독재정권의 하수인인 특수 경찰은 소크라테스와 몇몇 시민들을 소환해 레온을 체포해 오라고 명령했다. 민간인에게 그런 일을 시킨 데는 중대한 이유가 있었다. 그것은 독재정권의 공범자로 만들기 위한 수법이었다. 이 명령을 따르지 않을 경우 가혹한 보복이 기다리고 있었다. 하지만 소크라테스는 명령을 거부했다. 명령을 받은 다른 시민들은 레온을 체포하러 갔고, 소크라테스는 집으로 돌아왔다. 레온은 모든 재산을 빼앗기고 처형되었다. 크세노폰은 《소크라테스 회상》에서 다음과 같은 이야기를 전하기도 한다.

과두정의 지도자 크리티아스는 소크라테스와 교류가 있었기 때문에 소크라테스가 과두정의 독재를 묵인했을 것으로 추정할 수도 있다. 하지만 소크라테스는 민주정의 지도자들을 비판했던 그대로 과두정의 독재자들에 대해서도 타협 없는 투쟁을 전개했다. 30인 과두정권의 언론 탄압에 대해 소크라테스가 어떻게 대응했던가?

'말하는 기술을 가르치는 것은 불법'이라는 개정 법률이 통과되었지만 소크라테스는 여전히 하고 싶은 말을 다 하고 다녔다. 독재정권의 지도자들을 소 치는 사나이에 비유하며 이렇게 비판했다. "소 치는 사나이가 소의 수를 감소시키면서도 자기가 서투른 사육사임을 인정하지 않는다면 참으로 괴이한 일이다. 국가 지도자라는 자들이 시민의 수를 감소시키면서도 이를 수치스럽게 여기지 않고, 자신들이 형편없는 지도자라는 점을 깨닫지 못한다면 더욱 괴이한 일이다."

이 말을 들은 크리티아스와 카리클레스는 소크라테스를 소환했다. 독재자들은 그에게 법조문을 들이대며 젊은이들과 이야기하지 말라고 명령했다. 소크라테스는 공표된 법률 중에 이해할 수 없는 구절이 있는데 질문해도 좋은지 물었다.

"법을 몰라서 법을 범하는 일이 없도록 자네들이 분명히 알려주게. '말하는 기술'은 올바른 말을 하는 것과 관련된 '기술'인가, 아니면 거짓된 말을 하는 것과 관련된 '기술'인가? 만일 올바른 말을 하지 말라는 법이라면 나는 진실을 말하지 않아야 할 것이며, 거짓말을 하지 말라는 법이라면 나는 진실을 말하도록 노력하겠네." 카리클레스가 화를 내며 소리 질렀다.

"젊은이들과 일절 말하지 말라니까요."

"몇 살 이하의 젊은이들을 말하는 건가?"

"서른 살 미만이죠."

"가게에 갔는데, 가게 주인의 나이가 서른 살이 안 돼. 그러면 주인에게 물건 값을 물어보지 말라는 건가?"

"그거야 상관없죠. 왜 뻔한 것을 묻습니까?"

"어떤 젊은이가 내게 카리클레스의 집이 어딘지 물을 경우 내가 알고 있는 것을 대답하면 안 되는가?"

"그런 것이야 상관없다니까요. 구두장이, 목수, 대장장이와 나누는 그 이상한 대화만 그만두면 됩니다."

"그럼 정의에 대해서도 말하지 말라는 건가?"

"그럼요. 그리고 소 치는 사나이 이야기도 안 됩니다. 만약 그만두지 않으면, 선생님 때문에 소가 또 한 마리 줄어들 겁니다. 제발 조심하세요."[5]

더 이상의 대화는 이어지지 않았다. 분명한 것은 권력자들에게 소크라테스는 눈엣가시였다는 사실이다.

chapter 6　　　　　　　　　　소크라테스의 최후

죽음에 관한 소크라테스의 생각

소크라테스의 최후는 보는 이에게 연민의 정이 느껴지지 않는 것이었다고 파이돈은 전한다. 몸가짐이나 말이 도리어 행복해 보였다고 한다. 그렇게 고결하게 두려움 없이 생을 마감한 것을 보면 그의 저승길은 신의 가호를 받았을 것이고 저승에서도 신의 가호를 받았으리라는 느낌을 떨쳐버릴 수가 없었다는 것이 파이돈의 소회였다.

죽음에 대한 소크라테스의 육성을 확인할 수 있는 것은 플라톤이 남긴 《소크라테스의 변론》 말고도 크세노폰이 남긴 《소크라테스 회상》이 있다.

두 자료를 대조해보면 소크라테스가 법정의 사형 판결을 두려워하지 않았다는 것을 확실히 알 수 있다. 크세노폰이 누구인가? 크세노폰은 소크라테스가 법정에 섰던 기원전 399년 당시 아테네를 비우고 없었다. 그는 스파르타 청년들과 함께 페르시아 왕자 키루스의 용병으로 소아시아에 가 있었다. 크세노폰은 후일 소크라테스의 제자 헤르모게네스로부터 그날의 진실을 전해 듣는다. 헤르모게네스는 재판을 앞두고 "선생님, 법정에서 뭐라고 말할지 고민해야 되는 게 아닌가요?"라고 물었고, 소크라테스는 이렇게 답했다고 한다.

"신은 나에게 지금 죽는 것이 나에겐 잘된 일이라고 말씀하셨네. 나는 지금껏 어느 누구 못지않게 훌륭한 삶을 살았어. 나는 신을 경배하고, 도덕적인 삶을 살았지. 참, 마음이 편하네. 신은 친절하게도 가장 알맞은 나이에 가장 손쉬운 방법으로 삶에서 벗어나도록 나를 도와주고 있는 것 같아. 이제 나는 사형 판결을 받게 될 걸세. 그렇게 되면 나는 주변에 민폐를 끼치지 않고 가장 편한 방식으로 죽음을 맞이하게 되겠지. 신은 나에게 반대했다네. 어떻게 말할까, 굳이 연구하지 말라고 말이야. 나는 나의 생각을 있는 그대로 말할 것이야. 배심원들은 불편하겠지. 그들은 사형을 선고하겠지만 나는 굳이 거부하고 싶지 않아. 구차하게 사느니 깨끗이 죽는 것을 택하겠네."[1]

헤르모게네스에 의하면 법정으로 가던 날 아침 소크라테스가 품은 생각은 이런 것이었다. 그러면 이제 법정 진술에서 소크라테스가 죽음에 대해 어떻게 말했는지, 플라톤의 기록을 통해 알아보자. "죽음보다 치욕을 염려해야 합니다. (……) 나 자신과 남들을 탐구하며 철학자의 삶을 살도록 신께서 정해주셨을 때 죽음이 두려워 내 자리를 뜬다면 나는 심한 자기모순에 빠지게 될 것입니다. (……) 죽음을 피하는 것은 '잔재주를 부리는 일'입니다."[2] 그런데 여기에서 한발 나아가 소크라테스는 죽음에 관한 상식을 뒤흔들기 시작한다.

"죽음을 두려워한다는 것은 지혜롭지 않으면서도 스스로 지혜로운 것처럼 생각하는 것과 같습니다." 죽음이 인간에게 사실은 최대의 축복이 아닌지 아는 사람은 아무도 없습니다. 사람들은 죽음이 인간에게 최대의 불행이라는 것을 확실히 알고 있는 양 죽음을 두려워합니다.[3]

죽음이 좋은 것인지, 나쁜 것인지 우리는 알 수 없다. '너 자신의 무지를 알라.' 우리가 죽음에 대해 아는 것이라고는 우리가 죽음이 무엇인지 모른다는 것뿐이다. 죽음이 어떤 것인가? 죽음에 대한 특정 견해를 피력하는 것 자체가 잘못일 공산이 크다. 왜냐하면 우리는 죽음을 경험하지 않았기 때문이다. 그런데 정작 죽음을 경험한 사람은 말이 없다. 소크라테스의 관점에서 보았을 때 자신이 모르는 일에 대해 잘 알고 있는 것처럼 말해서는 안 된다. 그리하여 "우리가 죽음을 나쁜 것으로 생각한다면 그것은 잘못된 생각인 것 같습니다"[4]라고 소크라테스는 일침을 놓았던 것이다. 소크라테스는 계속 죽음에 관한 논변을 펼친다.

"죽음은 일종의 소멸이어서 죽은 자는 아무것도 지각하지 못합니다. 아니면 죽음은 일종의 변화이고 혼이 이승에서 저승으로 이주하는 것입니다. 죽음은 이 둘 중 하나입니다. 만약 죽음이 꿈도 꾸지 않는 잠과 같은 것이라면 죽음은 이득입니다. 또 만약 죽음이 혼의 이주라면, 그리하여 저승에 가서 오르페우스와 무사이오스, 헤시오도스와 호메로스와 함께할 수 있다면 이보다 더 큰 축복이 있겠습니까? 그럴 수만 있다면, 나는 몇 번이고 죽고 싶습니다."[5]

과연 플라톤의 《파이돈》이 전하는 것처럼 이 순간 소크라테스가 '윤회의 믿음'을 갖고 있었는지 우리는 쉽게 단언할 수 없다. 플라톤의 초기 작품인 《소크라테스의 변론》과 달리 《파이돈》은 플라톤의 중기 작품이기 때문이다. 학자들은 중기 작품에는 주인공 소크라테스의 입을 통해 나오는 발언 속에 플라톤 독자의 사유가 반영되어 있다고 생각한다. 또 플라톤은 스승이 죽은 뒤에 남부 이탈리아 지역을 방문하여 그곳의 피타고라스 공동체로부터 피타고라스의 사상을 배웠다고 한다. 그렇다면 《파이돈》에서 전개되는 윤회가 소크라테스가 아니라 피타고라스의 것일 공산이 크다. 하지만 윤회에 관한 소크라테스의 발언이 《파이돈》 말고도 《국가》와 《파이드로스》[6]와 《고르기아스》에도 등장하는 것으로 보아 설령 그것이 피타고라스의 것이었다 할지라도 생전의 소크라테스도 윤회에 관한 믿음을 지니고 있었을 수 있다.[7] 테일러는 《소크라테스》에서 소년 시절 소크라테스가 오르페우스 종교[8]를 인지했을 가능성이 있다고 말한다.[9]

《파이돈》에 의하면 철학은 죽음에 대한 연습이다. 죽음을 통해 영혼이 육체로부터 벗어나는 것처럼 철학은 영혼이 육체로부터 벗어나는 훈련이다. 또한 철학은 인간을 비이성적인 것으로부터 자유롭게 한다. 철학은 영혼의 정화淨化이다. 소크라테스가 말하는 사후세계는 선악의 원리가 지배한다. 선한 사람과 악한 사람은 그에 상응하는 보상을 받는다. 사후 영혼은 서로 다른 세계를 다녀오게 된다. 죽은 이후 천상의 세계와 지하의 세계를 각각 다녀온 영혼들은 다시 지상으로 돌아간다. 이때 영혼들은 운명의 여신들 앞에서 자신의 운명을 선택한다. 《국가》의 마지막 장에서 소크라테스가 들려주는 '에르의 신화'를 들어보자.

'에르'라는 사나이가 있었다. 그는 전쟁터에서 용감하게 싸우다 죽었는데, 죽은 지 열이틀 만에 다시 살아난 희한한 경험의 소유자였다. 장례를 치르는데, 화장 장작더미 위에서 되살아난 것이다. 그래서 그는 저승에서 본 것들을 사람들에게 이야기해줬다고 한다.

혼이 육신을 벗어난 뒤에 그의 혼은 다른 많은 혼과 함께 여행을 했다. 혼들은 신비스러운 곳에 이르게 되었는데, 땅 쪽으로 두 개의 넓은 구멍이 나 있었고, 맞은편 하늘 쪽으로 다른 두 개의 넓은 구멍이 있었다. 이 사이에 심판자들이 앉아 심판을 내렸다. 심판자들은 올바른 삶을 산 자에겐 오른쪽 윗길로 올라가도록 지시했고, 불의한 삶을 산 자에겐 왼쪽 아랫길로 내려가도록 지시했다. 에르는 거기에서 심판을 받았고, 여러 혼이 각각 하늘과 땅의 구멍을 따라 떠나가는 걸 보았다고 한다. 또한 땅 쪽에서는 오물과 먼지를 뒤집어쓴 혼들이 도착하는가 하면, 하늘 쪽에서는 순수한 혼들이 내려왔다.

지하 세계와 천상 세계에서 오랜 여행을 하고 도착한 혼들은 이제 초원草原으로 야영을 하러 떠났다. 서로 아는 혼들끼리 만나면 반기는 인사도 했다. 땅 쪽에서 온 혼들은 하늘 쪽에서 온 혼들한테 천상의 일을 물었고, 하늘 쪽에서 온 혼들은 지하의 일을 물었다. 그들은 서로 이야기를 들려줬다. 땅 쪽에서 온 혼들은 지하 여행에서 얼마나 많은 고통을 겪고 보았던가를 회상하면서 통탄했다. 이 고행은 1000년이 걸리는 여행이었다. (……)혼들이 도착하자 한 대변자가 혼들을 정렬시키더니, 라케시스의 무릎에서 제비와 삶의 표본들을 집어 들고서는 높은 단 위에 올라 이렇게 말했다고 한다. "아낭케의 따님이며 처녀이신 라케시스의 말씀이다. 하루살이인 혼들이여, 죽을 운명인 종족에게 죽음을 가져다주는 또 다른 주기가 시작되고 있다. 첫 번째 제비를 뽑아 자신의 삶을 먼저 선택하라." 이렇게 말하고선, 모두를 향해 제비들을 던져주었고, 혼들은 자기 옆에 떨어진 제비를 집었다. 다음으로 대변자는 삶의 표본들을 땅바닥에 던졌는데, 온갖 종류의 삶이 널려 있었다. 동물의 삶도 있었고, 인간의 삶도 있었다. 인간의 삶 중에는 참주의 삶도 있었고, 거지의 삶도 있었으며, 저명한 남자의 삶도 있었다. 그중에는 준수한 외모와 건강으로 유명한 자의 삶도 있었고, 가문과 조상들의 훌륭함으로 저명한 자의 삶도 있었다. 스무 번째 제비를 뽑은 혼은 텔라몬의 아들 아이아스의 혼이었는데, 이 혼은 인간으로 태어나기를 피했다고 한다. 그다음은 아가멤논의 혼이었는데, 이 혼은 인간 종족에 대한 증오심 때문에 독수리의 삶을 선택했다고 한다. 익살꾼 테르시테스의 혼은 원숭이 차림을 하고 있었고, 오디세우스의 혼은 이전의 고난에 대한 기억 때문에 명예욕에서 해방되어, 편안한 사인私人의 삶을 찾았다고 한다.

모든 혼이 자신의 삶을 선택한 다음 차례로 라케시스에게로 나아갔다. 여신은 각자 선택한 다이몬을 삶의 수호자로서 딸려 보냈다. 다이몬은 혼을 먼저 클로토에게 인도했고, 여신의 손과 방추의 회전운동이 진행되고 있는 아래쪽으로 가서 제비뽑기를 한 혼이 선택한 운명을 확인받았다. 여신과 만난 다음 다이몬은 아트로포스가 운명의 실을 잣는 데로 혼을 인도해, 한번 꼰 운명의 실은 되돌릴 수 없도록 만들었다. 그런 후 아낭케의 옥좌 아래로 갔다. 그들 모두는 무섭도록 이글거리며 숨 막히는 무더위를 뚫고 '망각의 평야'로 나아갔는데, 이곳은 나무 한 그루 없는 황량한 곳이었고, 저녁도 되었기에 그들은 '망각의 강' 옆에서 야영하게 되었다. 이 강물은 어떤 그릇으로도 담을 수가 없었고, 이 강물을 마시게 된 자는 모든 걸 잊어버린다. 그들이 잠들고 밤중이 되었을 때 천둥이 치고 지진이 일어났고, 저마다 뿔뿔이 제 출생을 향해 이동했다. 그런데 에르는 강물을 마시지 못하도록 제지당했다. 새벽에 눈을 뜨자 자신이 화장하기 위해 쌓아놓은 장작더미 위에 있는 것을 알게 되었다.[10]

이제 우리도 현자, 소크라테스를 보내줄 때가 왔다. 이곳은 사형 집행장. 오늘은 소크라테스가 독배를 들고, 이승을 마감하는 날이다. 파이돈과 심미아스, 케베스 등 한 떼의 제자들은 이른 아침부터 감옥을 방문해서 스승의 마지막 길을 지킨다. 아이를 안고 온 크산티페가 울부짖는다. "여보, 당신의 말씀도 오늘이 마지막이군요."[11] 아내의 울음이 거북한 소크라테스, 부인을 집으로 데려가라고 크리톤에게 이른다.

소크라테스는 자신의 혼이 이 지긋지긋한 몸에서 해방되어 '사유하는 순수한 영혼'이 될 것이라는 희망을 품고 있다. 이곳에서 다른 곳으로 떠나가면, 오르페우스와 무사이오스, 헤시오도스와 호메로스를 만나게 될 것이라는 희망도. 저승에 당도한 소크라테스는 그곳에서도 캐물음의 즐거움을 그만두지 않을 것이나 그곳 사람들은 그 때문에 해코지하지 않을 것이다. 우리의 몸이 생기를 얻은 것은 혼 때문이다. 죽는 것은 몸이다. 혼은 죽지 않는다.

"심미아스! 우리는 일생에서 훌륭함과 지혜에 관여하도록 전력해야 하네. 살아생전 몸과 관련된 쾌락이나 치장에 대해서 결별하고, 배우는 것과 관련된 즐거움들에 대해서는 열의를 보이며, 절제와 지혜, 용기와 정의로 혼을 장식하며 사는 거라네. 이윽고 정해진 운명이 부를 때 저승으로 가는 여행을 준비하면서 말이야. 정해진 운명이 이제 나를 부르고 있네. 아마도 내가 욕실로 향할 시간인 것 같으이. 그야 물론 목욕을 하고서 독약을 마셔야 주검을 목욕시키는 수고를 덜 수 있겠지."[12]

마침내 영혼의 자유를 얻다

크리톤은 곁에 서 있던 심부름하는 아이에게 눈짓했지요. 아이가 밖으로 나가더니 한참 만에 독약을 가져온 사형 집행인을 데리고 오더군요. 독즙이 든 사발을 들고 있었지요. 스승은 말했지요. "어떻게 마셔야 독이 잘 번지는지 일러주게."

"걸으십시오. 다리가 무거워지면 그때 누우세요. 그러면 약 기운이 잘 돌 겁니다."

"어이!" 스승은 아주 태연하게 평상시와 조금도 다름없이 잔을 들고 이렇게 말하더군요. "신에게 감사하는 뜻으로 약 한 방울 떨어뜨리면 안 될까?"

"마실 만큼만 가져온 것입니다."

"알았네. 그러나 저승으로 가는 이 여행을 잘 안내해달라고 기도는 드릴 수 있을 테지."

이렇게 말하면서 스승은 잔을 입술에 대고 조용히 약을 마셨습니다. 약을 다 들이켜는 선생님을 보고는 더 이상 참을 수가 없었습니다. 저는 그만 울음을 터뜨렸어요. 얼굴을 가리고 울었습니다. 다시는 선생님을 만나지 못한다는 생각이 떠오르니 슬픔이 복받쳤던 거지요. 크리톤은 저보다 먼저 울음을 참지 못하여 밖으로 나갔습니다. 아폴로도로스는 진작부터 흐느끼고 있었는데, 선생님이 약을 다 마시자 통곡을 하기 시작했습니다. 스승만이 조용했어요.

"이게 뭔가"라고 스승은 말했습니다. "이상한 사람들 다 보겠네. 내가 아낙네들을 내보낸 것은 이런 창피스러운 꼴을 보일까 봐 그런 거야. 사람은 모름지기 조용히 죽는 것이야. 조용히, 그리고 의젓하게."

이 말을 듣고 우리는 부끄러운 생각이 들어 눈물을 삼켰습니다. 스승이 이리저리 걷더니 한참 만에 다리가 무겁다고 말하고는 반듯이 드러눕더군요. 스승이 누우니까 독약을 건넨 사람이 다리와 발을 살펴보았습니다. 그리고 발을 세게 누르면서 감각이 있느냐고 묻더군요. 스승이 "없다"라고 하니까, 그다음엔 다리를 눌러보고는 몸이 점점 차가워지고 굳어지고 있다고 말하더군요. 그러고는 다시 우리에게 "독이 심장에까지 미치면 마지막입니다"라고 말했습니다. 하반신이 거의 다 차가워지던 순간에 스승은 얼굴 덮개를 내리더니 이렇게 말했습니다. 이것이 스승이 남긴 최후의 말이었습니다. "크리톤, 아스클레피오스 신에게 내가 닭 한 마리를 빚졌네. 기억해두었다가 갚아주게."[43]

당시 아테네인은 질병에 걸려 고생하다가 건강을 회복하면, 의술의 신인 아스클레피오스에게 감사의 제물을 바쳤다. 소크라테스가 죽기 직전 제자들에게 "아스클레피오스 신에게 닭 한 마리를 바쳐달라"고 말했던 것은, 육체라는 질병덩어리로부터 마침내 영혼의 자유를 얻게 된 데 대한 감사였다. 《파이돈》은 이렇게 철인의 최후를 담담하게 묘사한다. 참으로 깨끗하고 평화로운 죽음이다.

• 에필로그   영혼을 돌보라

크세노폰은 《소크라테스 회상》을 맺으면서 이런 말을 남겼다. "소크라테스, 이 현자의 이름을 생각할 때 나는 그분의 고결한 인격을 기억하지 않을 수 없으며, 그분의 인품을 기억할 때 나는 그분을 향한 존경심을 억누를 수 없다. 덕을 추구하는 어떤 사람이 만일 소크라테스보다 더 유용한 도움을 주는 이를 만났다고 한다면, 그는 모든 사람 중에 가장 복받은 사나이라고 불릴 자격이 있다."[1]

소크라테스의 투쟁은 시대를 향한, 동료 시민들을 향한 사상 투쟁이었다. 물질의 풍요와 개인의 명예를 탐하는 삶을 버리고 혼의 훌륭함을 위해 살라는 소크라테스의 질타는 정치적 자유와 경제적 정의를 넘어선 삶의 근본적 가치 문제와 맞닿아 있는 예언자적 비판이었다. 따라서 소크라테스의 비판을 피해갈 수 있는 정치인은 존재할 수 없었다. 정치라는 활동 자체가 대중의 욕망에 부응하는 일이지 않는가? 정치는 인간의 영혼을 계도하는 종교나 철학이 아니다. 따라서 《고르기아스》에서 소크라테스가 정치인들을 아이들의 입맛에 아첨하는 요리사에 비유하며, 페리클

레스를 위시한 정치인들이 아테네인을 타락시켰다고 꼬집었던 것은 페리클레스 개인을 향한 비판을 넘어 정치 그 자체에 대한 비판이었다.

소크라테스의 삶은 제국 아테네의 오만을 향한 투쟁이었고, 아테네인들이 소크라테스에게 유죄 판결을 내린 까닭은 그의 언설이 제국 아테네의 정치적 원리를 부정한 것으로 보였기 때문이었다. 아무리 표현의 자유를 보장하던 아테네였을지라도 넘어서는 안 되는 금이 있었다. 아테네인들은 페르시아 대군을 맞아 싸우다 죽더라도 결코 그들의 '흙과 물'만은 바칠 수 없었던 긍지 높은 시민들이었다. 자신의 '자존과 명예'를 소중히 여겼던 아테네인들로서는 아테네 공동체의 원리가 근저에서부터 삐뚤어져 있다는 소크라테스의 비판을 용인할 수 없었을 것이다.

소크라테스가 일관되게 강조하는 '절제와 정의'는 '자급자족'의 삶을 전제로 하는 덕목이었다. 페리클레스의 추도사가 '아테네 제국의 힘과 영광에 대한 찬미'라면 소크라테스의 추도사는 그와 반대로 '제국의 오만을 경고'하며 '무엇이든 지나치지 말라'는 조언이었다. "너 자신을 알라"는 델포이 신전의 경구는 인간의 내면을 성찰하지 않고, 힘과 명예의 획득에 몰두하는 당대 아테네인들의 세속적 경향에 대한 경고였다. 플라톤의 《알키비아데스》에서 사랑하는 제자의 영혼을 '부와 권력'에서 '절제와 정의'로 전환시키고자 고투하는 소크라테스의 모습은 아테네 전체를 향한 외로운 충언이었으리라.

기원전 399년 아테네의 한 법정에서 열린 '아테네인의 소크라테스 재판'은 거꾸로 '아테네인을 향한 소크라테스의 재판'이었다. 만일 평생 신의 사명을 따라 산 소크라테스가 불경죄를 저질렀다고 한다면, 그렇게 선고한 아테네인들이야말로 신의 뜻을 거역한 불경죄를 저지른 셈이다. 이날의 법정 진술을 토대로 작성한 플라톤의 《소크라테스의 변론》은 그 의미를 깊이 고찰하면 아테네인들을 향한 '소크라테스의 고발'이었다. 《소크라테스의 변론》은 제목이 명확하게 말하듯 법정의 변론문이지만, 그것은 아테네인들을 향한 한 편의 긴 고발문이었다. 당신들은 이처럼 순결한 영혼을 법정에 끌어냈다는 것인가! 고발의 혹독함은 변론의 온건함에 의해 가려져 있다. "변론이자 고발, 이것이 《소크라테스의 변론》의 두 가닥이다."[2]

주

프롤로그 소크라테스의 재판이 남긴 물음

1 플라톤 지음, 천병희 옮김, 〈소크라테스의 변론〉, 《소크라테스의 변론, 크리톤, 파이돈, 향연》, (숲, 2012), 42a.
2 이 법정은 아테네 시정 활동의 중심지인 아고라에 위치했다. 500명의 배심원들은 모두 추첨에 의해 선택된, 30세 이상의 평범한 시민들이었다.
3 멜레토스는 증인들 앞에서 소크라테스에게 최고집정관에게 출두하라고 요구하는 구두 소환장을 발표했을 것이다. 원고와 피고가 최고집정관 앞에 출두했을 때 멜레토스는 고소장을 제출했을 것이고, 이 고소장은 왕의 주랑에 공고되었을 것이다. 그 후 예비 청문회가 열렸을 것이다. 예비 청문회에서 원고는 고발 내용을 낭독하고, 피고 역시 공식적인 진술을 했을 것이다. 원고와 피고는 각기 자신의 주장이 진실이라고 맹세했을 것이며, 이어 판사는 멜레토스와 소크라테스를 심문한 후 원고 측의 주장에 일리가 있다고 판단하여 공식 고발장을 작성했을 것이다. 그리고 재판 날짜가 결정되었을 것이다.
 — 제임스 A. 콜라이아코 지음, 김승욱 옮김, 《소크라테스의 재판》, (작가정신, 2005), 34쪽.
4 오랫동안 한국의 독자들은 '소크라테스의 변명'이라는 제목에 익숙했는데, 2003년 박종현 선생은 '소크라테스의 변론'이라고 옮겼다. 영어의 'apology'는 '변명'이지만 그리스어 'apologia'는 '변론'이다.
5 〈소크라테스의 변론〉, 《소크라테스의 변론, 크리톤, 파이돈, 향연》, 29d.
6 같은 책, 35d.
7 어쨌든 30표만 피고 쪽으로 갔어도, 소크라테스가 무죄 방면이 되었을 것이라 했다.

그렇다면 투표 결과는 280:220이다.
  － 플라톤 지음, 박종현 옮김, 〈소크라테스의 변론〉, 《에우티프론, 소크라테스의 변론, 크리톤, 파이돈》, (서광사, 2003), 169쪽.

8 "그대는 재판받을 때도 그대가 원했다면 형량으로 추방형을 제의할 수도 있었네. 그랬더라면 지금 그대가 국가의 의사에 반하여 행하려고 하는 것을 그때 국가의 승인을 받아 행할 수 있었을 것이네. 하지만 그때 그대는 죽어도 여한이 없다고 계속 호언장담하며 그대 말대로 추방형보다는 사형을 택했네."
  － 〈크리톤〉, 《소크라테스의 변론, 크리톤, 파이돈, 향연》, 52c.

9 〈소크라테스의 변론〉, 《소크라테스의 변론, 크리톤, 파이돈, 향연》, 29c~29d.

10 디오게네스 라에르티오스에 의하면 다수 쪽에 80표가 더 늘었다고 한다.
  － 〈소크라테스의 변론〉, 《에우티프론, 소크라테스의 변론, 크리톤, 파이돈》, (서광사, 2003), 177쪽.

11 호메로스 지음, 천병희 옮김, 《오뒷세이아》, (숲, 2006), 11권 134~135.

12 〈소크라테스의 변론〉, 《소크라테스의 변론, 크리톤, 파이돈, 향연》, 22c.

13 같은 책, 28a.

14 같은 책, 22e.

15 같은 책, 23b.

16 같은 책, 37d.

17 많은 아테네 시민들이 보기에 여러 사람들을 조사하며 돌아다니는 소크라테스는 쓸데없이 중뿔나게 남의 일에 참견이나 하는 사람이었다.
  － Robert J. Bonner, *Aspects of Athenian Democracy* (Berkley, 1933), p. 102~103.

18 아테네의 시민수: 고대 아테네에는 공식적인 인구조사나 인구통계 자료가 존재하지 않았기 때문에 그 인구수를 정확하게 추산하는 것이 불가능하다. 다만 일부 사료에 전쟁 준비를 위한 국가적인 동원 사례가 언급된 것을 바탕으로, 대체적인 인구수를 추정할 수 있을 뿐이다. 그에 따르면 펠로폰네소스 전쟁 직전에는 아테네 시민수가 약 4만 명, 기원전 400년경에는 2만 5000명, 기원전 360년경에는 3만 명이었을 것으로 추정된다. 물론 시민 이외에 시민들의 가족, 거류 외인, 노예까지 합하면 전체 아티카의 인구수는 20~30만 명 규모였을 것으로 보인다.
  － 김봉철 지음, 《그리스 전환기의 지식인 이소크라테스》, (신서원, 2004), 167쪽.

PART 1 캐묻지 않는 삶은 살 가치가 없다

chapter 1 소크라테스의 탄생

1 아폴로도로스의 《연대기》에 의하면 제77회 올림픽 대회기 제4년(BC 469) 타르겔리온의 달 여섯 번째에 태어났다.
  - 디오게네스 라에르티오스 지음, 전양범 옮김, 《그리스철학자열전》, (동서문화사, 2008), 110쪽.
2 소크라테스는 석공 소프로니스코스와 플라톤이 《테아이테토스》에서 쓰고 있는 것처럼 산파인 파이나레테 사이에서 태어났다.
  - 같은 책, 97쪽.
3 G. W. F. 헤겔 지음, 권기철 옮김, 《역사철학강의》, (동서문화사, 2008), 252쪽.
4 아테네가 페르시아의 침략에 대비하기 위해 주변 나라들과 맺은 동맹으로, 기원전 477년에 결성되었다.
5 플라톤 지음, 박종현 옮김, 〈라케스〉, 《플라톤의 프로타고라스, 라케스, 메논》, (서광사, 2010), 180d~180e.
6 플라톤 지음, 천병희 옮김, 〈크리톤〉, 《소크라테스의 변론, 크리톤, 파이돈, 향연》, (숲, 2012), 50d.
7 "호메로스의 시구를 인용하자면, 나는 '참나무나 바위'가 아니라 인간들 사이에서 태어났으니 내게는 친족들도 있고, 아들도 세 명이나 있습니다."
  -〈소크라테스의 변론〉, 34d.
  "호메로스가 말했잖아요. '두 사람이 함께 가면 한 사람이 다른 사람보다 무엇이 유익한지 먼저 아는' 법이라고."
  - 플라톤 지음, 강성훈 옮김, 《프로타고라스》, (이제이북스, 2011), 348d.
8 고대 그리스는 미케네문명(BC 2000~1100), 암흑기(BC 1100~800), 상고기(BC 800~479)로 나뉘고 이후 고전기(BC 479~338)와 헬레니즘시대(BC 323~146)가 이어진다.
  - 김봉철 지음, 《그리스 전환기의 지식인 이소크라테스》, (신서원, 2004), 17쪽.
9 서사시를 암송하는 아이 옆에서 한 손에 긴 막대기를 들고 아이를 보고 있는 사람이 파이다고고스(교복校僕)이다.

-로베르 플라실리에르 지음, 심현정 옮김, 《고대 그리스의 일상생활》, (우물이있는 집, 2004), 164쪽.

우리는 처음으로 공부를 하는 어린아이의 순수한 영혼에 호메로스를 양식으로 제공한다. 아이에게 호메로스의 시라는 우유를 빨게 하는 것보다 더 좋은 일은 없다.

-같은 책, 168쪽.

10 플라톤 지음, 천병희 옮김, 《국가》, (숲, 2013), 595c.
11 플라톤 지음, 이정호 옮김, 《메넥세노스》, (이제이북스, 2008), 240d~240e.
12 헤로도토스의 《역사》에 의하면 이때 플라타이아이군이 아테네군을 도와 페르시아에 맞서 싸웠다고 한다.
13 헤로도토스 지음, 천병희 옮김, 《역사》, (숲, 2009), 6권 117.
14 같은 책, 7권 186.
15 데마라토스는 원래 스파르타의 왕이었으나 정적에 의해 왕위를 잃은 후 페르시아로 도주해 훗날 그리스 원정에 참가하게 된다.
16 《역사》, 7권 104.
17 같은 책, 7권 228.
18 같은 책, 7권 140.
19 같은 책, 8권 75.
20 고대 그리스의 대 비극시인으로 모두 90편의 비극을 썼으며 온 그리스에 명성을 떨쳤다. 현재는 《오레스테이아》, 《페르시아인들》 등 일곱 편의 비극이 남아 있으며 작품을 통해서 인간과 신의 정의가 일치한다는 것을 노래했다.
21 아이스퀼로스 지음, 천병희 옮김, 《아이스퀼로스 비극 전집》, (숲, 2008), 214~215쪽, 387~405쪽
22 에우리피데스는 소크라테스보다 연상이었으나 소크라테스와 개인적으로 친밀한 관계였고, 작품 활동에서 소크라테스로부터 영감을 얻곤 했다.

-A. E. Taylor, *Socrates* (London, 1932), p. 85~86.

사람들은 소크라테스가 에우리피데스의 극작에 협력한 것으로 짐작했다.

-《그리스철학자열전》, 97쪽.

23 《역사철학강의》, 252쪽.
24 같은 곳.

25 아테네에서 아버지는 아이가 18세가 될 때까지 직접 가르치거나 교육을 맡겼다. 18세가 되면 군인이 되어 시민으로서 첫발을 내딛었다.
 -《고대 그리스의 일상생활》, 154쪽
26 《그리스철학자열전》, 98쪽.
27 같은 곳.
28 아테네 남자들은 열여덟 살이 되면 일종의 군사조직인 에페보이에 입단하면서 이런 서약을 했다. 에페보이는 계속해서 신과 여신들의 이름을 걸고 서약한다.
 -베터니 휴즈 지음, 강경이 옮김, 《아테네의 변명》, (옥당, 2012), 196쪽.
29 코라 메이슨 지음, 최명관 옮김, 《소크라테스》, (창, 2010), 66~69쪽.

chapter 2 자연철학에서 '정신'을 붙들다

1 플라톤 지음, 천병희 옮김, 〈파이돈〉, 《소크라테스의 변론, 크리톤, 파이돈, 향연》, (숲, 2012), 96a.
2 디오게네스 라에르티오스 지음, 전양범 옮김, 《그리스철학자열전》, (동서문화사, 2008), 90쪽.
3 최근의 연대기에 의하면 아낙사고라스가 아테네를 탈출한 시점은 펠로폰네소스 전쟁 직전인 기원전 432년이라고 한다.
 -A. E. Taylor, *Socrates*, (London, 1932), p. 59.
4 플루타르코스 지음, 홍사중 옮김, 《플루타르크 영웅전 I》, (동서문화사, 2007), 275~276쪽.
5 탈레스 외 지음, 김재홍 외 옮김, 《소크라테스 이전 철학자들의 단편 선집》, (아카넷, 2005), 794~796쪽
6 《그리스철학자열전》, 91~92쪽.
7 아리스토텔레스 지음, 김진성 옮김, 《형이상학》, (이제이북스, 2007), 51~52쪽.
8 〈파이돈〉, 96a~96c.
9 같은 책, 97b~98b.
10 같은 책, 98b~98d.
11 같은 책, 99a~99c.
12 기원전 441년 당시 사모스는 반란 중이었고, 아테네는 사모스를 침공했다. 28세의

소크라테스가 아르켈라오스와 함께 이 전투에 참여했을 가능성도 있다.
 – *Socrates*, p. 66.
13 소크라테스가 37세 되던 해에 아낙사고라스가 아테네로부터 추방되자 이제는 아낙사고라스의 후계자로 지목되었던 아르켈라오스에게 청강했다.
 – G. W. F. 헤겔 지음, 임석진 옮김, 《철학사 1》, (지식산업사, 1996), 510쪽.
14 베터니 휴즈 지음, 강경이 옮김, 《아테네의 변명》, (옥당, 2012), 226쪽.
15 소크라테스가 젊은 시절 조직된 학교의 교장 비슷한 존재로서 활약했음을 의미하는 증거는 아주 풍부하다.
 – *Socrates*, p. 68.
16 플루타르코스는 디오페이테스 법령으로 아낙사고라스에 대한 고발이 가능해졌으며 페리클레스가 아낙사고라스를 아테네에서 떠나게 했다고 말한다.
 –《플루타르크 영웅전 I》, 300쪽.
17 크세노폰 지음, 최혁순 옮김, 《소크라테스 회상》, (범우사, 2002), 14~15쪽.
18 《그리스철학자열전》, 99쪽.

chapter 3 지혜의 교사, 소피스트

1 대장벽은 아테네와 피레우스 항구를 이어준다. 길이가 각각 6킬로미터 이상인 남벽과 북벽은 폭이 160미터나 되는 운동장처럼 넓은 군사 도로를 에워싸고 있었다. 방벽은 도시와 항구를 요새로 만들어 방어하기 쉽게 해주었다. 주로 바다를 통해 식량과 물자를 공급받았던 아테네인들은 이 방벽 덕택에 전시에도 식량과 물자를 공급받을 수 있었다.
 – 로베르 플라실리에르 지음, 심현정 옮김, 《고대 그리스의 일상생활》, (우물이있는집, 2004), 35~36쪽.
2 핀리는 "아테네의 노예 수는 자유인 1세대당 평균 3~4명이었다"고 했는데 학자들마다 노예 수에 관한 견해는 다양하다.
 – M. I. 핀리 지음, 김진경 옮김, 《고대노예제》, (탐구당, 1987), 98쪽.
3 기원전 5~4세기 아테네의 인구 구성을 보면 시민과 그 가족이 50퍼센트, 거류 외인과 그 가족이 10~15퍼센트, 노예가 35~40퍼센트였으리라 추정된다. 펠로폰네소스 전쟁 직전 아테네의 전체 주민수는 20만 명을 넘었다고 하니, 노예 수는 적어도

7~8만 명에 달했을 것으로 보인다. 아테네의 노예노동은 농업뿐 아니라 수공업, 광산업, 가내노동에서도 전반적으로 사용되어 경제활동의 중요한 기반이 되었다. 나아가 노예의 존재는 자유 시민들의 여가 활동을 가능하게 함으로써 그들의 활발한 정치 및 문화 활동의 기반이 되기도 했다.
— 김봉철 지음, 《전환기 그리스의 지식인 이소크라테스》, (신서원, 2004), 37쪽.

4 도시에서 집안일은 당연히 노예들의 몫이었다. 정치가 니키아스의 경우 1000명 이상의 노예를 소유했다. 부자들의 경우 보통 50여 명의 노예를 소유했다. 중산층 시민은 문지기, 요리사, 아이를 돌보고 학교에 데려다주는 교복, 집안을 청소하고 물을 긷고 곡식을 빻고 베를 짜는 하녀를 포함하여 10명의 노예를 보유했다. 하지만 가난한 시민들은 노예를 한 명도 소유하지 못했다.
—《고대 그리스의 일상생활》, 97쪽.

5 아테네는 동맹 도시들의 파우사니아스에 대한 증오감에서 이렇게 지배권을 인수받게 되자 여러 도시가 바쳐야 하는 세금과 징선 제도를 제정했다. (……) 헬라스 공동기금 재무직이 아테네에 의해 처음으로 설립되었다. 이 관직은 공금을 수납하고, 수납된 화폐를 포로스(공금)라고 불렀다. (……) 동맹의 재무국은 델로스 섬에 설치되고, 그 섬의 신전에서 동맹회의가 열리게 되었다. (……) 초기에는 약 265개의 납세 도시가 있었다. (……) 기원전 454년에 공동기금이 아테네로 옮겨지고 아테네 제국의 기구로 이용되기에 이르자 납세 도시국가의 수도 300개 정도에 달했다.
— 투키디데스 지음, 박광순 옮김, 《펠로폰네소스 전쟁사 상》, (범우사, 2011), 95~96쪽.

6 플루타르코스 지음, 홍사중 옮김, 《플루타르크 영웅전 I》, (동서문화사, 2007), 574쪽.

7 아리스토파네스 지음, 천병희 옮김, 〈벌〉, 《아리스토파네스 희극 전집 1》, (숲, 2010), 224쪽.

8 같은 책, 189~190쪽.

9 플라톤 지음, 이정호 옮김, 《메넥세노스》, (이제이북스, 2008), 131쪽.

10 제임스 A. 콜라이아코 지음, 김승욱 옮김, 《소크라테스의 재판》, (작가정신, 2005), 49쪽.

11 조지 커퍼드 지음, 김남두 옮김, 《소피스트 운동》, (아카넷, 2003), 16쪽.

12 디오게네스 라에르티오스 지음, 전양범 옮김, 《그리스철학자열전》, (동서문화사,

2008), 611쪽.
13 각자에게는 각자에게 보이는 그대로가 참이고 자신만이 척도라면 인간만이 아니라 돼지도 만물의 척도가 될 수 있다(《테아이테토스》, 16c). 각자가 자신의 판단에 대한 척도이므로 자신의 견해에 대해 다른 사람이 더 옳을 수가 없다. 그런데 어떻게 프로타고라스는 현자일 수 있으며 돈을 받고 다른 사람들을 가르칠 수 있는가?(《테아이테토스》, 161d~161e)
14 플라톤 지음, 박종현 옮김, 《플라톤의 법률》, (서광사, 2009), 4권 716c.
15 《그리스철학자열전》, 612쪽.
16 신성에 관한 호메로스의 개념은 체계적이지 않다(25쪽). 하지만 호메로스의 이야기에 견고한 핵심과 공통된 요소는 존재한다. 그것은 바로 신성의 원리가 힘이라는 것이다(26쪽). 호메로스가 신성을 부여하는 자연의 힘들을 모두 다 열거할 필요는 없다. 세계를 둘러싸고 있는 신적인 강, 오케아노스는 모든 신들의 '존재의 근원(게네시스)'이라 불린다. 오케아노스의 아내이자 모든 신들의 어머니인 테티스는 신적인 '유모'이다. 그리고 이들의 자손들 가운데는 태양의 신 헬리오스, 밤의 신 뉙스(닉스), 여명의 신 에오스, 계절들의 신 호라이가 있고, 그 외 강의 신들, 님프들, 바람의 신들이 있었다. 죽음과 잠은 또 다른 종류의 위대한 자연의 힘들인데, 그들은 타나토스와 휘프노스(히프노스)로서 신성이 부여된다(27쪽). 신이 불멸인 까닭은 신은 힘이고, 힘은 죽지 않기 때문이다(35쪽).
– 로이 케네스 해크 지음, 이신철 옮김, 《그리스 철학과 신》, (도서출판b, 2011).
17 W. K. C. 거스리 지음, 박종현 옮김, 《희랍 철학 입문》, (서광사, 2000), 25쪽
18 같은 책, 51쪽.

chapter 4 **영혼의 발견**
1 플라톤 지음, 박종현 옮김, 《플라톤의 법률》, (서광사, 2009), 803c.
2 같은 책, 512쪽.
3 같은 책, 803b 호메로스의 서사시들을 통해서도 알 수 있듯이 전통적으로 그리스인들은 자학적인 인간관을 가져왔던 것이 사실이다.
– 같은 책, 513쪽.
4 플라톤 지음, 천병희 옮김, 《국가》, (숲, 2013), 498b.

5 같은 책, 497c
6 같은 책, 613a
7 같은 책, 379d.
8 《플라톤의 법률》, 909b.
9 호메로스 지음, 천병희 옮김, 《일리아스》, (숲, 2007), 2권 419~420.
10 같은 책, 8권 429.
11 같은 책, 13권 226~227.
12 같은 책, 24권 68~71.
13 같은 책, 3권 165.
14 같은 책, 1권 5~7.
15 《국가》, 380c .
16 《일리아스》, 13권 358~360.
17 《국가》, 379b.
18 같은 책, 379c.
19 플라톤 지음, 천병희 옮김, 〈소크라테스의 변론〉, 《소크라테스의 변론, 크리톤, 파이돈, 향연》, (숲, 2012), 30b.
20 프랜시스 콘포드는 영혼 또는 진정한 자아를 발견한 사람이 바로 소크라테스라고 주장했다.
 – 제임스 A. 콜라이아코 지음, 김승욱 옮김, 《소크라테스의 재판》, (작가정신, 2005), 242쪽.
21 크세노폰에 관해 이런 이야기가 전해지고 있다. 소크라테스가 골목길에서 그와 마주쳤을 때 지팡이를 뻗어 통행을 방해하고선 사람들은 어디에 가면 훌륭한 사람이 될 수 있느냐고 물었는데 크세노폰이 얼른 대답하지 못하자 소크라테스는 "그렇다면 나를 따라오게나"라고 말했다. 그때부터 크세노폰은 소크라테스의 제자가 되었다.
 – 디오게네스 라에르티오스 지음, 전양범 옮김, 《그리스철학자열전》, (동서문화사, 2008), 113쪽.
22 크세노폰 지음, 최혁순 옮김, 《소크라테스 회상》, (범우사, 2002), 214~215쪽.
23 W. K. C. Guthrie, *A History of Greek Philosophy*, (Cambridge, 1969), p. 444.
24 《국가》, 335e.

25 같은 책, 338c~339a.
26 같은 책, 343b~344c.
27 같은 책, 357a~358c.
28 같은 책, 365e~366e.

chapter 5 소크라테스, 철학의 무대에 서다

1 기원전 430년대 후반이 《프로타고라스》의 배경이다. 알키비아데스가 수염이 갓 난 상태이고, 429년에 죽은 페리클레스의 두 아들이 살아 있었다는 점을 고려하여 학자들은 시기를 433년이나 432년으로 잡는 것이 보통이다.
 – 플라톤 지음, 강성훈 옮김, 《프로타고라스》, (이제이북스, 2012), 51쪽.
2 같은 책, 309a~309d.
3 '의학의 아버지'라고 불리는 히포크라테스와는 동명이인이다.
4 《프로타고라스》, 310b~310e.
5 같은 책, 312a~312e.
6 같은 책, 313a~314b.
7 같은 책, 319e~320b.
8 같은 책, 329c~e.
9 같은 책, 322d~323a.
10 덕은 지혜로부터 생기는 것으로, 사람이 부덕한 것은 지혜가 없기 때문이라는 학설이다.
11 《프로타고라스》, 349b~349d.
12 같은 책, 361a~361e
13 걸출한 지성의 소유자로서 소크라테스의 명성이 그의 생애 중반 이전에 확립되었으며, 특히 바로 이 시기에 저명한 소피스트들과 교류했다는 것에 주목해야 한다.
 –A. E. Taylor, *Socrates*, (London, 1932), p. 72.
14 플라톤 지음, 강철웅 옮김, 《향연》, (이제이북스, 2010), 220c~220d.

PART 2 단 한순간도 사랑하지 않은 적이 없다

chapter 1 전사 공동체 아테네의 일상

1 도시의 역사에서 초기에는 기병이 군사력의 핵심이었다. 진정한 전사는 전차나 말을 타고 싸우는 사람이었다. 전투에서 별로 소용이 없던 보병은 별다른 대접을 받지 못했다. 그러나 보병의 중요성이 서서히 높아졌다. 무기 제조기술이 발전하고 조직적인 훈련이 이루어짐에 따라 보병은 기병에게 대항할 수 있게 되었다. 그리스의 중무장 보병들은 평민들이었다. 또한 그리스에서는 특히 해군의 중요성이 커졌는데, 그것은 해전이 발발할 경우 도시의 운명은 종종 노 젓는 사람들, 다시 말해서 평민들의 수중에 놓이기 때문이었다. 그런데 한 사회를 방어할 정도로 힘이 강한 계급은 제반 권리들을 정복하여 합법적인 영향력을 행사할 정도로 힘이 강한 법이다. 한 국가의 사회적, 정치적 상황은 그 군대의 성격 및 구성과 밀접한 관계가 있다.
— 퓌스텔 드 쿨랑주 지음, 김응종 옮김, 《고대도시》, (아카넷, 2000).

2 도시국가는 우선 부족들의 연합체였다. 부족은 다시 프라트리아의 연합체였고, 프라트리아는 다시 가족들의 연합체였다. 따라서 도시국가의 기초 단위는 가족이다. 가족은 자신을 수호하는 조상신을 갖는다. 가장은 조상신을 상징하는 불을 관리할 책임과 권한을 가짐으로써 가족 구성원들에 대한 지배력을 확보한다. 마찬가지로 프라트리아, 부족에는 각각의 수호신이 있고, 수호신을 대변하는 사제 및 족장이 있다. 프라트리아에는 제사를 주관하는 우두머리가 있었고, 자체의 민회와 재판소를 가지고 있어 자체의 법령을 제정했으며, 가족의 경우와 마찬가지로 여기에도 신, 숭배의식, 사제직, 재판, 통치기구 등이 있었다. 여러 프라트리아가 모여 하나의 부족을 형성하는데, 이 새로운 집단 역시 자기의 종교를 가지고 있었고, 각자의 제단과 수호신이 있었다. 부족 역시 프라트리아와 마찬가지로 민회를 가지고 있었으며, 전 구성원이 복종해야 하는 법령을 제정했다. 따라서 도시국가가 이들 부족의 연합체라고 하는 것은 도시국가를 보호하는 수호신과 수호신에 대한 종교적 예배를 책임지는 제사장 혹은 왕이 별도로 존재함을 의미한다. 다시 말해 아테네라는 폴리스는 수호신 아테나의 보호를 받는 부족들의 연합체이다.
— 같은 책, 159~181쪽.

3 페리클레스는 전몰자 추도사에서 일 년 내내 계속되는 시합과 축제를 도시의 즐거

움 중의 하나로 언급했는데, 모든 시합과 경연 대회는 종교적인 감정과 애국심, 신에 대한 믿음, 국가에 대한 자부심을 고양시키는 데 기여했다. 페리클레스 시대의 행복이란 물질적 풍요와 대규모 축제의 즐거움을 의미했다. 대부분의 축제에서는 운동 경기가 열렸고, 그 밖에 음악 경연, 비극 경연이 열렸다. 7월이면 한 해가 시작됐는데, 제우스의 부모인 크로노스와 레아에게 감사의 축제를 바쳤다. 7월이 끝나갈 무렵엔 도시의 여신 아테나를 기리기 위한 대규모 축제인 범 아테네 제전이 열렸다. 9월에는 엘레우시스 비교(秘敎)를 기리는 제전과 축제가 열렸고, 10월에는 아폴론에게 경의를 표하는 축제가 열렸으며, 12월엔 데메테르와 포세이돈을 기리는 축제가 열렸다. 1월에는 제우스와 헤라의 결합을 기리는 축제가 열렸고, 2월에는 포도주의 신인 디오니소스를 기리는 축제가 열렸으며, 3월엔 아테나 여신에게 추수감사제를 올렸다. 4월에는 아르테미스를 기리는 축제가 열렸고, 5월에는 정화의 신 아폴론을 위한 축제가 열렸으며, 6월엔 여러 신들에게 제물을 바치는 스키로포리아 축제가 열렸다.

− 로베르 플라실리에르 지음, 심현정 옮김, 《고대 그리스의 일상생활》, (우물이있는집, 2004), 308∼317쪽.

4 시민의 의무가 투표만으로 끝나는 것은 아니다. 시민은 자기 차례가 되면, 자기의 데모스(고대 아테네의 최소단위의 행정구획)나 부족의 정무관이 되어야 한다. 또 법원의 배심원이 된다(총 1만 8000명 중 6000명). 배심원이 되면 그는 일 년 내내 법정에서 소송인의 진술을 듣고 법을 적용하는 데 종사한다. 자기의 생애에 두 차례 '500인 원로원'에 부름을 받지 않는 사람은 없다. 그러면 그는 일 년 동안 매일 아침부터 저녁까지 자리에 앉아, 정무관들의 공술서를 접수하고, 정무관들에게 회계 보고서를 요구하거나 외국의 사절을 접견하고, 아테네의 외교 사절들에게 내릴 훈령을 작성하며 민회에 회부될 모든 사안을 검토하고, 모든 법안을 준비한다. 마지막으로 그는 추첨이나 투표로 아르콘, 장군, 치안관과 같은 도시의 정무관으로 지명된다. 민주국가의 시민이 된다는 것이 얼마나 무거운 책임을 짊어지는가. 사람의 전 존재가 거기에 매달려야 하고, 개인적인 일이나 가족의 삶을 위해서는 좀처럼 시간을 낼 수 없다. 따라서 아리스토텔레스는 살기 위해서 일을 하고 싶은 사람은 시민이 될 수 없다고 말했는데, 그것은 참으로 옳은 이야기였다. 이러한 것들이 민주정을 위해 필요한 것들이다. 시민은 오늘날의 공무원처럼 자기의 전부를 국가를 위해 바쳐야 했

다. 전시에는 피를 바쳤으며, 평화 시에는 시간을 바쳤다. 그는 개인적인 일에 몰두하기 위해 공적인 일을 제쳐놓을 자유가 없었다. 오히려 도시를 위해 자기의 일을 잊어야 했다. 사람들의 삶은 자기 자신들을 다스리는 데에 바쳐졌다. 민주정은 모든 시민들의 끝없는 노동이라는 조건에서만 지속될 수 있었다. 열정이 다소라도 식으면 민주정은 죽거나 부패한다.
–《고대도시》, 463~464쪽.

5 G. W. F. 헤겔 지음, 권기철 옮김, 《역사철학강의》, (동서문화사, 2008), 248쪽.
6 플라톤 지음, 이정호 옮김, 《메넥세노스》, (이제이북스, 2008), 130쪽.
7 플라톤 지음, 강철웅 옮김, 《향연》, (이제이북스, 2010), 220c.
8 디오게네스 라에르티오스 지음, 전양범 옮김, 《그리스철학자열전》, (동서문화사, 2008), 99~100쪽.
9 플라톤 지음, 박종현 옮김, 〈라케스〉, 《플라톤의 프로타고라스, 라케스, 메논》, (서광사, 2010), 181b.
10 《향연》, 221a~221b.
11 플루타르코스 지음, 홍사중 옮김, 《플루타르크 영웅전 I》, (동서문화사, 2007), 105~106쪽.
12 플라톤 지음, 천병희 옮김, 〈소크라테스의 변론〉, 《소크라테스의 변론, 크리톤, 파이돈, 향연》, (숲, 2012), 28e.
13 〈라케스〉, 190d~191d.
14 같은 책, 194d~198c.
15 그리스 사람들은 몸에 딱 맞는 재봉한 옷을 입지 않았다. 옷은 아주 느슨하게 몸을 감쌌으며 허리띠나 핀으로 고정시켰다. 남자들은 속옷을 입지 않았다. 셔츠 대신 튜닉을 입었다. 사람들은 밤에도 튜닉을 벗지 않고 잠옷 대용으로 사용했다.
–《고대 그리스의 일상생활》, 244~245쪽.
16 소크라테스는 말할 것 없고 많은 노예와 가난한 사람들이 아테네의 거리를 맨발로 걸어 다녔다. 단지에 그려진 인물들 중 신발을 신은 사람은 아주 드물다. 아테네 사람들은 집 안에서는 맨발로 지냈으나 밖에선 샌들이나 구두를 신는 것이 관례였다.
–같은 책, 258쪽.
17 《향연》, 219e~220c.

18 크세노폰 지음, 최혁순 옮김, 《소크라테스 회상》, (범우사, 2002), 39쪽.

chapter 2 부란 무엇인가?

1 당시(BC 390년경)의 소피스트들이 보통 300~400드라크마의 수업료를 받았다고 하며, 플라톤의 《변명》에서는 에베노스라는 소피스트가 500드라크마를 받았다고 되어 있다.
 -김봉철 지음, 《그리스 전환기의 지식인 이소크라테스》, (신서원, 2004), 169쪽.
2 디오게네스 라에르티오스 지음, 전양범 옮김, 《그리스철학자열전》, (동서문화사, 2008), 100~101쪽.
3 같은 책, 100쪽.
4 같은 책, 101쪽.
5 같은 책, 103쪽.
6 1므나는 100드라크마이므로, 5므나는 500드라크마. 1드라크마는 숙련공 하루 일당.
7 소크라테스가 대답했다. "첫째, 저는 당신이 여러 대형 제례를 올려야 한다는 사실을 알고 있습니다. 만약 이 일에 소홀할 경우 당신은 신들이나 사람들과 마찰을 빚게 되겠지요. 둘째, 당신은 많은 외국인들을 성대히 접대할 의무가 있습니다. 셋째, 당신은 시민들에게 식사를 대접하고 은혜를 베풀어야 합니다. 그러지 않을 경우 당신은 동지를 잃게 될 것입니다. 더구나 저는 국가가 이미 당신에게 큰 기부금을 부과했음을 목도했습니다. 즉 당신은 말 먹일 돈을 기부해야 하고, 연극 공연을 위해 코러스에게 경비를 지불해야 하며, 운동 경기를 후원해야 하고, 의장직을 맡아야 합니다. 또한 전쟁이 발발하는 경우 국가는 당신에게 삼단 갤리선 유지비와 전쟁세를 청구할 것입니다. 그 액수가 너무 엄청나서 당신은 감당하기 어려울 겁니다. 당신이 이런 일들 중 어느 하나를 소홀히 한다면, 필경 아테네인들은 당신을 벌할 것입니다. 마치 자신들의 물건을 도둑질한 놈을 잡기라도 한 것처럼 말입니다."
 - 크세노폰 지음, 오유석 옮김, 《크세노폰의 향연, 경영론》, (작은이야기, 2005), 93~95쪽.
8 같은 책, 92쪽.
9 같은 책, 46~47쪽.
10 《그리스철학자열전》, 104쪽.

11 "제가 신들로부터 영예를 부여받았음을 인정하고 싶지 않다면, 여러분의 불신을 없애기 위해 몇 마디 더 하겠습니다. 한번은 카이레폰이 델포이 신전에 찾아가 제가 어떤 사람인지 물었다고 합니다. 신전의 예언녀는 제가 모든 사람들 중에서 가장 자유롭고 강직하며 지혜롭다고 말했다는군요."
- Xenophon, *Conversations of Socrates*, (Penguin Classics, 1946), p. 44.

12 같은 책, p. 45.

13 소크라테스가 현대의 프롤레타리아와 같은 극빈층이었다고 생각하는 것은 잘못이다. 소크라테스는 늙은 나이에 매우 가난했던 것이 사실이다. 그러나 플라톤이 지적하듯이, 그의 빈곤은 개인적 업무를 돌볼 틈도 없이 자신의 사명에 몰입한 나머지 빚어진 결과였다. 기원전 422년 암피폴리스 전투에 참전한 47세까지 그는 완전 무장을 갖춘 보병인 중무장 보병으로 복무한 것으로 보아, 아테네 시민들 중 극빈층에 속하지 않았다.
- A. E. Taylor, *Socrates*, (London, 1932), p. 40.

14 Xenophon, *The Memorable Thoughts of Socrates*, (LaVergne, TN USA, 2010), p. 69~72.

15 아리스토텔레스의 기록에 따르면 소크라테스는 두 명의 여자를 아내로 두었다고 한다. 최초의 아내는 크산티페로서 그녀에게서 람프로클레스를 얻었다. 두 번째 아내는 미르토로서 아리스테이데스의 딸이다. 미르토에게서 소프로니스코스와 메넥세노스가 태어났다. 그러나 어떤 사람들은 최초로 결혼한 것은 미르토라고 하고, 또 두 사람을 동시에 아내로 두었다고 하는 사람들도 있다.
-《그리스철학자열전》, 101쪽.

16 같은 책, 106쪽.

17 같은 책, 105쪽.

18 플라톤 지음, 천병희 옮김, 〈파이돈〉, 《소크라테스의 변론, 크리톤, 파이돈, 향연》, (숲, 2012), 60a.

19 《크세노폰의 향연, 경영론》, 19쪽.

20 같은 책, 19~20쪽.

주 · 299

chapter 3 무지를 깨닫게 하고 지혜를 낳도록 돕는 산파
1 크세노폰 지음, 최혁순 옮김, 《소크라테스 회상》, (범우사, 2002), 156~162쪽.

chapter 4 파이드로스, 사랑의 철학
1 플라톤 지음, 《파이드로스》, (이제이북스, 2012), 김주일 옮김, 227a~229b.
2 같은 책, 230b~230e.
3 소크라테스의 가장 두드러진 독특함은 신비스러운 '목소리', '초자연적 신호'이다. 이 음성은 어린 시절부터 소크라테스에게 나타났다. 플라톤에 따르면, 이 '신호'는 아주 사소한 일들에서 갑작스럽게 나타났고, 늘 느닷없는 금지의 모습을 띠었다.
 -A. E. Taylor, *Socrates*, (London, 1932), p. 42~43.
4 《파이드로스》, 237b~242d.
5 같은 책, 244a~245a.
6 같은 책, 250d~252a.

chapter 5 사랑, 불멸을 향한 그리움
1 한스 리히트 지음, 《그리스 성 풍속사》, 정성호 옮김, (산수야, 2003), 185쪽.
2 플라톤 지음, 이정호 옮김, 《메넥세노스》, (이제이북스, 2008), 133쪽.
3 향연은 비용을 댈 수 있는 부유한 집주인의 초대로 이루어졌다. 초대는 즉흥적으로 이루어지는 경우가 더 많았다. 길거리에서 친구들을 만났을 때 즉석에서 저녁 초대를 하는 일이 빈번했다.
 -로베르 플라실리에르 지음, 심현정 옮김, 《고대 그리스의 일상생활》, (우물이있는집, 2004), 274~275쪽.
4 향연이 벌어지는 집에 도착하면 손님들은 먼저 신발을 벗었다. 노예들은 이들이 연회장에 들어가기 전에 발을 씻겨주었다. 손님들은 종종 나뭇잎이나 꽃으로 장식된 화관을 썼으며 침상에 앉아 다리를 뻗은 채 식사를 했다.
 -같은 책, 275쪽.
5 크세노폰 지음, 오유석 옮김, 《크세노폰의 향연, 경영론》, (작은이야기, 2005), 23쪽.
6 같은 책, 24~25쪽.
7 같은 책, 36~38쪽.

8 체육관에서 남자들이 벌거벗은 채 운동을 한 것이 남색을 조장했다. 열심히 운동을 하는 소년을 묘사한 그림 단지에는 아름다운 소년에게 바치는 헌사가 쓰여 있다. 그리스의 동성애는 군대에서 시작되었다. 아테네에서는 솔론의 법에 따라 교육과 관련이 없는 성인 남자가 학교와 체육관에 출입하는 것이 엄격히 금지되었다. 하지만 플라톤의 대화편을 보면 이 법규가 지켜지지 않았음을 알 수 있다. 《리시스》를 보면 소크라테스가 아름다운 리시스를 보기 위해 미코스 체육관을 방문하여 소년의 모습에 감탄하는 장면이 나온다. 이런 식으로 성인 남자가 한 소년을 눈여겨보기 시작하면 아주 끈질기게 쫓아다녔다. 만약 사내아이가 남자의 접근을 받아들이면 둘 사이에는 은밀한 관계가 성립되었다.
 -《고대 그리스의 일상생활》, 185~187쪽.
9 《크세노폰의 향연, 경영론》, 41쪽.
10 플라톤 지음, 천병희 옮김, 《국가》, (숲, 2013), 329c.
11 《크세노폰의 향연, 경영론》, 66쪽.
12 같은 책, 68~69쪽.
13 같은 책, 69~73쪽.
14 그리스어로 사랑하는 사람은 '에라스테스erastes', 사랑받는 사람은 '에로메노스eromenos'이다.
15 디오티마는 남성의 사정을 남성이 잉태한 것의 낳음으로 표현한다. 그녀의 생각은 그리스 사람들의 남성 중심적 사고에서 비롯된 것이다. 남성의 씨앗은 그것 안에 인간의 싹을 갖고 있고, 여성의 자궁은 그 씨앗을 보관하여 키우는 양성소이다. 아리스토텔레스도 《동물의 생성과 소멸에 대하여》에서 정액이 영혼이라고 보았다.
 -장경춘 지음, 《플라톤과 에로스》, (안티쿠스, 2011), 292쪽.
16 플라톤 지음, 강철웅 옮김, 《향연》, (이제이북스, 2010), 206b~206d.
17 같은 책, 210a~211d.
18 삶과 세계는 미적 현상으로서만 정당화되기 때문이다.
 -프리드리히 니체 지음, 박찬국 옮김, 《비극의 탄생》, (아카넷, 2007), 99쪽.
19 《향연》, 216d.
20 플라톤 지음, 김주일·정주영 옮김, 《알키비아데스 I·II》, (이제이북스, 2007), 104d.

21 같은 책, 103a.
22 《향연》, 217b~217d, 219c.
23 같은 책, 219d.
24 같은 책, 218d~219a
25 같은 책, 215e~217a.

PART 3 지나치지 마라

chapter 1 페리클레스 시대의 아테네

1 헤로도토스 지음, 천병희 옮김, 《역사》, (숲, 2009), 5권 78.
2 아이스퀼로스 지음, 천병희 옮김, 〈페르시아인들〉, 《아이스퀼로스 비극 전집》, (숲, 2008), 208쪽.
3 G. W. F. 헤겔 지음, 권기철 옮김, 《역사철학강의》, (동서문화사, 2008), 256쪽.
4 투키디데스 지음, 박광순 옮김, 《펠로폰네소스 전쟁사 상》, (범우사, 2011), 95~96쪽.
5 플루타르코스 지음, 홍사중 옮김, 《플루타르크 영웅전 Ⅰ》, (동서문화사, 2007), 282~284쪽.
6 같은 책, 283쪽.
7 Donald Kagan, *Pericles of Athens*, (New York, 1991), p. 98.
8 《플루타르크 영웅전 Ⅰ》, 283쪽.
9 부유한 시민들은 연극 합창단의 급여를 맡았고, 해군 함대의 건조 및 관리비를 책임졌으며, 체육대회 유지비와 공동 식사 비용을 떠맡았다. 이를 공역이라 하는데, 페리클레스 시대 아테네의 부자들은 영예와 명성을 얻기 위해 서로 공역을 떠맡았다.
 - 로베르 플라실리에르 지음, 심현정 옮김, 《고대 그리스의 일상생활》, (우물이있는집, 2004), 324쪽.
10 플라톤 지음, 이정호 옮김, 《메넥세노스》, (이제이북스, 2008), 133쪽.
11 시합에 참가하기를 희망하는 시인들은 집정관에게 합창 가무단을 요청했다. 시인은 자신이 쓴 작품을 직접 연출했으며 합창 가무단을 연습시켰다. 연극 공연은 아침에 해가 뜬 직후 시작되었고 해가 지기 전에 4~5편의 연극을 공연했다.
 -《고대 그리스의 일상생활》, 319~320쪽.

12 아리스토텔레스는 《아테네 정치제도사》에서 클레오폰이 처음으로 2오볼 수당제를 도입했다고 했다. 한편 플루타르코스는 연극 관람 수당제가 페리클레스에 의해 시작된 것으로 보았다.
 - 아리스토텔레스·크세노폰 외 지음, 최자영·최혜영 옮김, 《고대 그리스정치사 사료》, (신서원, 2002), 79쪽.
13 *Pericles of Athens*, p. 95.
14 Karl Polanyi, *The Livelihood of Man*, (Academic Press, 1977), p. 225.
15 그리스 고전 시대에는 농업기술 수준이 아주 형편없었다. 곡물로는 밀과 보리만을 재배했는데 수확량이 충분하지 않았다. 그래서 아티카 지방은 필요한 식량의 대부분을 시칠리아, 이집트, 트라키아, 흑해 연안지대로부터 수입해야 했다.
 - 《고대 그리스의 일상생활》, 209쪽.
16 *The Livelihood of Man*, p. 228.
17 《고대 그리스정치사 사료》, 75쪽.
18 한나 아렌트 지음, 이진우 외 옮김, 《인간의 조건》, (한길사, 1996), 62쪽.
19 《고대 그리스정치사 사료》, 77~78쪽.
20 《메넥세노스》, 137쪽.

chapter 2 아테네의 몰락이 시작되다

1 투퀴디데스 지음, 천병희 옮김, 《펠로폰네소스 전쟁사》, (숲, 2011), 1권 73~78.
2 소크라테스는 매우 규칙적인 생활을 했기 때문에 아테네에 전염병이 유행할 때 그만은 홀로 병에 걸리지 않았다.
 - 디오게네스 라에르티오스 지음, 전양범 옮김, 《그리스철학자열전》, (동서문화사, 2008), 101쪽.
3 《펠로폰네소스 전쟁사》, 1권 88.

chapter 3 페리클레스와 소크라테스, 무엇이 다른가?

1 플라톤 지음, 이정호 옮김, 《메넥세노스》, (이제이북스, 2008), 234a~236b.
2 같은 책, 131쪽.
3 같은 책, 238c~238d.

4 같은 책, 131~132쪽.
5 같은 책, 238d.
6 같은 책, 238d~239a.
7 같은 책, 238d.
8 "그리고 우리 아버지들은 물려받은 땅에다가 영토를 더 확장해 우리의 제국에 편입시키고 많은 어려움을 이겨내 우리에게 남겨주셨죠. 그렇지만 영토의 대부분은 전성기인 우리 자신이 확장한 것이며(……)."
   - 같은 책, 130쪽.
   "우리들은 우리들의 용기로써 모든 바다와 육지를 제압하고 길을 열어, 가는 곳마다 재앙과 축복의 영원한 기념비를 심어놓았습니다."
   - 같은 책, 137~138쪽.
9 같은 책, 131쪽.
10 "그분들은 마라톤에서 아시아 전체의 교만을 응징했으며 어떠한 대군도, 어떠한 부도 그들의 용맹 앞에서는 굴복하고 만다는 것을 가르쳐주셨던 것입니다. 그러므로 나는 그 용사 분들을 자유의 아버지라고 주장하는 바입니다. 왜냐하면 그리스인들은 그분들의 위업을 본받아 그 이후의 전투에서도 그리스인들의 안녕을 위해 온갖 위험을 감수했기 때문입니다. 마라톤 전사의 후예로서 말입니다."
   - 같은 책, 240d~240e.
11 "이상의 것이 여기에 잠든 사람들이 세운 공적입니다. 많고도 훌륭한 이야기들이 언급되었으나 아직도 더 많고 또 더 훌륭한 것들이 언급되지 않은 채 남아 있습니다. 실로 그 모든 것을 말하려는 자에게는 몇 날 며칠 밤이라도 충분치 않을 것입니다."
   -같은 책, 246b.
12 "그리스인들 중에서 이분들만큼 그 행위와 찬사가 서로 어울려 보이는 이들은 많지 않을 것입니다. 이분들은 남자다운 용기가 무엇인지를 분명하게 보여주고 있습니다. 이분들 중 아직 누구도 자기가 누렸던 부에 대한 즐거움에 매달려 겁쟁이가 되는 일이 없었고, 또 그 어떤 가난한 사람도 두려움을 회피하지 않았습니다. 찰나와 같은 운명의 호기를 통해 공포가 아닌 영광의 절정에서 자신을 해방시켰던 것입니다."
   - 같은 책, 138~139쪽.
13 같은 책, 140~141쪽.

14 같은 책, 246d.

chapter 4 소크라테스는 소피스트인가?

1 서울대학교 사범대학 국정도서 편찬위원회 지음, 《고등학교 윤리와 사상》, (교육과학기술부, 지학사, 2011), 104쪽.
2 플라톤 지음, 천병희 옮김, 〈소크라테스의 변론〉, 《소크라테스의 변론, 크리톤, 파이돈, 향연》, (숲, 2012), 18b~18c.
3 같은 책, 18d~19c.
4 우리는 소크라테스가 도덕적 이상주의를 표방하고 진실을 추구한다는 점에서 소피스트와 구별된다는 것을 잘 알고 있다. 소피스트는 준엄한 도덕과 지적 사고보다는 실용적 가치에 관심을 보였다. 하지만 평범한 아테네 사람들은 소크라테스와 소피스트를 정확히 구별하지 못했다.
  - 로베르 플라실리에르 지음, 심현정 옮김, 《고대 그리스의 일상생활》, (우물이있는집, 2004), 192쪽.

chapter 5 소크라테스가 찬미한 스파르타

1 아리스토파네스 지음, 천병희 옮김, 〈새〉, 《아리스토파네스 희극》, (단국대학교출판부, 2000), 179쪽.
2 플라톤 지음, 박종현 옮김, 〈프로타고라스〉, 《플라톤의 프로타고라스, 라케스, 메논》, (서광사, 2010), 342b.
3 크세노폰은 키루스의 용병으로 가기 전, 소크라테스에게 도움말을 청했다. 소크라테스는 크세노폰에게 델포이에 가서 신탁을 들으라고 했다.
  - 디오게네스 라에르티오스 지음, 전양범 옮김, 《그리스철학자열전》, (동서문화사, 2008), 114쪽.
4 크세노폰 지음, 최혁순 옮김, 《소크라테스 회상》, (범우사, 2002), 128쪽.
5 같은 책, 129쪽.
6 크세노폰 지음, 천병희 옮김, 《아나바시스》, (단국대학교출판부, 2001), 86쪽.
7 플라톤과 그 후의 철학자들을 이해하려면 스파르타에 대하여 어느 정도 알아야 한다. 스파르타는 그리스 사상에 이중의 영향을 끼쳤다. 현실과 신화를 통한 영향이

그것으로, 양자가 모두 중요하다. 현실적인 영향이란 스파르타가 전쟁에 의해 아테네를 패배시킨 것을 말한다. 또 신화는 플라톤의 정치 학설과 그 후의 많은 작가들에게 영향을 주었다. 《플루타르크 영웅전》의 〈리쿠르고스〉 편에는 이 신화가 매우 발달된 형태로 나타나 있다. 여기에 나타나 있는 이상이 루소, 니체 및 국가사회주의 사상을 이루는 데 큰 영향을 주었다.
-B. 러셀 지음, 최민홍 옮김, 《서양철학사 상》, (집문당, 2008), 166쪽.
8 플루타르코스 지음, 홍사중 옮김, 《플루타르크 영웅전 I》, (동서문화사, 2007), 84~108쪽.

chapter 6 알키비아데스의 오만과 아테네의 패배

1 플라톤 지음, 강철웅 옮김, 《향연》, (이제이북스, 2010), 215a~216b.
2 같은 곳.
3 플라톤 지음, 김주일·정준영 옮김, 《알키비아데스 I·II》, (이제이북스, 2007), 103a.
4 《향연》, 217b.
5 플라톤 지음, 김인곤 옮김, 《고르기아스》, (이제이북스, 2011), 481d.
6 《알키비아데스 I·II》, 105b.
7 같은 책, 122c.
8 같은 책, 134b~134c.
9 투키디데스 지음, 박광순 옮김, 《펠로폰네소스 전쟁사 하》, (범우사, 2011), 88~91쪽.
10 같은 책, 92~95쪽.
11 같은 책, 127~131쪽.
12 같은 책, 184쪽.
13 이렇게 말하고 그는 강둑에서 청동 창을 뽑은 다음 자기 손에 목숨을 잃은 아스테로파이오스를 모래바닥에 누워 있는 그대로 거기에 두니 검은 물이 그를 적셨다. 그러자 뱀장어 떼와 물고기 떼가 그 주위로 몰려들어 그의 콩팥 옆의 기름을 뜯어 먹었다. 한편 아킬레우스는 전차를 타고 싸우는 파이오니아인들을 뒤쫓았으니 이들은 자신들의 장수가 격렬한 전투에서 펠레우스 아들의 손과 칼에 전사하는 것을 보고

겁에 질려 소용돌이치는 강을 따라 계속해서 달아나고 있었다.
– 호메로스 지음, 천병희 옮김,《일리아스》, (숲, 2007), 21권 200~208.

chapter 7 비판자, 소크라테스

1 플라톤 지음, 최민홍 옮김,《고르기아스 소피스트 서간집》, (상서각, 1983), 223쪽.
2 같은 곳.
3 같은 책, 225쪽.
4 같은 곳.
5 같은 책, 228쪽.
6 같은 책, 140~141쪽.
7 같은 책, 186쪽.
8 같은 책, 189쪽
9 같은 책, 195쪽.
10 같은 책, 175~176쪽.
11 플라톤 지음, 김인곤 옮김,《고르기아스》, (이제이북스, 2011), 521e~522a.
12 제임스 A. 콜라이아코 지음, 김승욱 옮김,《소크라테스의 재판》, (작가정신, 2005), 280쪽.
13 디오게네스 라에르티오스 지음, 전양범 옮김,《그리스철학자열전》, (동서문화사, 2008), 179쪽.
14 같은 곳.
15 플라톤 지음, 박종현 옮김,《플라톤의 국가·정체》, (서광사, 1997), 517a.
16 같은 책, 514a~517a.
17 같은 책, 555b.
18 내가 어렸을 때에는 부가 대단히 안전하고 존엄한 것으로 여겨져서 거의 모든 사람들이 실제 자신이 가진 것보다 더 많은 재산을 가지고 있는 체했지만 지금은 자신이 부자가 아닌 것처럼 보이기 위해, 마치 부자인 것이 가장 큰 죄악이나 되는 것처럼, 변명할 생각을 하여야 합니다. 조상들은 한 조국에서 같이 사는 사람들이 응당 그래야 하는 배려를 서로에게 베풀었습니다. 빈민들은 자신보다 부유한 사람에 대해 어쩌면 그렇게도 시샘을 하지 않았던지요. 마치 대저택들이 자기 자신의 것인 양 돌보

있습니다. 한편 재산을 가진 사람들은 자신보다 열악한 사정에 처해 있는 사람들을 얕보지 않고 시민들의 빈곤이 자신들에게 수치라고 여겨서 그 빈곤상을 구제하게 되었습니다.
– 김봉철 지음, 《전환기 그리스의 지식인 이소크라테스》, (신서원, 2004), 124~125쪽.
19 《플라톤의 국가·정체》, 561d.

PART 4 너의 영혼을 돌보라

chapter 1 물러설 수 없는 법정 대결

1 디오게네스 라에르티오스 지음, 전양범 옮김, 《그리스철학자열전》, (동서문화사, 2008), 108쪽.
2 플라톤 지음, 박종현 옮김, 〈소크라테스의 변론〉, 《에우티프론, 소크라테스의 변론, 크리톤, 파이돈》, (서광사, 2003), 17c.
3 같은 책, 21a~21c
4 플라톤 지음, 천병희 옮김, 〈소크라테스의 변론〉, 《소크라테스의 변론, 크리톤, 파이돈, 향연》, (숲, 2012), 21c.
5 플라톤 지음, 이상인 옮김, 《메논》, (이제이북스, 2009), 94e.
6 시인들도 예언자들과 마찬가지로 신으로부터 영감을 받아 글을 쓴다고 단언한다.
– 플라톤 지음, 《이온》, 533d~535a.
7 〈소크라테스의 변론〉, 《소크라테스의 변론, 크리톤, 파이돈, 향연》, 22b~22d.
8 《메논》, 80a.
9 버니트 역시 소크라테스의 신이 아테네인들의 신과 다른 신임을 인정하면서 소크라테스가 "국가가 인정하는 신을 부정하고, 새로운 신을 도입한" 죄를 저질렀다는 견해를 취한다. 그에 의하면 소크라테스의 중심 테마는 신의 명령에 따른 철학적 활동이다. 소크라테스는 아테네인들을 쏘아붙이라고 신이 보낸 쇠파리이다. 덕의 돌봄을 가장 훌륭하게 실행하는 것은 매일 덕에 관한 철학적 토론을 하는 것이다. 인간에게 '캐물음이 없는 삶'은 삶의 가치가 없다. 신은 모든 사람이 삶을 인도하는 가치들을 묻고 되물으면서 매일 캐묻기를 원한다고 소크라테스는 보았다. 버니트에 의

하면 소크라테스의 관점에서 신이 마음 쓰는 것은 두 가지이다. 하나는 사람들이 덕스럽도록 노력하는 것이고, 다른 하나는 무엇이 덕스러운 것인지 아직 알지 못하고 있음을 깨닫는 것이다. 이제 아테네 공동체의 공인된 가치들이 의문에 부쳐져야 한다. 이렇게 소크라테스의 신을 해석하면, 소크라테스는 아테네인들의 종교와 다른 종교를 갖고 있는 셈이다. 소크라테스의 신은 공동체의 가치와 종교에 대해 근본적 회의를 요청했다.

– M. F. Burnyeat, "The Impiety of Socrates", Ancient Philosophy 17(1997), p. 138.

10 〈에우티프론〉,《에우티프론, 소크라테스의 변론, 크리톤, 파이돈》, 6a~6b.

11 소크라테스는 그리스인들의 전통적인 다신교를 부정했다며 블래스토스(Vlastos)는 다음과 같이 논술했다. "만일 모든 행위자들이 타인에게 악행이 아닌 선행을 해야 한다는 소크라테스적 규범들을 준수해야 한다면, 헤라와 여타 올림푸스 신들에게 무엇이 남을 것인가? 이러한 엄격한 기준들을 충족하기 위해선 도시의 신들은 부정될 수 있었다. 신들의 윤리적 변형은 낡은 신들의 파괴와 새로운 신들의 창조에 버금간다. 이것이야말로 소크라테스 재판의 실체이다."

– Thomas C. Brickhouse, & Nicholas D. Smith, The Trial and Execution of Socrates, (Oxford University Press, 2001), p. 142.

12 소크라테스의 신은 도덕적 완전성의 원천이다. "네가 주는 만큼 나도 준다"는 상호성의 개념은 신들과 인간 사이에선 용인되지 않는다. 그것은 장사치의 논리이지 신의 행위일 수 없다. 그리스인들은 "너의 친구들을 돕고 너의 적들을 해치라"는 상호성의 원리 위에서 살았으나 소크라테스에 의하면 인간은 불의를 저질러선 안 되며 악을 행해서는 안 된다. "우리는 악에 대해 악으로 되갚음을 해서는 안 되며, 심지어 우리에게 가해진 악에 대해서도 되갚음해서는 안 된다."(플라톤,《국가》, 335a~335e).

제우스의 간통도 헤라의 질투도, 헤르메스의 절도와 사기도 이야기를 만들어내기 좋아하는 시인들의 허구이지, 신의 모습일 수 없다. 소크라테스는 도덕적 혁명가였다.

– 황광우 지음, 〈소크라테스의 재판 연구: 아테네 제국주의에 대항한 영혼의 투쟁〉, 석사학위 논문, 2011, 21쪽.

13 〈소크라테스의 변론〉,《에우티프론, 소크라테스의 변론, 크리톤, 파이돈》, 26c.

14 같은 곳.

15 〈에우티프론〉, 같은 책, 2c.
16 〈소크라테스의 변론〉, 같은 책, 26d~26e.
17 〈소크라테스의 변론〉, 같은 책, 27b~27c.
18 〈소크라테스의 변론〉, 같은 책, 29d.
19 〈소크라테스의 변론〉, 《소크라테스의 변론, 크리톤, 파이돈, 향연》, 41e~42a.

chapter 2 30인 과두정의 실체는?
1 크세노폰 지음, 최자영 옮김, 《헬레니카》, (아카넷, 2012), 66~68쪽.
2 같은 책, 69~72쪽.
3 같은 책, 72쪽.
4 플라톤 지음, 강철웅 · 김주일 · 이정호 옮김, 《편지들》, (이제이북스, 2009), 325a~325b.

chapter 3 청소년 타락죄, 그 불편한 진실
1 제임스 A. 콜라이아코 지음, 김승욱 옮김, 《소크라테스의 재판》, (작가정신, 2005), 26쪽.
2 "플라톤의 작품만으로 판단해보면, 소크라테스는 동료 시민들에게 덕을 권하는, 별로 매력적이지 못한 일에 종사함으로써 그들과 갈등을 일으켰다고 결론을 내릴 수 있다. 그러나 우리가 플라톤의 《변론》에서 벗어나 좀 더 넓은 시야를 갖는다면, 소크라테스는 기본적인 철학적 문제에 대해서 대부분의 동료 아테네인들과 일반적인 고대 그리스인들과는 너무 근본적인 차이가 났기 때문에 조국 아테네와 대립되기 시작했다는 것을 알게 될 것이다."
 -I. F. 스톤 지음, 편상범 외 옮김, 《소크라테스의 비밀》, (자작아카데미, 1996), 29쪽.
3 Xenophon, *Conversations of Socrates*, (Penguin Classics, 1946), p. 38.
4 같은 곳.
5 Robin Waterfield, *Why Socrates Died*, (W. W. Norton & Company, 2009), p. 197~200.
6 아리스토텔레스 · 크세노폰 외 지음, 최자영 · 최혜영 옮김, 《고대 그리스정치사 사료》, (신서원, 2002), 85쪽.

7 플라톤 지음, 강철웅 · 김주일 · 이정호 옮김, 《편지들》, (이제이북스, 2009), 324d.
8 《고대 그리스 정치사 사료》, 89쪽.
9 한편 I. F. 스톤은 재판이 있기 2년 전인 기원전 401년 스파르타와 공모한 과두정 세력들이 민주정을 전복시켜 독재정권을 수립하려 했으며, 여기에 소크라테스의 제자들이 주도적인 역할을 했다는 설을 제기한 바 있다.
 - 《소크라테스의 비밀》, 247쪽.
10 토머스 R. 마틴 지음, 이종인 옮김, 《고대 그리스의 역사》, (가람기획, 2003), 268쪽.

chapter 4 불경죄, 그 불편한 진실

1 플루타르코스 지음, 홍사중 옮김, 《플루타르크 영웅전》, (동서문화사, 2007), 554쪽.
2 "신이야말로 모든 일의 시작과 끝 그리고 중간을 쥐고 있습니다. (……) 무엇이 신의 사랑을 받을까요? 알맞은 정도이겠죠. 닮은 것에게 닮은 것이 사랑받지 않나요? 신이야말로 만물의 척도입니다. 따라서 마음이 건전한 사람, 절제하는 사람은 신의 사랑을 받을 것입니다."
 - 플라톤 지음, 박종현 옮김, 《플라톤의 법률》, (서광사, 2009), 716a~716d.
3 고발한 사람은 희극 작가 헤르미푸스였는데, 아스파시아가 노예 아닌 여자들을 자기 집에 창녀로 두고 페리클레스와 관계하게 했다고 폭로했다. 아이스키네스가 전하는 바에 따르면, 아스파시아 재판 때 페리클레스는 법정에서 눈물을 흘리며 재판관들에게 간청해 겨우 그녀를 석방시켰다고 한다.
 - 《플루타르크 영웅전 I》, 300쪽.
4 도시국가는 무엇보다도 종교 공동체였다. 고대인들의 관념에 따르면 신을 가질 권리와 기도할 권리는 세습되었다. 초기의 도시는 가장들의 연합체였다. 도시는 거주의 장소가 아니었다. 그것은 공동체의 신들이 계시는 성소였다. 도시는 그들을 보호하는 그리고 그들의 존재에 의해 성화된 요새였다. 그것은 결합의 중심이요, 왕과 사제들의 거주지요, 재판소였다. 사람들은 거기에 살지 않았다. 여러 세대 동안 사람들은 고립적인 가족 단위로 농토를 분할 경작하면서 도시 밖에서 살아갔다. 가족마다 하나의 촌락을 차지하여, 그곳에 자체의 가족적인 성소를 차렸으며, 가장의 권위 아래 불가분적인 하나의 집단을 형성했다. (……) 전쟁이 발발하면 가장들은 가족과 하인들을 이끌고 들어왔다. 그들은 프라트리아 단위로 편성하여, 왕이 지휘하

는 도시의 군대를 형성했다. 헤겔은 종교 공동체로서 도시국가의 특성을 이렇게 말했다. "그리스 특유의 민주제는 신탁을 도입한 정치이다."
– 황광우 지음, 〈소크라테스의 재판 연구: 아테네 제국주의에 대항한 영혼의 투쟁〉, 석사학위 논문, 2011, 55쪽.
5 플루타르코스가 언급한 테살로스의 고발에 따르면, 알키비아데스가 "그 자신의 집에서 비의를 흉내내고 그것을 그의 동료들에게 보여줌으로써" 데메테르와 코레에게 부정한 짓을 저질렀다고 한다.
– 김봉철 지음 〈고전기 아테네의 불경죄 재판〉, 《西洋古典學研究, Vol. 20》, 2003, 197쪽.
6 플라톤 지음, 천병희 옮김, 〈소크라테스의 변론〉, 《소크라테스의 변론, 크리톤, 파이돈, 향연》, (숲, 2012), 31d~32a.
7 같은 책, 30e.

chapter 5 악법은 법이 아니다

1 플라톤 지음, 천병희 옮김, 〈크리톤〉, 《소크라테스의 변론, 크리톤, 파이돈, 향연》, (숲, 2012), 44b~46d.
2 같은 책, 48b.
3 같은 책, 49b~54e.
4 소크라테스가 불법적 결정에 동참하지 않았던 것은 다음 재판이 증거한다. 기원전 406년 아르기누이 해전에 참가했던 장군들 중에서 6인이 돌아왔다. 장군들은 의회에서 해전의 경위와 파도가 심했던 사실에 대해 보고했고, 의회는 장군들을 구금했다. 칼릭세노스는 물에 빠진 동료 군인들을 구하지 않은 장군들을 사형에 처하자고 제안했다. 일부 사람들은 칼릭세노스의 제안이 불법이라며 이의를 제기했으나 시민들은 고함을 치면서 표결의 강행을 요구했다. 소크라테스를 뺀 나머지 행정위원들은 겁에 질린 나머지 표결에 찬성했다. 소크라테스는 합법적이 아닌 일에는 동참하지 않겠다고 말했다. 장군들을 변론하여 에우립톨레모스가 연단에 나와 이렇게 말했다. "아테네인 여러분, 정의를 따르면 후회하지 않을 것입니다. 법에 의하면 잘못을 저지른 사람은 누구든지 해명을 할 수 있습니다. 장군들도 이 법에 따라 재판을 받아야 합니다. 단 하루만이라도 각자에게 자신의 행동을 해명할 기회를 주어야 합

니다. 만일 한 차례의 표결로 장군들 모두의 유무죄를 가리게 될 경우 반드시 억울하게 죽는 사람이 생길 것입니다. 파도 때문에 임무를 수행하지 못한 것은 신이 내린 상황이었습니다. 그것은 조국에 대한 배신은 아니었습니다." 에우립톨레모스는 개인별 표결을 제안했으나 의회는 일괄 표결을 강행했다. 그 자리에서 여섯 명의 장군들이 즉결 처분되었다.

— 크세노폰 지음, 최자영 옮김, 《헬레니카》, (아카넷, 2012), 41~47쪽.
5 크세노폰 지음, 최혁순 옮김, 《소크라테스 회상》, (범우사, 2002), 27~28쪽.

chapter 6 소크라테스의 최후

1 Xenophon, *Conversations of Socrates*, (Penguin Classics), 1946, p. 42.
2 플라톤 지음, 천병희 옮김, 〈소크라테스의 변론〉, 《소크라테스의 변론, 크리톤, 파이돈, 향연》, (숲, 2012), 28d~29a, 39a.
3 같은 책, 29a.
4 같은 책, 40c.
5 같은 책, 40c~41a.
6 《파이드로스》에서 소크라테스는 사후 세계에 관해 말한다. 첫 번째 삶을 마친 인간의 혼은 철학자의 혼을 제외하고 모두 법정에 세워져 그 이전의 삶에 대해 벌을 받거나 상을 받는다. 그다음으로 혼은 새로운 모습을 선택한다. 어떤 인간의 혼은 짐승 안으로 들어갈 수도 있고, 전에 인간이었던 짐승이 다시 인간이 될 수도 있다. 그런데 철학하는 삶을 보낸 인간의 혼은 세 번에 걸친 삶이 지난 뒤에, 즉 3000년 뒤에 다시 어떤 육체로 들어가야 하는 필연으로부터 해방된다.

— 플라톤 지음, 김주일 옮김, 《파이드로스》, (이제이북스, 2012), 249a~249b.
7 플라톤의 대화록에서 소크라테스는 영혼의 불멸과 내세의 중요성에 관한 자신의 확신을 보강하기 위해 빈번하게 오르페우스교의 교리들을 언급한다. 소크라테스가 《고르기아스》와 《파이돈》과 《국가》에서 천국과 지옥에 대해 언급하는 상상의 신화들과 그 세부는 끔찍하게 오르페우스적이다.

—A. E. Taylor, *Socrates*, (London, 1932), p. 49.
8 오르페우스는 트라케 출신의 가인이자 예언가로 알려진 전설적 인물이다. 그는 인간 혼의 불사를 말했다. 그리스의 전통적 사유에 의하면 불사는 신적인 것이요, 인

간은 죽게 마련인 필멸의 존재요, 하루살이에 불과했다. 인간의 영생은 전통적 사유에 대한 일대 도발이었다. 기원전 7세기와 6세기에 걸쳐 오르페우스의 종교가 확산되기 시작했다. 플라톤의 《크라틸로스》(400c)는 이렇게 말한다. "어떤 사람들은 몸을 혼의 무덤이라고 한다. 내가 보기엔 오르페우스를 추종하는 사람들이 이런 이름을 붙인 것 같다." 오르페우스 교도들은 혼의 정화를 위해 금욕적인 생활을 강조했다.

– 박종현 지음, 《헬라스 사상의 심층》, (서광사, 2001), 22~23쪽.

9 핀다의 위대한 오르페우스적 시들은 소크라테스가 태어나기 직전의 시기에 읊어졌는데, 그렇다면 어린 시절 소크라테스가 실제로 오르페우스교에 가입했을 가능성이 있으며, 오르페우스교로부터 지속적인 영향을 받았을 수도 있다.

– *Socrates*, p. 50.

10 플라톤 지음, 박종현 옮김, 《플라톤의 국가·정체》, (서광사, 1997), 614b~621d.
11 플라톤 지음, 박종현 옮김, 〈파이돈〉, 《에우티프론, 소크라테스의 변론, 크리톤, 파이돈》, (서광사, 2003), 60a.
12 같은 책, 114c~115a.
13 같은 책, 117a~118a.

에필로그 영혼을 돌보라

1 Xenophon, *Conversations of Socrates*, (Penguin Classics, 1946), p. 49.
2 Thomas C. Brickhouse & Nicholas D. Smith, *The Trial and Execution of Socrates*, (Oxford University Press, 2001), p. 137.

참고문헌

1) 국문 문헌(1차 문헌)

디오게네스 라에르티오스 지음, 전양범 옮김, 《그리스철학자열전》, 동서문화사, 2008.
아이스퀼로스 지음, 천병희 옮김, 《아이스퀼로스 비극 전집》, 숲, 2008.
아리스토텔레스 지음, 김진성 옮김, 《형이상학》, 이제이북스, 2007.
아리스토텔레스 · 크세노폰 지음, 최자영 · 최혜영 옮김, 《고대 그리스정치사 사료》, 신서원, 2002.
아리스토파네스 지음, 천병희 옮김, 《아리스토파네스 희극 전집》, 숲, 2010.
크세노폰 지음, 오유석 옮김, 《크세노폰의 향연, 경영론》, 작은이야기, 2005.
_____, 최자영 옮김, 《헬레니카》, 아카넷, 2012.
_____, 최혁순 옮김, 《소크라테스 회상》, 범우사, 2002.
투퀴디데스 지음, 천병희 옮김, 《펠로폰네소스 전쟁사》, 숲, 2011.
플라톤 지음, 강철웅 옮김, 《프로타고라스》, 이제이북스, 2012.
_____, 강철웅 옮김, 《향연》, 이제이북스, 2010.
_____, 강철웅 · 김주일 · 이정호 옮김, 《편지들》, 이제이북스, 2009.
_____, 김주일 옮김, 《파이드로스》, 이제이북스, 2012.
_____, 김주일 · 정주영 옮김, 《알키비아데스 I · II》, 이제이북스, 2007.
_____, 김인곤 옮김, 《고르기아스》, 이제이북스, 2011.
_____, 김인곤 · 이기백 옮김, 《크라튈로스》, 이제이북스, 2007.
_____, 박종현 옮김, 《에우티프론, 소크라테스의 변론, 크리톤, 파이돈》, 서광사, 2003.
_____, 박종현 옮김, 《플라톤의 국가 · 정체》, 서광사, 1997.

_____, 박종현 옮김,《플라톤의 법률》, 서광사, 2009.
_____, 박종현 옮김,《플라톤의 프로타고라스, 라케스, 메논》, 서광사, 2010.
_____, 이상인 옮김,《메논》, 이제이북스, 2009.
_____, 이정호 옮김,《메넥세노스》, 이제이북스, 2008.
_____, 천병희 옮김,《국가》, 숲, 2013.
_____, 천병희 옮김,《소크라테스의 변론, 크리톤, 파이돈, 향연》, 숲, 2012.
_____, 천병희 옮김,《파이드로스, 메논》, 숲, 2013.
플루타르코스 지음, 천병희 옮김,《그리스를 만든 영웅들》, 숲, 2006.
_____, 홍사중 옮김,《플루타르크 영웅전》, 동서문화사, 2007.
헤로도토스 지음, 천병희 옮김,《역사》, 숲, 2009.
호메로스 지음, 천병희 옮김,《오뒷세이아》, 숲, 2006.
_____, 천병희 옮김,《일리아스》, 숲, 2007.

2) 국문 문헌(2차 문헌)
고트프리트 마르틴 지음, 이강서 옮김,《대화의 철학 소크라테스》, 한길사, 2004.
김봉철 지음,《그리스 전환기의 지식인 이소크라테스》, 신서원, 2004.
김상봉 지음,《그리스 비극에 대한 편지》, 한길사, 2003.
로베르 플라실리에르 지음, 심현정 옮김,《고대 그리스의 일상생활》, 우물이있는집, 2004.
박규철 지음,《소크라테스와 소피스트》, 동과서, 2009.
_____,《역사적 소크라테스와 등장인물 소크라테스》, 동과서, 2003.
박종현 지음,《헬라스 사상의 심층》, 서광사, 2001.
배터니 휴즈 지음, 강경이 옮김,《아테네의 변명》, 옥당, 2012.
장경춘 지음,《플라톤과 에로스》, 안티쿠스, 2011.
제임스 A. 콜라이아코 지음, 김승욱 옮김,《소크라테스의 재판》, 작가정신, 2005.
조지 커퍼드 지음, 김남두 옮김,《소피스트 운동》, 아카넷, 2003.
칼 폴라니 지음, 이병천, 나익주 옮김,《인간의 살림살이》, 근간.
코라 메이슨 지음, 최명관 옮김,《소크라테스》, 창, 2010.
토머스 R. 마틴 지음, 이종인 옮김,《고대 그리스의 역사》, 가람기획, 2003.

퓌스텔 드 쿨랑주 지음, 김응종 옮김, 《고대도시》, 아카넷, 2000.
프리드리히 니체 지음, 박찬국 옮김, 《비극의 탄생》, 아카넷, 2007.
_____, 김진경 옮김, 《고대노예제》, 탐구당, 1987.
한나 아렌트 지음, 이진우 외 옮김, 《인간의 조건》, 한길사, 1996.
B. 러셀 지음, 최민홍 옮김, 《서양철학사》, 집문당, 200B.
G. W. F. 헤겔 지음, 권기철 옮김, 《역사철학강의》, 동서문화사, 2008.
_____, 《철학사》, 임석진 옮김, 지식산업사, 1996.
I. F. 스톤 지음, 편상범 외 옮김, 《소크라테스의 비밀》, 자작아카데미, 1996.
M. I. 핀리 지음, 지동식 옮김, 《서양고대경제》, 민음사, 1993.
W. K. C. 거스리 지음, 박종현 옮김, 《희랍 철학 입문》, 서광사, 2000.

3) 영문 문헌(1차 문헌)

Plato, *Apology*, by Jowett, The Pocket Library, 1955.
_____, *Gorgias*, by Robin Waterfield, Oxford World's Classics, 1994.
Xenophon, *Conversations of Socrates*, Penguin Classics, 1946.
_____, *Hellenika*, by Dakyns, Lavergne, TN USA, 2010.
_____, *The Memorable Thoughts of Socrates*, LaVergne, TN USA, 2010.

4) 영문 문헌(2차 문헌)

A. E. Taylor, *Socrates*, London, 1932.
C. D. C. Reeve, *Socrates in the Apology*, Hacekett pub co., 1989.
Donald Kagan, *Pericles of Athens*, New York, 1991.
Gregory Vlastos, *Socrates*, Cornell University Press, 1991.
Karl Polanyi, *The Livelihood of Man*, New York: Academic Press. 1977.
M. F. Burnyeat, "The Impiety of Socrates", *Ancient Philosophy* 17, 1997.
Paul Johnson, *Socrates*, Penguin Books, 2012.
Richard Kraut, *Socrates and Democracy*, Oxford University Press, 1999.
Robert J. Bonner, *Aspects of Athenian Democracy*, Berkley, 1933.
Robin Waterfield, *Why Socrates Died*, W. W. Norton & Company, 2009.

Thomas C. Brickhouse & Nicholas D. Smith, *Socrates on Trial*, Princeton, 1989.

_____, *The Trial and Execution of Socrates*, Oxford, 1989.

_____, *Plato's Socrates,* Oxford, 1994.

W. K. C Guthrie, *A History of Greek Philosophy*, Vol 3, Cambridge University Press, 1969.

사랑하라

지은이 | 황광우

초판 1쇄 인쇄일 2013년 10월 18일
초판 1쇄 발행일 2013년 10월 25일

발행인 | 박재호
편집 | 이둘숙
종이 | 세종페이퍼
인쇄 | 우진제책
출력 | ㈜상지피앤아이

발행처 | 생각정원 Thinking Garden
출판신고 | 제 25100-2011-320호(2011년 12월 16일)
주소 | 서울시 마포구 동교동 165-8 LG팰리스 1207호
전화 | 02-334-7932 팩스 | 02-334-7933
전자우편 | pjh7936@hanmail.net

ⓒ 황광우 2013 (저작권자와 맺은 특약에 따라 검인은 생략합니다)
ISBN 979-11-85035-04-8 03160

* 책은 저작권법에 따라 보호받는 저작물이므로 무단 전재와 복제를 금합니다.
* 이 책의 일부 또는 전부를 이용하려면 저작권자와 생각정원의 동의를 받아야 합니다.
* 이 도서의 국립중앙도서관 출판시도서목록(CIP)은 서지정보유통지원시스템 홈페이지(http://seoji.nl.go.kr)와 국가자료공동목록시스템(http://www.nl.go.kr/kolisnet)에서 이용하실 수 있습니다. (CIP 제어번호 : CIP2013018901)
* 책값은 뒤표지에 있습니다. 잘못된 책은 구입하신 곳에서 바꿔드립니다.
* 이 책은 한국출판문화산업진흥원의 출판지원사업 선정작입니다.

만든 사람들
기획 | 박재호
편집 | 윤정숙
디자인 | 이석운, 최윤선